ESV

IFRS Best Practice
Band 2

Immaterielle Vermögenswerte nach IFRS

Ansatz, Bewertung, Goodwill-Bilanzierung

Von
PD Dr. Inge Wulf

ERICH SCHMIDT VERLAG

Bibliografische Information der Deutschen Bibliothek

Die Deutsche Bibliothek verzeichnet diese Publikation
in der Deutschen Nationalbibliografie; detaillierte bibliografische
Daten sind im Internet über dnb.ddb.de abrufbar.

**Weitere Informationen
zu diesem Titel finden Sie im Internet unter**

ESV.info/978 3 503 10095 8

ISBN: 978 3 503 10095 8
ISSN: 1865-3251

Alle Rechte vorbehalten
© Erich Schmidt Verlag GmbH & Co., Berlin 2008
www.ESV.info

Dieses Papier erfüllt die Frankfurter Forderungen
der Deutschen Bibliothek und der Gesellschaft für das Buch
bezüglich der Alterungsbeständigkeit und entspricht
sowohl den strengen Bestimmungen der US Norm Ansi/Niso
Z 39.48-1992 als auch der ISO-Norm 9706.

Druck und Bindung: Difo-Druck, Bamberg

Geleitwort des Herausgebers

Immaterielle Vermögenswerte gewinnen durch den wirtschaftlichen und gesellschaftlichen Strukturwandel zunehmend an Bedeutung. Häufig sind es gerade die immateriellen Potenziale, wie Qualifikation und Verhalten der Mitarbeiter, Patente und andere Forschungsergebnisse, Markennamen, Einbindung in die Wertschöpfungskette und Standortvorteile, die den Wert eines Unternehmens ausmachen. Gleichwohl ist es verboten diese Werte, soweit sie vom Unternehmen selbst geschaffen wurden, in Deutschland nach § 248 HGB in die Bilanz aufzunehmen. Der Grund liegt in der Problematik, diese Werte objektiv einschätzen zu können. Allerdings kommt es in Deutschland dennoch zu einer Abbildung dieser Werte in Bilanzen, da sie z. B. Teil der Buchwerte von Beteiligungen und Wertpapieren sind und auch die Höhe eines Geschäfts- oder Firmenwertes im Rahmen der Konzernbilanzierung maßgeblich mitbestimmen. Nach den IFRS ist von diesen scheinbar vorsichtigen Ansatz- und Bewertungsregelungen im Hinblick auf das zentrale Ziel der Generierung entscheidungsnützlicher Informationen teilweise abzusehen und es sind deutlich vom HGB abweichende Bilanzierung anzuwenden und ausführlich zu beschreiben. Dabei entstehen erhebliche Unterschiede und Einschätzungsspielräume, deren Kenntnis einerseits für die zielorientierte Anwendung der IFRS und andererseits für die zutreffende Interpretation des Jahresabschlusses notwendig ist.

Hierzu bearbeitet Frau Wulf in diesem Band nach der Darstellung der Grundsachverhalte immaterieller Vermögenswerte die bestehenden Reglungen von Ansatz und Bewertung dieser Positionen nach den IFRS. Darauf aufbauend wird auf die speziellen Regelungen zur Goodwill-Bilanzierung eingegangen, wobei die weiteren konzernspezifischen Sachverhalte in einem anderen Band der IFRS-Anwenderreihe vorgestellt werden. Außerdem werden Ausweis- und Angabepflichten erläutert. Aufgrund der Besonderheiten der IFRS-Anwendung in Deutschland, wird schließlich diskutiert, inwieweit die Informationen zu immateriellen Potenzialen in den IFRS-Abschluss ergänzenden Lagebericht darzustellen sind.

Gemäß des erklärten Ziels dieser IFRS-Anwendungsreihe werden die jeweiligen IFRS-Regelungen kurz, prägnant und auf aktuellem Stand dargestellt sowie die technischen Anwendungsaspekte der IFRS und die bilanzpolitischen Gestaltungspotenziale aufgezeigt. Zudem wird der gegenwärtige IFRS-Bilanzierungsstand anhand der im SDAX, MDAX und DAX gelisteten Unternehmen empirisch fundiert und besonders gelungene Umsetzungsbeispiele im Rahmen der Best-Practice-Analyse hervorgehoben.

Oldenburg, im Juli 2007 *Stefan Müller*

Vorwort

Immaterielle Vermögenswerte sind ein entscheidender Faktor für den Unternehmenserfolg und die Zukunftsfähigkeit von Unternehmen. Ihre Wertschätzung drückt sich zum einen in den hohen Geschäfts- oder Firmenwerten aus, die aus Unternehmensübernahmen resultieren. Zum anderen spiegeln sich immaterielle Werte in den zum Teil beträchtlichen Differenzen zwischen der Börsenkapitalisierung als Marktwert und dem bilanziellen Eigenkapital als Buchwert des Unternehmens wider. Gleichzeitig stellt die Abbildung von immateriellen Werten noch immer ein Hauptproblem der Rechnungslegung dar. Anders als das deutsche Handelsrecht verfolgen die IFRS stringent das Ziel der Vermittlung entscheidungsnützlicher Informationen. Diese Zielsetzung hat entsprechend starken Einfluss auf die Rechnungslegung von immateriellen Werten.

In dem vorliegenden Buch werden die Vorschriften zur Rechnungslegung von immateriellen Werten nach IFRS grundlegend, anwendungsorientiert und auf aktuellem Stand dargestellt. Die Schwerpunkte des Buches umfassen ein breites Inhaltsspektrum, reichend von den Grundlagen zur Rechnungslegung von immateriellen Werten mit synoptischen Darstellungen bis zur praktischen Ausgestaltung in Geschäftsberichten der im DAX, MDAX und SDAX gelisteten Unternehmen.

Das vorliegende Fachbuch richtet sich an Personen, die sich mit Bilanzierung, Finanzanalyse, Wirtschaftsprüfung oder Unternehmensberatung befassen. Adressaten sind zum einen Studierende und Lehrende der Betriebswirtschaftslehre, zum anderen Praktiker aus den genannten Fachfeldern.

Mein herzlicher Dank gilt meinem akademischen Lehrer, Herrn Univ.-Prof. Dr. Laurenz Lachnit, für die intensiven fachlichen Diskussionen. Darüber hinaus danke ich Herrn Dipl.-Oec. Jens Reinke für sein großes Engagement in der Datenerhebung sowie Herrn Dr. Christian Wobbe für die kritische Korrekturlesung des Manuskripts. Ferner bedanke ich mich bei der zuständigen Lektorin Frau Birte Schumann für die gute Zusammenarbeit.

Kritische Anregungen und Verbesserungsvorschläge nehme ich dankend entgegen.

Clausthal-Zellerfeld/Oldenburg, im August 2007   *Inge Wulf*

Inhaltsverzeichnis

Geleitwort des Herausgebers 5

Vorwort 7

Inhaltsverzeichnis 9

Abbildungsverzeichnis 13

Tabellenverzeichnis 15

Abkürzungsverzeichnis 17

1 Grundlagen zur Rechnungslegung von immateriellen Vermögenswerten 19

    1.1   Definition und Kategorisierung immaterieller Vermögenswerte ... 19

    1.2   Normen zur Rechnungslegung von immateriellen Vermögenswerten nach IFRS 24

2 Ansatzentscheidungen 29

    2.1   Zweistufige Prüfung bei Ansatzentscheidungen 29

    2.2   Abstrakte Aktivierungsfähigkeit 30

    2.3   Konkrete Aktivierungsfähigkeit 34
            2.3.1   Selbst erstellte immaterielle Vermögenswerte 35
                    2.3.1.1   Unterscheidung zwischen Forschungs- und Entwicklungsphase 35
                    2.3.1.2   Ansatzverbote für bestimmte immaterielle Vermögenswerte 40
            2.3.2   Im Rahmen von Unternehmenszusammenschlüssen zugegangene immaterielle Werte 44
            2.3.3   Ansatzentscheidungen für spezielle immaterielle Vermögenswerte 50
                    2.3.3.1   Tonträger und Filme sowie Software 50

		2.3.3.2 Spielervermögen im Profisport	51
		2.3.3.3 Webseiten	52
		2.3.3.4 Emissionsrechte	53
		2.3.3.5 Exploration und Evaluierung von mineralischen Ressourcen	54
		2.3.3.6 Maßnahmen zur Gewinnung neuer Kunden	56
		2.3.3.7 Betreibermodelle (public private partnership)	57
	2.4	Synoptische Darstellung der Ansatzvorschriften	57

3 Bewertungsentscheidungen 61

	3.1	Zugangsbewertung	61
		3.1.1 Bewertung bei Zugang durch Einzelerwerb	62
		3.1.2 Bewertung von selbst erstellten immateriellen Vermögenswerten	65
		3.1.3 Bewertung bei Zugang durch Unternehmenszusammenschlüsse	66
	3.2	Folgebewertung	69
		3.2.1 Planmäßige Abschreibung als Folgebewertung	70
		3.2.1.1 Anschaffungskosten-Modell	70
		3.2.1.2 Neubewertungs-Modell	72
		3.2.2 Immaterielle Werte mit unbegrenzter Nutzungsdauer	76
		3.2.3 Außerplanmäßige Abschreibung	77
	3.3	Synoptische Darstellung der Bewertungsvorschriften	83

4 Spezielle Regelungen zur Goodwill-Bilanzierung 87

	4.1	Ermittlung des Goodwills und dessen Behandlung im Erwerbszeitpunkt	88
	4.2	Bewertung des Goodwills in den Folgejahren	92
	4.3	Synoptische Darstellung der Goodwill-Bilanzierung	97

5 Ausweis und Angaben zu immateriellen Werten im Jahresabschluss ... 101

6 Informationen zu immateriellen Potenzialen im Lagebericht 109

7 Zusätzliche Informationen in Form einer wertorientierten Berichterstattung 115

8 Empirische Analyse der IFRS-Rechnungslegung über immaterielle Vermögenswerte 121

    8.1   Datengrundlage der Analyse 121

    8.2   Bedeutung immaterieller Werte in der Unternehmenspraxis 123

    8.3   Ansatz von immateriellen Werten im Jahresabschluss und relevante Anhangangaben 127
            8.3.1   Trennung hinsichtlich selbst erstellter und erworbener immaterieller Werte 127
            8.3.2   Differenzierte Nennung hinsichtlich erworbener immaterieller Werte 131
            8.3.3   Selbst erstellte immaterielle Werte und deren Bedeutung .. 137

    8.4   Bewertung von immateriellen Werten und relevante Anhangangaben 141
            8.4.1   Trennung zwischen begrenzter und unbestimmbarer Nutzungsdauer 141
            8.4.2   Anschaffungs- und Herstellungskosten 142
            8.4.3   Planmäßige Abschreibung 144
            8.4.4   Außerplanmäßige Abschreibung 147

    8.5   Goodwill und relevante Anhangangaben 152

9 Schlussbemerkungen 161

Literaturverzeichnis 163

Stichwortverzeichnis 171

Abbildungsverzeichnis

Abb. 1-1:	Einteilung von Gütern nach dem Kriterium „physische Substanz"	21
Abb. 1-2:	Einteilung immaterieller Güter hinsichtlich der Identifizierbarkeit	23
Abb. 1-3:	IAS/IFRS-Rechnungslegungssystem zur Bilanzierung immaterieller Vermögenswerte	27
Abb. 2-1:	Entscheidung über die abstrakte Aktivierbarkeit gem. F.49a und F.85f.	30
Abb. 2-2:	Ansatzkriterien der abstrakten Aktivierbarkeit für immaterielle Vermögenswerte	31
Abb. 2-3:	Beispiele zur abstrakten Aktivierbarkeit	33
Abb. 2-4:	Zugangsart immaterieller Vermögenswerte und Ansatz-/Bewertungsrelevanz	34
Abb. 2-5:	Bilanzierung von Aufwendungen in der Forschungsphase	36
Abb. 2-6:	Beispiel für den Ansatz von immateriellen Werten	42
Abb. 2-7:	Ableitung des Geschäfts- oder Firmenwertes als Ergebnis der Kaufpreisallokation	44
Abb. 2-8:	Aktivierungsfähige immaterielle Werte im Rahmen eines Unternehmenserwerbs	47
Abb. 2-9:	Ansatz von immateriellen Werten im Rahmen von Unternehmenszusammenschlüssen	49
Abb. 2-10:	Synopse zum Ansatz von immateriellen Werten nach IFRS	58
Abb. 3-1:	Bestandteile der Anschaffungskosten	62
Abb. 3-2:	Bestandteile der Herstellungskosten	65
Abb. 3-3:	Hierarchie der Bewertung von immateriellen Vermögenswerten im Rahmen von Unternehmenszusammenschlüssen	68
Abb. 3-4:	Folgebewertung bei Anwendung des Anschaffungskosten-Modells	70
Abb. 3-5:	Folgebewertung bei Anwendung des Neubewertungs-Modells	73
Abb. 3-6:	Beispiel für das Neubewertungs-Modell	75
Abb. 3-7:	Anhaltspunkte für eine Wertminderung	78
Abb. 3-8:	Anhaltspunkte für eine Wertaufholung	82
Abb. 3-9:	Synopse zur Bewertung von immateriellen Werten nach IFRS	84
Abb. 4-1:	Mögliche Vorgehensweise der erstmaligen Goodwill-Allokation	90
Abb. 4-2:	Einstufiger Impairment-Test beim Goodwill nach IAS 36	93
Abb. 5-1:	Angabenpflichten gemäß IFRS 3	106
Abb. 5-2:	Angabepflichten gemäß IAS 36	107

Abb. 8-1: Differenzierte Angaben zu immateriellen Werte hinsichtlich selbst erstellter immaterieller Werte (techem AG) 128
Abb. 8-2: Differenzierte Angaben zu immateriellen Werte hinsichtlich selbst erstellter immaterieller Werte (Deutsche Postbank AG) ... 129
Abb. 8-3: Differenzierte Angaben zu immateriellen Werte hinsichtlich selbst erstellter immaterieller Werte (BASF AG) 129
Abb. 8-4: Angaben über die Zusammensetzung der sonstigen immateriellen Werte (Commerzbank AG) 130
Abb. 8-5: Angaben über nicht aktivierte Forschungs- und Entwicklungskosten (Volkswagen AG) 130
Abb. 8-6: Angaben zu Kundenbeziehungen (techem AG) 136
Abb. 8-7: Angaben über identifizierte immaterielle Werte aus der Kaufpreisallokation (GfK AG) 136
Abb. 8-8: Angaben über Veränderungen der immateriellen Werte (Curanum AG) 137
Abb. 8-9: Differenzierte Angaben zu immateriellen Werte hinsichtlich Bestimmbarkeit der Nutzungsdauer (Symrise AG) 141
Abb. 8-10: Angaben zu Nutzungsdauern immaterieller Vermögenswerte (Demag AG) 144
Abb. 8-11 Angaben zu Restnutzungsdauern (Deutsche Börse AG) 145
Abb. 8-12: Angaben zu Parametern der Werthaltigkeitsprüfung (Symrise AG) 150
Abb. 8-13: Differenzierte Ermittlung der kumulierten Abschreibungen (Bayer AG) 150
Abb. 8-14: Angaben zur Höhe der Wertminderung und zur Erfassung in GuV-Posten (GfK AG) 151
Abb. 8-15: Angaben zu wesentlichen Parametern der Werthaltigkeitsprüfung sowie vorzunehmender Wertminderungen (EM.TV AG) 152
Abb. 8-16: Angaben über das Ergebnis der Kaufpreisallokation (MLP AG) . 152
Abb. 8-17: Angaben über die Zuordnung des Goodwills auf Segmente (Deutsche Telekom AG) 154
Abb. 8-18: Angaben über Parameter für den Goodwill-Impairment Tests (SGL Carbon AG) 155
Abb. 8-19: Angaben über Parameter zur Ermittlung des Nutzungswertes (Lufthansa AG) 156
Abb. 8-20: Angaben zur Goodwill-Bilanzierung (Thiel Logistik AG) 159

Tabellenverzeichnis

Tab. 2-1:	Ansatzkriterien für Kosten der Entwicklungsphase mit Beispielen für den Nachweis	40
Tab. 3-1:	Ermittlung des Nutzungswertes nach dem erwarteten Cashflow-Ansatz	81
Tab. 4-1:	Ableitung des Nutzungswertes zur Ermittlung des Goodwill-Wertminderungsbedarfs	96
Tab. 6-1:	Informationshinweise zu immateriellen Potenzialen gem. §§ 289 und 315 HGB i. d. F. BilReG	110
Tab. 7-1:	Inhalte des Value Reportings (exemplarische Nennung)	116
Tab. 8-1:	Datengrundlage der Untersuchung nach Branche und Börsensegment	122
Tab. 8-2:	Datengrundlage der Unternehmen nach Börsenkapitalisierung (29.12.2006)	123
Tab. 8-3:	Markt-/Buchwertrelation nach DAX-Indizes und Branchen	124
Tab. 8-4:	Höhe der aktivierten immateriellen Werte	125
Tab. 8-5:	Höhe der aktivierten immateriellen Werte in Relation zu Bilanzsumme und Eigenkapital	126
Tab. 8-6:	Differenzierung der immateriellen Werte in Anlehnung an das handelsrechtliche Gliederungsschemata	132
Tab. 8-7:	Differenzierung der immateriellen Werte hinsichtlich Software	133
Tab. 8-8:	Differenzierung erworbener immaterieller Werte über die handelsrechtlichen Nennungen hinaus	135
Tab. 8-9:	Differenzierung selbst erstellter immaterieller Werte	138
Tab. 8-10:	Aktivierungsquote von Entwicklungskosten und Software	140

Abkürzungsverzeichnis

Aufl.	Auflage
BB	Betriebs-Berater (Zeitschrift)
DB	Der Betrieb (Zeitschrift)
IDW	Institut der Wirtschaftsprüfer
KoR	(Zeitschrift für) Kapitalmarktorientierte Rechnungslegung
WPg	Die Wirtschaftsprüfung (Zeitschrift)
Abb.	Abbildung
AG	Aktiengesellschaft
AICPA	American Institute of Certified Public Accountants
BC	Basis of Conclusion
BilReG	Bilanzrechtsreformgesetz
BMWi	Bundesministerium für Wirtschaft und Technologie
bspw.	beispielsweise
bzw.	beziehungsweise
CAPM	Capital Asset Pricing Model
d. h.	das heißt
DBW	Die Betriebswirtschaft (Zeitschrift)
DCGK	Deutscher Corporate Governance Kodex
DRS	Deutscher Rechnungslegungs Standard
DRSC	Deutsches Rechnungslegungs Standards Committee
e. V.	eingetragener Verein
EG	Europäische Gemeinschaft
ERP	Enterprise Resource Planning Software
EU	Europäische Union
F.	Framework
HGB	Handelsgesetzbuch
Hrsg.	Herausgeber
i. d. F.	in der Fassung
i. d. R.	in der Regel
i. S. d.	im Sinne des/der
i. V. m.	in Verbindung mit
IAS	International Accounting Standard(s)
IASB	International Accounting Standard Board
IE	Illustrative Example
IFRIC	International Financial Reporting Interpretation Comitee
IFRS	International Financial Reporting Standards

IRZ	Zeitschrift für internationale Rechnungslegung
incl.	inclusive
m.w.N.	mit weiteren Nennungen
PiR	Praxis der internationalen Rechnungslegung (Zeitschrift)
rev.	revised
Rz.	Randziffer(n)
S.	Seite(n), Satz
SIC	Standing Interpretation Committe
Sp.	Spalte(n)
u. a.	unter anderem
US-GAAP	United States- Generally Accepted Accounting Principles
Vgl.	Vergleiche
WACC	Weighted Average Cost of Capital
z. B.	zum Beispiel
zfbf	Zeitschrift für betriebswirtschaftliche Forschung
ZGE	zahlungsmittelgenerierende Einheit(en)
Ziff.	Ziffer(n)

1 Grundlagen zur Rechnungslegung von immateriellen Vermögenswerten

Leitfragen

- Wie lauten die Abgrenzungsmerkmale immaterieller Vermögenswerte?
- Wie können immaterielle Vermögenswerte kategorisiert werden?
- Welche Regelungen sind für die Rechnungslegung immaterieller Vermögenswerte nach IAS/IFRS relevant?

1.1 Definition und Kategorisierung immaterieller Vermögenswerte

In der Literatur werden für den Begriff „immaterieller Vermögenswert" verschiedene Substitute synonym verwendet, wie z. B. „immaterielle Vermögensgegenstände" „immaterielle Werte", „immaterielle Güter", „immaterielle Ressourcen", „intangible assets", „Intellectual Capital", „intellectual property", „Wissenskapital" oder „knowledge-based assets". Jedoch wird meist keine genaue Abgrenzung zwischen den Begrifflichkeiten vorgenommen. Der Begriff „immaterieller Vermögensgegenstand" ist i. d. R. als enge Auslegung auf den Vermögensbegriff zu verstehen, der den Ansatzkriterien des deutschen Handelsrechts entspricht; d. h. es liegt nur beim käuflichen Erwerb ein aktivierungspflichtiger immaterieller Vermögensgegenstand vor. Dieser Begriff ist im Wesentlichen durch das Kriterium der „selbständigen Verwertbarkeit" gekennzeichnet.[1] Dagegen ist der Begriff „immaterieller Vermögenswert" bzw. „immaterieller Wert" tendenziell weiter gefasst und lehnt sich in seiner Begrifflichkeit an den internationalen Begriff „intangible asset" an. Für nicht aktivierungsfähige immaterielle Werte werden häufig die Begriffe „Intellectual Capital", „Wissenskapital" oder „knowledge-bases assets" verwendet. Darüber hinaus werden die Begriffe „immaterielle Güter", „immaterielle Ressourcen" oder „immaterielle Potenziale" benutzt, die neben den aktivierten zusätzlich nicht aktivierungsfähige immaterielle Werte umfassen.

Problematisch ist, dass neben der Vielfalt an Begrifflichkeiten zudem keine einheitliche bzw. konkrete Definition des Begriffs „immaterieller (Vermögens-)Wert" existiert. Die Definition wird jeweils zweckgerichtet betrachtet. Als ein

---

1 Vgl. ausführlich Dawo, S.: Immaterielle Güter, 2003, S. 52–67.

zweckentsprechendes **Abgrenzungskriterium** immaterieller Güter dient vielfach das Vorhandensein bzw. Nicht-Vorhandensein einer **physischen Substanz**. Während „materiell" im wörtlichen Sinne „körperlich", „stofflich", „sinnlich wahrnehmbar" bedeutet, gilt „immateriell" als „nichtkörperlich", „stofflos", geistig".[2] Materielle Güter weisen demnach eine stoffliche Substanz auf, sind räumlich abgrenzbar und körperlich fassbar, wie z. B. Grundstücke, Gebäude oder Maschinen. Immaterielle Güter sind dagegen **substanzlos** und räumlich nicht abgrenzbar und daher schwer fassbar. *Stewart* beschreibt das Wesen immaterieller Güter als etwas, das man nicht greifen kann, aber Reichtum verschafft.[3]

Der obigen Logik folgend existiert für den Begriff der immateriellen Güter im Bereich der externen Rechnungslegung häufig eine negative Abgrenzung zu materiellen und finanziellen Vermögensposten:[4] **Immaterielle Güter umfassen alle Güter, die nicht den materiellen und nicht den finanziellen Gütern zuzuordnen sind.** Eine Negativabgrenzung zu materiellen Gütern erfolgt über die fehlende physische Substanz; im Unterschied zu finanziellen Gütern sind immaterielle obendrein nicht monetär.[5] Eine Definition in negativer Abgrenzung wird z. B. vom DRSC im DRS 12 sowie vom IASB im IAS 38 vorgenommen; DRS 12.7 definiert immaterielle Vermögenswerte als „identifizierbare, in der Verfügungsmacht des Unternehmens stehende, nicht-monetäre Vermögenswerte ohne physische Substanz, welche für die Herstellung von Produkten oder das Erbringen von Dienstleistungen, die entgeltliche Überlassung an Dritte oder für die eigene Nutzung verwendet werden können." In ähnlicher Weise bezeichnet IAS 38.8 immaterielle Vermögenswerte als identifizierbare, nicht monetäre Vermögenswerte ohne physische Substanz.

Verallgemeinernd können materielle und immaterielle Güter mit Hilfe des Kriteriums der physischen Substanz unterteilt werden, vgl. Abb. 1-1.

Es existieren zum einen rein materielle und rein immaterielle Güter; zum anderen gibt es materielle Güter, die zusätzlich aus immateriellen Komponenten bestehen und als Verbundgüter bezeichnet werden, sowie materialisierte immaterielle Güter, die überwiegend durch Immaterialität gekennzeichnet sind und nur mit untergeordneter Bedeutung materielle Bestandteile aufweisen. Die Unterscheidung zwischen immateriellen und finanziellen Gütern, sog. Nominalgüter, bereitet kaum Probleme. **Nominalgüter** sind durch Monetarität gekennzeichnet und in Geldeinheiten ausgedrückte Stellvertreter anderer realer Güter. Hierunter sind u. a. Forderungen und Beteiligungen zu subsumieren.[6] Ihnen wird im Gegensatz zu immateriellen Potenzialen eine höhere Sicherheit hinsichtlich des zukünftig daraus resultierenden Nutzens zugeschrieben. Nach IAS 38.8 sind Vermögenswerte nicht

---

2 Vgl. Heyd, R./Lutz-Ingold, M.: Immaterielle Vermögenswerte, 2005, S. 1 m.w.N.
3 Vgl. Stewart, T. A.: Intellectual Capital, 1994, S. 68ff.
4 Vgl. z. B. Keitz, I. v.: Immaterielle Güter, 1997, S. 5–6 sowie Lev, B.: Intangibles, 2001, S. 5 (non-physical claim to future benefits).
5 Vgl. z. B. Arbeitskreis „Immaterielle Werte im Rechnungswesen" der Schmalenbach-Gesellschaft für Betriebswirtschaft e. V. (Hrsg.): Immaterielle Werte, 2001, S. 990.
6 Vgl. Dawo, S.: Immaterielle Güter, 2003, S. 5–6.

1.1 Definition und Kategorisierung immaterieller Vermögenswerte

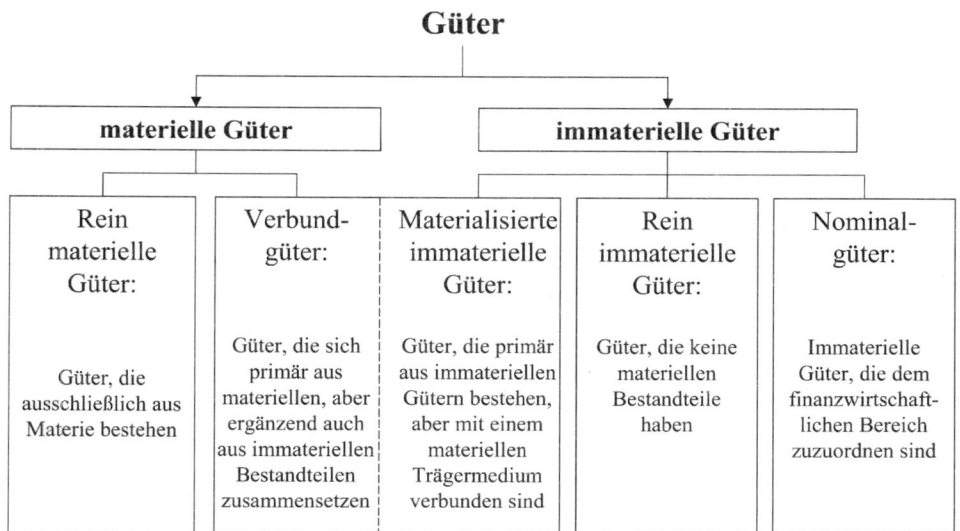

Abb. 1-1: Einteilung von Gütern nach dem Kriterium „physische Substanz"[7]

monetär, wenn sie keine Zahlungsmittel sind und aus ihnen keine Ansprüche auf feste oder festzulegende Geldbeträge resultieren.

Demgegenüber ist die **Abgrenzung der materiellen von den immateriellen Gütern** teilweise schwierig. Dieses Problem ergibt sich vor allem deshalb, weil es nicht nur Vermögensgegenstände gibt, die ausschließlich materiell oder immateriell sind. Viele Vermögensgegenstände bestehen aus körperlicher und körperloser Substanz, da viele immaterielle Komponenten in materielle Vermögenswerte integriert sind, wie z. B. Steuerungssoftware bei Maschinen oder Betriebssystem eines Computers. Für die Zuordnung als materielles oder immaterielles Gut ist vor allem deren **Wertrelation** ausschlaggebend, wenn ein Gut beide Merkmale erfüllt. Falls die immaterielle Komponente ein integraler, unverzichtbarer Bestandteil eines materiellen Vermögenswertes ist, wie z. B. Softwarekomponente von Maschinen (Systemsteuerungssoftware) oder EDV-Anlagen (Betriebssoftware), handelt es sich um Sachanlagen, es sei denn, die Softwarekomponenten sind beliebig austauschbar. Bei Austauschbarkeit liegt ein separater immaterieller Vermögenswert vor. Auch wenn die immaterielle Komponente in unmittelbarem Zusammenhang mit der Herstellung bzw. Beschaffung und der nachfolgenden Nutzung einer bestimmten Sachanlage steht, ist dieses Gut als Sachanlage zu qualifizieren; dies betrifft bspw. Lizenzen und Konzessionen zum Betrieb einer Anlage, kommunale Beiträge oder Baugenehmigungen.[8]

Demgegenüber sind Vermögensgüter, die zugleich aus immateriellen und aus materiellen Komponenten bestehen, immer dann den immateriellen Güter zuzuordnen, wenn die materielle Komponente nur eine untergeordnete Bedeutung hat

---

[7] Vgl. Heyd, R./Lutz-Ingold, M.: Immaterielle Vermögenswerte, 2005, S. 2.
[8] Vgl. Kuhner, C.: Immaterielle Vermögensgegenstände, 2007, S. 25, Rz. 61–62.

und vornehmlich Transport-, Dokumentations-, Speicherungs- und Lagerungszwecken dient, wie z. B. Mastertonträger und Masterfilme, die nicht für den massenhaften Vertrieb bestimmt sind. Auch bei Computersoftware überwiegt i. d. R. der Programminhalt gegenüber dem Materialwert des Programmträgers, so dass es sich hierbei i. d. R. um immaterielle Güter handelt, obwohl sie auf einem Datenträger gespeichert und somit physisch greifbar sind.[9] Allerdings sind Güter für den allgemeinen Vertrieb von Filmkopien oder Tonträgerkopien ebenso wie andere Trägermedien mit Datenbeständen, die allgemein bekannt und jedermann zugänglich sind, als materielle Güter zu qualifizieren.

In diesem Sinne ist nach IAS 38.4 für die Zuordnung als materiell oder immateriell entscheidend, welche der beiden Wertkomponenten wesentlicher (more significant) für den Vermögensposten ist, wobei die Beurteilung letztlich im eigenen Ermessen erfolgt. Konkret bestimmt sich die Zuordnung danach, ob die Software einen „integralen Bestandteil" (IAS 38.4) des Vermögenspostens bildet oder nicht. Nur wenn die Software keinen integralen Bestandteil der entsprechenden Hardwarekomponente oder der Maschine bildet, ist sie gesondert als immaterieller Vermögenswert auszuweisen. So sind auf materiellen Trägermedien gespeicherte Datensätze wegen ihrer Eigenart und ihrer Werthaltigkeit eindeutig den immateriellen Vermögenswerten zuzuordnen.[10]

Die Unterscheidung zwischen materiellen und immateriellen Gütern ist insofern notwendig, als hieraus entsprechend den Bilanzgliederungsprinzipien eine Zuordnung zu bestimmten Vermögenspositionen resultiert. Im Allgemeinen werden Vermögenswerte, die längerfristig nutzbar sind, der Betriebsbereitschaft dienen und somit ein Nutzenpotenzial verkörpern, in immaterielle, materielle und finanzielle Vermögenswerte unterteilt. Um eine entsprechende Dreiteilung der Güter vornehmen zu können, reicht eine Unterscheidung nach dem Kriterium „physische Substanz" nicht aus, da Nominalgüter dann den immateriellen Gütern zugeordnet werden, obwohl sie in der Bilanz gesondert als Finanzanlagen auszuweisen sind. Ein zentrales Kriterium für den Ansatz von Vermögensposten ist die **Identifizierbarkeit**, d. h. dieser Posten ist abgrenzbar oder aber gesetzlich oder rechtlich geschützt. Die Identifizierbarkeit ist bei materiellen und finanziellen Gütern grundsätzlich gegeben, bei immateriellen Gütern dagegen nicht immer.

Entsprechend der Identifizierbarkeit können immaterielle Güter zum einen in rechtlich geschützte und rechtlich nicht geschützte immaterielle Werte eingeteilt werden. Darüber hinaus können ungeschützte immaterielle Werte entsprechend der Konkretisierbarkeit dahingehend unterschieden werden, ob sie abgrenzbar sind bzw. Objekte von Rechtsgeschäften sein können oder nicht. Im letzteren Fall handelt es sich um rein wirtschaftliche Vorteile bzw. adjunktive Werte. Entsprechend dieser Logik werden in der Literatur häufig drei Kategorien immaterieller Werte graduell unterschieden: Rechte, wirtschaftliche Werte und rein wirtschaft-

---

9   Vgl. Arbeitskreis „Immaterielle Werte im Rechnungswesen" der Schmalenbach-Gesellschaft für Betriebswirtschaft e. V. (Hrsg.): Immaterielle Werte, 2001, S. 990; Kählert, J.-P./Lange, S.: Abgrenzung, 1993, S. 614.
10   Vgl. Kuhner, C.: Immaterielle Vermögensgegenstände, 2007, S. 16, Rz. 19.

liche Vorteile.[11] Rechte und wirtschaftliche Werte gelten als identifizierbare Vermögenswerte, d. h. individuell bestimmbar und abgrenzbar, während es sich bei den rein wirtschaftlichen Vorteilen um nicht identifizierbare Vermögenswerte handelt, d. h. sie sind nicht rechtlich geschützt und können nicht Gegenstand eines Rechtsgeschäfts sein.[12] Da für eine Einbeziehung in das Rechnungswesen alle immateriellen Güter bzw. Potenziale relevant sind, die dem Unternehmen nachhaltig einen Nutzenzufluss erbringen, können nur diejenigen von Bedeutung sein, auf die das Unternehmen einen direkten oder indirekten Einfluss ausüben kann; diese können als endogene immaterielle Güter bezeichnet werden. Hiervon sind die exogenen immateriellen Güter abzugrenzen, d. h. diejenigen, die das Unternehmen nicht beeinflussen kann, wie z. B. Wirtschaftswachstum.

Die folgende Abbildung verdeutlicht die Einteilung immaterieller Vermögenswerte hinsichtlich der Identifizierbarkeit:

	Vertraglich/ gesetzlich geschützt	**Mögliche Objekte von Rechts- geschäften**	**Beispiele**
Rechte	ja	ja	Markenrecht, Urheberrechte, Lizenzen
wirtschaftliche Werte	nein	ja	ungeschützte Erfindungen, geheime Produktionsverfahren, ungeschützte Computersoftware
rein wirtschaftliche Vorteile	nein	nein	Mitarbeiterwissen oder Werbeausgabenwirkung

Abb. 1-2: Einteilung immaterieller Güter hinsichtlich der Identifizierbarkeit

Bei Rechten handelt es sich um materialisierte immaterielle Güter. Dabei ermöglicht die Materialisierung die Übertragung auf Dritte und die Identifizierbarkeit. **Rechte** basieren auf einer verbrieften Grundlage, d. h. sie sind vertraglich oder gesetzlich geschützt, sog. Immaterialgüterrechte. Durch die damit verbundene rechtliche Absicherung sind sie selbständig verkehrsfähig bzw. wirtschaftlich verwertbar, d. h. sie können Objekte von Rechtsgeschäften sein. Als Beispiele sind Konzessionen (z. B. Realkonzessionen: Abbaugerechtigkeiten und Personalkonzessionen: Schank- oder Personenbeförderungskonzessionen), gewerbliche Schutzrechte (z. B. Patentrechte, Gebrauchsmusterrechte, Geschmacksmusterrechte, Markenrechte) sowie Urheberrechte einschließlich Leistungsschutzrechte (z. B. Filme, Tonträger und Computerprogramme) und Rechtspositionen, wie z. B. staatlich verliehene oder privatvertrag-

---

11 Vgl. Keitz, I.v.: Immaterielle Güter, 1997, S. 6 m.w.N.
12 Vgl. Küting, K./Ulrich, A.: Abbildung und Steuerung, 2001, S. 955.

liche Lizenz- und Franchiseverträge (z. B. UMTS-Lizenzen, Wettbewerbsverbote, Gewerbeberechtigungen, Im- und Exportquoten, Kontingente) zu nennen.[13] Neben der Veräußerung von Rechten kann auch eine Verwertung an Dritte durch eine Lizenz erfolgen.[14] Demgegenüber sind **wirtschaftliche Werte** weder rechtlich noch vertraglich geschützt; sie sind jedoch abgrenzbar und grundsätzlich einzeln verwertbar und können daher Gegenstand eines Rechtsgeschäfts sein. Wirtschaftliche Werte sind entweder mit einem materiellen Trägermedium verbunden (materialisierte immaterielle Güter) oder könnten damit verbunden werden (rein immaterielle Güter). Dazu zählen bspw. ungeschützte Erfindungen, geheime Produktionsverfahren, Rezepte, ungeschützte Prototypen oder ungeschützte Computersoftware. Im Gegensatz hierzu sind **rein wirtschaftliche Vorteile** nicht identifizierbar, da sie weder isoliert im Rechtsverkehr übertragbar noch rechtlich geschützt sind. Hierbei handelt es sich ausschließlich um rein immaterielle Güter. Aufgrund mangelnder Abgrenzbarkeit sind sie nicht einzelveräußerungsfähig. Als Beispiele gelten z. B. Mitarbeiterwissen oder Werbeausgabenwirkungen.[15]

Entsprechend den Ausführungen kann folgende Definition festgehalten werden: Ein immaterieller Vermögenswert ist identifizierbar, nicht monetär und i. d. R. ohne physische Substanz (rein immaterieller Vermögenswert); wenn eine physische Substanz vorhanden ist, dient diese lediglich als Trägermedium für den immateriellen Vermögenswert (materialisierter immaterieller Vermögenswert). Ob bzw. inwieweit im Einzelfall eine Aktivierung als immaterieller Vermögenswert in einer IFRS-Bilanz geboten bzw. möglich ist, wird in Kapitel 2 geklärt. Zunächst werden die relevanten IFRS zur Bilanzierung von immateriellen Vermögenswerten dargestellt.

1.2 Normen zur Rechnungslegung von immateriellen Vermögenswerten nach IFRS

Die IFRS werden vom IASB entwickelt; sie stellen generell privatwirtschaftliche Empfehlungen ohne Rechtskraft (soft law) dar. Eine Rechtskraft kommt ihnen insofern zu, als sie in die Rechnungslegungsgesetze der übernehmenden Länder, z. B. der Europäischen Union entsprechend der IAS-Verordnung[16], eingebracht werden. Die Umsetzung erfolgte in Deutschland durch die Änderungen des **Bilanzrechtsreformgesetzes (BilReG)**[17] zum 1.1.2005.[18] Demnach dürfen seit

---

13 Vgl. Brockhoff, K.: Forschung und Entwicklung, 1999, S. 100–102; Reuleaux, S.: Immaterielle Wirtschaftsgüter, 1987, S. 48.
14 Vgl. Dawo, S.: Immaterielle Güter, 2003, S. 21–29 m. w. N.
15 Vgl. Keitz, I. v.: Immaterielle Güter, 1997, S. 78–81; Küting, K./Ulrich, A.: Abbildung und Steuerung, 2001, S. 955.
16 Verordnung (EG) 1606/2002 (sog. IAS-Verordnung) vom 19.07.2002.
17 Vgl. BT-Drucksache 15/4054 vom 28.10.2004.
18 Das BilReG wurde als Folge der Verordnung (EG) 1606/2002 (sog. IAS-Verordnung) vom 19.07.2002 verabschiedet. Eine Übergangsfrist bis zum Jahr 2007 gilt für in Nicht-EU-Ländern notierte Gesellschaften mit einer Rechnungslegung nach international anerkannten Nor-

2005 Konzernabschlüsse nicht kapitalmarktorientierter Unternehmen wahlweise nach IFRS aufgestellt werden (§ 315a Abs. 3 HGB i. d. F. BilReG); ein IFRS-Einzelabschluss darf jedoch nur zusätzlich für informatorische Zwecke erstellt werden (§ 325 Abs. 2a HGB i. d. F. BilReG). Dagegen sind Mutterunternehmen kapitalmarktorientierter Konzerne ab 2005 grundsätzlich zur IFRS-Bilanzierung verpflichtet (§ 315a Abs. 1–2 HGB). Die Vorschriften des HGB sind nur noch für den Einzelabschluss und wahlweise für den Konzernabschluss nicht-kapitalmarktorientierter Unternehmen relevant. Zudem greifen die HGB-Vorschriften immer dann, wenn die IFRS für die im Zusammenhang mit der Rechnungslegung stehenden Sachverhalte keine speziellen Regelungen vorsehen, die aber nach HGB verpflichtend sind. Dies gilt z. B. für die Lageberichterstattung.[19]

Während die Regelungen des IASB zunächst auch durch viele Wahlrechte gekennzeichnet waren, um den Anforderungen möglichst vieler Länder gerecht zu werden, sind diese in verschiedenen Überarbeitungsphasen deutlich reduziert worden. Zuletzt wurden Ende 2003/Anfang 2004 im Zuge eines umfassenden Proposed Improvement Projects zahlreiche Standards überarbeitet. Anstelle der früheren Bezeichnung IAS trat die Bezeichnung IFRS.[20] Gleichzeitig hat auch eine starke Annäherung an die US-GAAP stattgefunden, wobei anzumerken ist, dass die Rechnungslegungsnormen ständig mit dem Ziel fortentwickelt werden, sog. „high-quality accounting standards" zu erreichen.

Die IFRS umfassen 41 **IAS-Standards** (davon 31 gültige) und 8 **IFRS-Standards**. Die einzelnen Standards stellen den Kern des IAS/IFRS Rechnungslegungssystems dar, sind absolut verbindlich und stehen in der Hierarchie der zu beachtenden Regelungen an erster Stelle. Im Vergleich zu den Vorschriften des HGB sind die IFRS-Regelungen kasuistisch nach spezifischen rechnungslegungsrelevanten Sachverhalten geregelt, ohne dabei systematisch geordnet zu sein. Anders als nach HGB wird keine abstrakte, d. h. subsumtionsfähige Kodifikation, angestrebt; vielmehr erfolgt eine möglichst vollständige Beschreibung von abgrenzbaren Rechnungslegungsproblemen.[21] Ein Standard umfasst i. d. R. eine abschließende Regelung, z. B. IAS 7 zur Kapitalflussrechnung, IAS 14 zur Segmentberichterstattung oder IAS 38 zu immateriellen Vermögenswerten. In einigen Standards werden Verweise zu anderen Standards gegeben, wie z. B. bei immateriellen Vermögenswerten hinsichtlich der Handhabung von außerplanmäßigen Abschreibungen auf IAS 36 (Wertminderung von Vermögenswerten). Jedem Einzelstandard geht ein **Vorwort** (Preface) voraus, das allgemeine Aussagen zu Zielen, Anwendungsbereich und Bindungskraft des Standards, Entstehungsprozess neuer Standards, Zeitpunkt des Inkrafttretens sowie Festlegung der Arbeitssprache des IASB umfasst.

---

men, wie z. B. US-GAAP, sowie für Unternehmen, die den organisierten Kapitalmarkt ausschließlich mit Fremdkapitaltiteln in Anspruch nehmen.
19   Vgl. Kapitel 6.
20   Die Bezeichnung IAS bleibt für alle bisher als IAS verabschiedeten Standards erhalten. Ist von dem gesamten Regelwerk die Rede, wird dieses als IFRS bezeichnet.
21   Vgl. Euler, R.: Paradigmenwechsel, 2002, S. 876.

Um vor allem eine Ausgangsbasis für eine deduktive Ableitung von Bilanzierungsfragen sowie für die Auslegung und Überarbeitung vorhandener Standards zu schaffen, wurde bereits im Jahr 1989 als theoretischer Unterbau das **Conceptual-Framework** entwickelt, ein Rahmenkonzept für die Aufstellung und Darstellung von Abschlüssen. Das Framework befasst sich mit den Rechnungslegungszielen, Rechnungslegungsgrundsätzen, Bestandteilen des Jahresabschlusses sowie mit den grundsätzlichen Ansatz- und Bewertungsregelungen. Die Regelungen in den Einzelstandards besitzen eine Priorität gegenüber den allgemeinen Bestimmungen im Framework.

Zudem erarbeitet das Standing Interpretation Committe (SIC) bzw. nunmehr das International Financial Reporting Interpretation Commitee (IFRIC) zeitnahe Lösungen in Form von **Interpretationen** zu spezifischen Ansatz- und Bewertungsfragen, um eine einheitliche Auslegung und Anwendung der einzelnen Standards zu gewährleisten. Die Interpretationen sind analog zu den einzelnen Standards absolut verpflichtend und gehören in der Hierarchie zur absoluten Verpflichtungsebene. Demgegenüber kommt den **Leitlinien zur Implementierung** (Implementation Guideances) nur eine geringe Verpflichtung zu; sie haben lediglich Empfehlungscharakter.

Werden alle IFRS-Regelungen entsprechend ihrer Hierarchiestufen beachtet, wird gem. F.46 eine den tatsächlichen Verhältnissen entsprechende Abbildung der Vermögens-, Finanz- und Ertragslage des Unternehmens erreicht (True and Fair View). Das Normengebäude der IAS-/IFRS-Rechnungslegungssystem kann als „House of IAS/IFRS" dargestellt werden und hat bezogen auf immaterielle Vermögenswerte folgendes Aussehen (vgl. Abb. 1-3).

Die Erfassung und Bewertung von immateriellen Vermögenswerten hat in der Vergangenheit nur eine untergeordnete Rolle gespielt, jedoch hat dieses Thema in jüngster Zeit eine hohe Aufmerksamkeit erfahren. Ein Grund hierfür ist die steigende Bedeutung immaterieller Vermögenswerte insbesondere bedingt durch den wirtschaftlichen und technologischen Strukturwandel. Damit einhergehend sind immaterielle Vermögenswerte zu einem zentralen Einflussfaktor des Unternehmenserfolgs und damit zu einem entscheidenden Werttreiber in vielen Unternehmen geworden. Gleichzeitig stellt die Abbildung von immateriellen Werten noch immer ein Hauptproblem im Rechnungswesen dar; sie gelten als „ewige Sorgenkinder des Bilanzrechts".[22] Dies spiegelt sich auch in der Entwicklung der IAS/IFRS-Regelungen für die Bilanzierung immaterieller Vermögenswerte wider.

Zunächst bestand seit 1978 mit IAS 9 (Research and Development Costs) nur eine Regelung für Forschungs- und Entwicklungskosten. Dieser Standard wurde 1993 überarbeitet, allerdings gab es bis dahin noch keine eigenständigen Bilanzierungsvorschriften für immaterielle Vermögenswerte. Erst seit dem Jahr 1989 waren mit dem Framework allgemeingültige Kriterien für den Ansatz von Vermögenswerten und damit auch für immaterielle Vermögenswerte zu beachten.[23] Auf-

---

22 Moxter, A.: Immaterielle Anlagewerte, 1979, S. 1102.
23 Keitz, I.v.: Immaterielle Güter, 1997, S. 181.

1.2 Normen zur Rechnungslegung von immateriellen Vermögenswerten nach IFRS

			Bilanzierung immaterieller Vermögenswerte im „House of IAS"				
Empfehlungsebene	4. Etage	Orientierungshilfen	Rechnungslegungsnormen nationaler Rechnungslegungssysteme (Local-GAAP)				
			für branchenspezifische immaterielle Güter				
			z. B. Ausgaben für die Erschließung oder die Förderung und den Abbau nicht regenerativer Ressourcen bei der rohstoffgewinnenden Industrie				
	3. Etage	Leitlinien	Leitlinien zur Implementierung von IAS 38		Leitlinien zur Implementierung von IFRS 3		
			zurzeit nicht existent		zur Zeit nicht existent		
Verpflichtungsebene	2. Etage	allgemeine Normen	Vorwort				
			Die Auslegung der Bestimmungen in IAS 38 und IFRS 3 soll im Zusammenhang mit der Zielsetzung des jeweiligen Standards und der Zielsetzung des Vorworts erfolgen (P. 14 S. 3)				
	1. Etage	spezielle Normen	konkrete Aktivierungsfähigkeit				
			Standards		SIC/IFRIC-Interpretationen		
			IAS 38	IFRS 3	zu IAS 38		zu IFRS 3
			Bilanzierung immaterieller Vermögenswerte „Intangible Assets"	Bilanzierung von Unternehmenszusammenschlüssen „Business Combinations"	SIC-6 „Kosten der Anpassung vorhandener Software"	SIC-32 „Websitekosten"	zu IFRS 3 existieren derzeit keine Interpretationen
Theorieebene	Fundament	Rahmenkonzept	abstrakte Aktivierungsfähigkeit				
			Immaterielles Gut erfüllt die Definition eines Vermögenswertes (F. 49 a)	Der mit dem immateriellen Gut verbundene wirtschaftliche Nutzen wird dem Unternehmen wahrscheinlich zufließen (F. 83 a)	Die Anschaffungs- oder Herstellungskosten des immateriellen Gutes lassen sich verlässlich ermitteln (F. 83 b)	Das immaterielle Gut stellt einen wesentlichen Sachverhalt dar (F. 84 S. 1 i. V. m. m. F. 29 und F. 30)	Ansatzverbot für den originären Firmenwert mangels zuverlässiger Bewertbarkeit (F. 34 S. 4)

Abb. 1-3: IAS/IFRS-Rechnungslegungssystem zur Bilanzierung immaterieller Vermögenswerte[24]

grund der zunehmenden Bedeutung immaterieller Vermögenswerte beschäftigte sich seit 1989 eine Projektgruppe mit der Entwicklung eines speziellen Standards für die Bilanzierung immaterieller Vermögenswerte. Zunächst wurde der Standardentwurf E 50 (Intangible Asssets) entwickelt, der zu einem weiteren Entwurf E 60 (Intangible Assets) überarbeitet wurde und schließlich im Juli 1998 in die zentrale Vorschrift des IAS 38 für immaterielle Werte mündete. Dieser Standard war seit Juli 1999 verpflichtend anzuwenden und ersetzte IAS 9 vollständig. Für IAS 38 wurde Ende März 2004 im Rahmen des Improvement Projects ein überarbeiteter Standard verabschiedet; die Überarbeitung betrifft im Wesentlichen die

---

24 Entnommen aus: Heyd, R./Lutz-Ingold, M.: Immaterielle Vermögenswerte, 2005, S. 23.

1 Grundlagen zur Rechnungslegung von immateriellen Vermögenswerten

Konkretisierung der Identifizierbarkeit und die Folgebewertung von immateriellen Werten.

Der Anwendungsbereich des IAS 38 schließt alle immateriellen Güter ein, es sei denn, es liegen spezielle Fälle vor, die unter den Anwendungsbereich folgender Einzelstandards fallen: IAS 2 (Vorräte), IAS 11 (Fertigungsaufträge), IAS 12 (Ertragsteuern), IAS 17 (Leasingverhältnisse), IAS 19 (Leistungen an Arbeitnehmer), IAS 39/IFRS 7 (Finanzinstrumente) IFRS 3 (Unternehmenszusammenschlüsse), IFRS 4 (Versicherungsverträge) sowie IFRS 5 (Langfristige zur Veräußerung gehaltene Vermögenswerte und aufgegebene Geschäftsbereiche). Darüber hinaus findet IAS 38 keine Anwendung für Vermögenswerte aus Exploration und Evaluierung von mineralischen Ressourcen (IFRS 6)[25] sowie Ausgaben für die Erschließung oder Förderung und den Abbau von Mineralien, Öl, Erdgas und ähnlichen nicht regenerativen Ressourcen (IAS 38.2-3).

Neben IAS 38 ist im Zusammenhang mit immateriellen Vermögenswerten auch IFRS 3 (Unternehmenszusammenschlüsse) relevant, der die Regelungen zur Goodwill-Bilanzierung umfasst. Zudem ist für die Folgebewertung zusätzlich noch IAS 36 (Wertminderung von Vermögenswerten) maßgeblich. Außerdem existieren für spezielle Bilanzierungsfragen gesonderte Interpretationen, z. B. für Kosten der Anpassung vorhandener Software (SIC-6), für Websitekosten (SIC-32) und für Kundentreueprogramme (IFRIC 13) sowie für die Bilanzierung von Treibhausgas-Emissionsrechten (IFRIC 3), der allerdings im Juni 2005 wieder zurückgezogen wurde, so dass gegenwärtig die allgemeinen Regelungen des IAS 38 gelten.[26]

Technische Anwendungsaspekte

Immaterielle Güter umfassen alle Güter, die nicht den materiellen und nicht den finanziellen Gütern zuzuordnen sind. Eine Zuordnung zu materiellen oder immateriellen Gütern wird durch deren Wertrelation bestimmt.

Hinsichtlich der Hierarchiestufen der IFRS-Regelungen ist zwischen Verpflichtungsebene mit den Standards (IAS/IFRS) und den Interpretationen (SIC/IFRIC), Theorieebene mit dem Rahmenkonzept sowie Empfehlungsebene mit den Leitlinien zur Implementierung der Standards und Rechnungslegungsnormen nationaler Rechnungslegungssysteme zu unterscheiden.

Für die Bilanzierung immaterieller Werte sind IAS 38, IFRS 3, IAS 36 sowie IFRS 6, SIC-6, SIC-32 und IFRIC 13 sowie ggf. das Rahmenkonzept relevant.

---

25 Vgl. Kapitel 2.3.3.5.
26 Vgl. Kapitel 2.3.3.4.

2 Ansatzentscheidungen

Leitfragen

- Wie lauten die zentralen Kriterien für einen Ansatz immaterieller Werte?
- Gibt es explizite Ansatzverbote?
- Bestehen bilanzpolitische Gestaltungsspielräume im Rahmen von Ansatzentscheidungen?

2.1 Zweistufige Prüfung bei Ansatzentscheidungen

Die Entscheidung über einen Ansatz von Vermögenswerten ist – ebenso wie in der nationalen und internationalen Rechnungslegung üblich – auf zwei Stufen zu prüfen. Zunächst wird im Rahmen der **abstrakten Aktivierbarkeit** geprüft, ob zum einen der Definition eines Vermögenswertes und ob zum anderen den beiden zusätzlichen Kriterien, Wahrscheinlichkeit des zukünftigen Nutzenzuflusses und zuverlässige Bewertbarkeit, entsprochen wird.[27] Allgemein wird die Frage nach der abstrakten und konkreten Aktivierbarkeit bereits im Framework behandelt. F.49a umfasst die Definition von Vermögenswerten und F.85f. enthält die Kriterien zur Erfassung von Vermögenswerten. Die Kriterien für die Entscheidung über die abstrakte Aktivierbarkeit von Vermögenswerten sind in Abbildung 2-1 dargestellt.

Gemäß F.49(a) handelt es sich bei einem Vermögenswert um eine in der Verfügungsmacht des Unternehmens stehende Ressource, über die das Unternehmen aufgrund eines vergangenen Ereignisses verfügt und aus deren Einsatz wahrscheinlich künftig ein Nutzenzufluss zu erwarten ist. Die Definition von Vermögenswerten umfasst damit sowohl entgeltlich als auch nicht-entgeltlich erworbene materielle, finanzielle und immaterielle Werte und stellt im Gegensatz zum HGB ausschließlich auf den künftigen wirtschaftlichen Nutzen ab. Aufgrund dieser weiten Definition werden als Vermögenswert neben den nach HGB identifizierten Vermögensgegenständen auch Rechnungsabgrenzungsposten und bestimmte Bilanzierungshilfen erfasst. Dies führt zu einer betriebswirtschaftlich sachgemäßen Darstellung, da mit dieser Definition alle Vermögensposten einschließlich immaterieller Werte einheitlich erfasst werden.

---

27 Vgl. Kuhner, C.: Immaterielle Vermögensgegenstände, 2007, S. 39, 51, Rz. 120, 156.

2 Ansatzentscheidungen

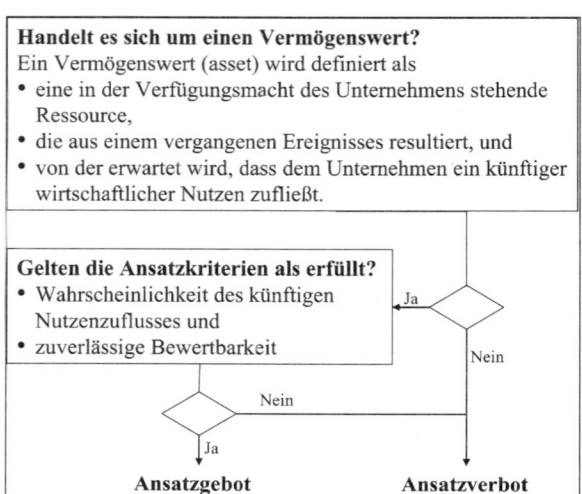

Abb. 2-1: Entscheidung über die abstrakte Aktivierbarkeit gem. F.49a und F.85f.

Im Rahmen der anschließenden **konkreten Aktivierbarkeit** wird geprüft, ob für einen Vermögenswert konkrete Regelungen existieren, die als Spezialnorm gelten und die allgemeine Regel brechen (können), z. B. Aktivierungswahlrechte oder -verbote.[28] Für die Frage der Aktivierbarkeit finden sich darüber hinaus spezielle Vorschriften in den Einzelstandards. Für immaterielle Werte sind daher ergänzend vor allem die Regelungen in IAS 38 maßgeblich.

2.2 Abstrakte Aktivierungsfähigkeit

In Übereinstimmung mit der Definition eines Vermögenswertes gem. F.49a findet sich in IAS 38.8 die Definition eines Vermögenswertes als eine Ressource, über die das Unternehmen eine Verfügungsmacht (control) besitzt und aus der in Zukunft ein Nutzenzufluss (future economic benefit) resultiert. Darüber hinaus existieren zusätzliche Kriterien für die abstrakte Aktivierungsfähigkeit in IAS 38.21. Die Kriterien der abstrakten Aktivierbarkeit für immaterielle Vermögenswerte können wie folgt zusammengefasst werden:

---

28 Vgl. Kuhner, C.: Immaterielle Vermögensgegenstände, 2007, S. 39, Rz. 120.

> Definitionsgemäß handelt es sich gem. IAS 38.8 bei immateriellen Werten um
> - identifizierbare, nicht-monetäre Vermögenswerte ohne physische Substanz,
> - über die das Unternehmen eine Verfügungsmacht besitzt und
> - aus denen in Zukunft ein Nutzenzufluss resultiert.
>
> Eine Ansatzpflicht besteht nur, wenn darüber hinaus
> - die Wahrscheinlichkeit des künftigen Nutzenzuflusses sowie
> - eine zuverlässige Bewertung gegeben ist (IAS 38.21).

Abb. 2-2: Ansatzkriterien der abstrakten Aktivierbarkeit für immaterielle Vermögenswerte

Mit dieser Spezifizierung wird eine Abgrenzung zu materiellen und finanziellen Gütern erreicht. Im Gegensatz zu materiellen Gütern sind immaterielle Güter ohne physische Substanz und im Gegensatz zu finanziellen Gütern nicht monetär. Materiellen und finanziellen Gütern wird im Vergleich zu immateriellen Gütern eine höhere Sicherheit hinsichtlich des zukünftig daraus resultierenden Nutzens zugeschrieben. Problematisch kann die Abgrenzung zwischen nicht-monetären Vermögenswerten ohne physische Substanz und materiellen Werten sein, wie z. B. bei Software, die aus materiellen und immateriellen Komponenten besteht. In diesem Fall ist gem. IAS 38.4 das Wertverhältnis entscheidend.[29]

Das Kriterium der **Identifizierbarkeit** fordert eine Abgrenzbarkeit des einzelnen Vermögenswertes vom Goodwill. Eine Abgrenzbarkeit und damit eine Identifizierbarkeit ist nach IAS 38.12 gegeben, wenn ein Vermögenswert entweder auf vertraglichen oder gesetzlichen Rechten beruht (Contractual-Legal-Kriterium) oder separierbar (Separability-Kriterium) ist. **Vertragliche oder gesetzliche Rechte** können z. B. bei Lizenzen oder Patenten vorliegen. In diesem Fall spielt es aufgrund des rechtlichen Charakters keine Rolle, ob die Rechte übertragbar sind oder vom Unternehmen getrennt werden können (IAS 38.12(b)). Dagegen setzt das Kriterium der **Separierbarkeit** eine selbständige Verwertbarkeit voraus, indem das Unternehmen den aus dem Vermögenswert resultierenden Nutzen einzeln oder gemeinsam mit im Zusammenhang stehenden vertraglichen Rechten, Vermögenswerten oder Schulden veräußern, tauschen, vermieten oder vertreiben könnte (IAS 38.12(a)). Grundsätzlich ist dabei entsprechend der wirtschaftlichen Betrachtungsweise auf die Möglichkeit der Übertragung des wirtschaftlichen Wertes getrennt vom Geschäfts- oder Firmenwert abzustellen.

Die **Verfügungsmacht** bzw. die Kontrolle des Unternehmens über einen immateriellen Vermögenswert ist gem. IAS 38.12 daran gebunden, dass es sich den aus dem Vermögenswert resultierenden zukünftigen wirtschaftlichen Nutzen verschaffen und Dritten den Nutzenzugang verwehren kann. Dies kann durch rechtliche aber auch durch ausreichende wirtschaftliche Verfügungsmacht erfolgen, wie z. B. Ergebnisse aus dem Forschungsbereich, sofern die Mitarbeiter zur Verschwiegenheit verpflichtet wurden. Auch ist eine Verfügungsmacht bei Vermark-

---

29 Vgl. Kapitel 1.1.

tungs- und technischem Know-how gegeben, da durch juristisch durchsetzbare Rechte, z. B. in Form von Urheberrechten oder vertraglichen Vertraulichkeitsauflagen, eine Verfügungsmacht gegeben ist.[30] Allerdings besteht keine Verfügungsmacht über den künftigen wirtschaftlichen Nutzen beim Humankapital aufgrund von gut ausgebildetem Personal oder beim Kundenkapital aufgrund von Marktanteilen und Kundenbeziehungen, es sei denn bei Kunden bestehen vertragliche Abnahmeverpflichtungen (IAS 38.13-16). Der **zukünftige Nutzenzufluss** kann absatzseitig aus Marktchancen durch den Verkauf von Produkten oder Dienstleistungen, aber auch durch Kosteneinsparungen oder andere Vorteile der internen Nutzung resultieren (IAS 38.17). Nach F.49a muss zudem gegeben sein, dass die Verfügungsmacht über die Ressource aus einem vergangenen Ereignis resultiert. Dieses Kriterium soll eine Aktivierung zukünftiger Ereignisse in Form von Absichtserklärungen verhindern.

Als weitere Kriterien für die abstrakte Aktivierbarkeit fordert IAS 38.21 ebenso wie F.85-86 die Wahrscheinlichkeit des zukünftigen Nutzenzuflusses und die zuverlässige Bewertung. Die **Wahrscheinlichkeit des zukünftigen Nutzenzuflusses** soll anhand vernünftiger und tragbarer Annahmen beurteilt werden, wobei die Annahmen auf der Basis einer „bestmöglichen Einschätzung seitens des Managements in Bezug auf die wirtschaftlichen Rahmenbedingungen" ermittelt werden sollen (IAS 38.22). Im Rahmen der Burteilung über die Erwartungen der Wahrscheinlichkeit des Nutzenzuflusses sind gem. IAS 38.23 externe Informationen stärker zu gewichten als interne. Durch die Betonung der externen Kriterien wird grundsätzlich die intersubjektive Nachprüfbarkeit erhöht. Da diese Formulierungen sehr vage sind und somit ein Einschätzungsspielraum besteht, ist davon auszugehen, dass ein immaterielles Gut i. d. R. das Kriterium „Wahrscheinlichkeit des zukünftigen Nutzenzuflusses" erfüllt, wenn der Bilanzierende eine Aktivierung erreichen möchte.

Die **zuverlässige Bewertung** ist für die meisten immateriellen Vermögenswerte das entscheidende Ansatzkriterium. Für immaterielle Vermögenswerte, die von Dritten erworben wurden, gilt eine zuverlässige Bewertung regelmäßig als erfüllt. Im Falle von einzeln erworbenen immateriellen Vermögenswerten liegen die Anschaffungskosten vor. Schwieriger ist die Bewertung von immateriellen Vermögenswerten, die im Rahmen von Unternehmensakquisitionen dem Unternehmen zugehen.[31] Der Ansatz von selbst geschaffenen immateriellen Vermögenswerten bereitet noch größere Probleme, da hier der Nachweis des wahrscheinlichen Nutzenzuflusses wie auch der zuverlässigen Bewertung i. d. R. schwierig ist. Es bestehen **erhebliche Einschätzungsspielräume** hinsichtlich der Auslegung der Ansatzkriterien, wie im Rahmen der konkreten Aktivierbarkeit noch zu zeigen sein wird.[32]

---

30 Vgl. Heyd, R./Lutz-Ingold, M.: Immaterielle Vermögenswerte, 2005, S. 36.
31 Vgl. Kapitel 3.1.3.
32 Vgl. Kapitel 2.3.1.1.

Die folgende Tabelle zeigt exemplarisch Fälle für die Erfüllung und Nicht-Erfüllung von Ansatzkriterien:

	Abstrakte Aktivierbarkeit	
	erfüllt	nicht erfüllt
Kundenstamm/-kartei	Definitionsmerkmale sind bei entgeltlich erworbenem Kundenstamm erfüllt.	Bei nicht entgeltlich erworbenem Kundenstamm gelten die Definitionsmerkmale nicht als erfüllt.
vertragliches Wettbewerbsverbot	Die Definitionsmerkmale sind durch die vertragliche Grundlage erfüllt.	
Konzeptionskosten	Definitionsmerkmal bei selbständig handelbaren Konzeptionen erfüllt, da eine Separierbarkeit gegeben ist.	
Zuschüsse für die Bereitstellung von öffentlicher Infrastruktur		Die Definitionsmerkmale sind nicht erfüllt, da keine exklusive Rechtsposition und auch keine Separierbarkeit gegeben ist.
Zuschüsse als Gegenleistung für die Einräumung privater Rechtspositionen	Es liegt eine vertragliche bzw. rechtliche Grundlage für das zukünftige Nutzenpotenzial vor, so dass die Definitionsmerkmale erfüllt sind; z.B. Zuschüsse einer Brauerei an einen Schankwirt für das exklusive Belieferungsrecht.	
Web-Seiten	Definitionsmerkmale sind erfüllt, da ein Urheberschutzrecht und somit eine rechtlich-vertragliche Grundlage besteht.	
Derivativer Firmenwert	Der Firmenwert ist gem. IAS 38.3 (f) vom Anwendungsbereich des IAS 38 ausgeschlossen; gem. IFRS 3.51 besteht eine Ansatzpflicht.	

Abb. 2-3: Beispiele zur abstrakten Aktivierbarkeit[33]

Für bestimmte immaterielle Vermögenswerte werden die **abstrakten Aktivierungskriterien gelockert.** Gem. IAS 38.25 wird für gesondert erworbene immaterielle Vermögenswerte die Wahrscheinlichkeit des zukünftigen Nutzenzuflusses durch die Zahlung der Anschaffungskosten als erfüllt angesehen. Gleiches gilt gem. IAS 38.33-43 für im Rahmen von Unternehmensakquisitionen erworbene immaterielle Vermögenswerte; hier entspricht der beizulegende Zeitwert zum Erwerbszeitpunkt den Anschaffungskosten, wobei der beizulegende Zeitwert die Markterwartungen über den wahrscheinlichen zukünftigen Nutzenzufluss widerspiegelt. Im Rahmen von Unternehmenszusammenschlüssen ist gem. IAS 38.35 auch das Separierbarkeitskriterium weiter gefasst. Es muss nicht zwingend ein einzelner immaterieller Vermögenswert identifiziert werden; vielmehr ist es ausrei-

---

[33] Vgl. ausführlich Kuhner, C.: Immaterielle Vermögensgegenstände, 2007, S. 52–62, Rz. 159–195.

chend, wenn erworbene immaterielle Vermögenswerte **als Bündel zusammen mit anderen Vermögenswerten**, Schulden oder einer mit der Ressource verbundenen vertraglichen Vereinbarung separiert werden können.[34]

2.3 Konkrete Aktivierungsfähigkeit

Die konkrete Aktivierungsfähigkeit ist erfüllt, wenn kein Ansatzverbot vorliegt und keine Ansatzwahlrechte gegeben sind. Zur Beantwortung dieser Frage ist insbesondere die Zugangsart ausschlaggebend. IAS 38 unterscheidet die immateriellen Vermögenswerte entsprechend der Art ihres Zugangs in fünf verschiedene Klassen: selbst erstellte immaterielle Werte, Erwerb im Rahmen eines Unternehmenszusammenschlusses, einzelner käuflicher Erwerb, Erwerb durch Zuwendung der öffentlichen Hand, Erwerb durch Tausch. Die Klassifizierung nach der Zugangsart ist aber nicht nur relevant für die Ansatzfrage, sondern auch für die Bewertungsfrage, wie die folgende Tabelle zeigt:

Zugangsart	IFRS-Regelung	Ansatz-/ Bewertungsrelevanz
Selbst erstellte immaterielle Werte	IAS 38.51-67	Relevant für Ansatz- (→ Kapitel 2.3.1 bis 2.3.3) und Bewertungsfrage (→ Kapitel 3)
Erwerb im Rahmen eines Unternehmenszusammenschlusses	IAS 38.33-43	
einzelner käuflicher Erwerb	IAS 38.25-32	Relevant für Bewertungsfrage (→ Kapitel 3)
Erwerb durch Zuwendung der öffentlichen Hand	IAS 38.44	
Erwerb durch Tausch	IAS 38.45-47	

Abb. 2-4: Zugangsart immaterieller Vermögenswerte und Ansatz-/Bewertungsrelevanz

Hinsichtlich der Ansatzregelungen ist festzustellen, dass im Falle eines **einzelnen käuflichen Erwerbs** ebenso wie beim **Erwerb durch Zuwendung der öffentlichen Hand** und **beim Erwerb durch Tausch** im Wesentlichen die oben genannten abstrakten Ansatzkriterien gelten und somit grundsätzlich ein **Ansatzgebot** besteht. Die Ansatzvorschriften, Definition des immateriellen Vermögenswertes i. S. d. IAS 38.8, Wahrscheinlichkeit des zukünftigen Nutzenzuflusses und zuverlässige Bewertung, sind fast wortgleich mit denen der Sachanlangen gem. IAS 16.[35] Insbesondere der zuverlässigen Bewertung wird bei käuflich erworbenen immateriellen Vermögenswerten von einem Dritten mit dem zu zahlenden Kaufpreis entsprochen. Problematischer ist es im Falle von Tauschgeschäften sowie im Falle von erworbenen immateriellen Werten mit Hilfe öffentlicher Zuschüsse. Bei Tauschgeschäften und Zuwendungen der öffentlichen Hand ist die erstmalige Bewertung anhand der Erläuterungen gem. IAS 38.44-45 vorzunehmen. Wenn dem-

---

34 Vgl. Kapitel 2.3.2.
35 Siehe auch die Ausführungen in Kapitel 2.2.

entsprechend ein Wertansatz ermittelt werden kann, ist das Kriterium der zuverlässigen Bewertung erfüllt und ein Ansatz geboten.

Demgegenüber existieren für selbst erstellte immaterielle Werte und für immaterielle Vermögenswerte, die im Rahmen von Unternehmenszusammenschlüssen zugegangen sind, besondere Vorschriften zur konkreten Aktivierbarkeit, die im Folgenden betrachtet werden. Darüber hinaus werden Ansatzentscheidungen für spezielle immaterielle Werte separat dargestellt.

2.3.1 Selbst erstellte immaterielle Vermögenswerte

2.3.1.1 Unterscheidung zwischen Forschungs- und Entwicklungsphase

Im Gegensatz zu käuflich erworbenen ist bei selbst erstellten immateriellen Vermögenswerten i. d. R. schwer feststellbar, ob und wenn ja, ab welchem Zeitpunkt alle Ansatzkriterien erfüllt sind. Dies gilt insbesondere für die Identifikation wie auch für die zuverlässige Bewertung. Eine zuverlässige Bewertung ist bei einzeln erworbenen immateriellen Werten unproblematisch, da durch die Gegenleistung in Geld dem Kaufvorgang eine objektivierende Wirkung unterstellt wird (IAS 38.25-26). Demgegenüber können die Herstellungskosten von selbst erstellten immateriellen Vermögenswerten nur schwer von Aufwendungen getrennt werden, die dem originären Firmenwert zuzuordnen sind. Zur Konkretisierung wird daher in IAS 38 hilfsweise eine **Unterteilung in eine Forschungs- und eine Entwicklungsphase** vorgenommen, womit eine konsistente Abgrenzung von Herstellungskosten erreicht werden soll (IAS 38.51-52). Diese gesonderten Vorschriften für selbst erstellte immaterielle Werte stellen nach Ansicht des IASB lediglich eine Konkretisierung der Ansatzkriterien dar. Während die zusätzlich geforderten Kriterien bei separat angeschafften Vermögenswerten immer erfüllt werden, soll bei selbst erstellen immateriellen Anlagewerten eine konsequente Anwendung erreicht werden.[36]

Zur Abgrenzung der Forschungs- von der Entwicklungsphase hat das IASB zum einen eine Definition festgeschrieben; zum anderen werden zur Verdeutlichung Beispiele für Forschungs- und Entwicklungsaktivitäten genannt. **Forschung** gilt als eigenständige und planmäßige Suche nach neuen wissenschaftlichen oder technischen Erkenntnissen (IAS 38.8). Als Beispiele, die unter der Forschungsphase zu subsumieren sind, nennt IAS 38.56 z. B. Aktivitäten für die Erlangung neuer wissenschaftlicher Erkenntnisse (Grundlagenforschung), die Suche, Bewertung und Auswahl von Forschungsergebnissen (angewandte Forschung), die Suche nach alternativen Materialien, Produkten, Verfahren oder Systemen sowie Formulierung, Entwurf und die endgültige Auswahl von möglichen Alternativen. **Entwicklung** ist die modellhafte Umsetzung der Forschungsergebnisse als Plan oder Entwurf für neue Produkte oder verbesserte Materialien, Werkzeuge, Produkte, Verfahren, Systeme oder Dienstleistungen (IAS 38.8). Zu den Entwicklungsaktivi-

---

36 Vgl. Baetge, J./Keitz; I.v.: Immaterielle Vermögenswerte, 2003, S. 20, Rz. 46.

täten zählen gem. IAS 38.59 z. B. Entwurf, Konstruktion und Test von Prototypen und Modellen. Die Entwicklung findet grundsätzlich vor Aufnahme der kommerziellen Produktion oder Nutzung statt. Durch die o. g. beispielhafte Aufzählung wird deutlich, dass die Suche nach Alternativen und ihre Auswahl zu den Forschungsaktivitäten zählen, wohingegen die Weiterentwicklung einer gewählten Alternative bis zur letztendlichen Marktreife der Entwicklungstätigkeit zuzuordnen ist.[37] Zudem lassen die Beispiele erkennen, dass das IASB bei der Abgrenzung zwischen Forschung und Entwicklung primär auf Unternehmen mit klassischen Produkt- bzw. Verfahrensinnovationen abstellt. Bei immateriellen Gütern, die aus Weiterbildung, Mitarbeitermotivation, Kundenbeziehungen u. ä. resultieren, ist eine Zuordnung zur Forschungs- und Entwicklungsphase schwierig. Wohl vor diesem Hintergrund sind gem. IAS 38.52 die Begriffe Forschungs- und Entwicklungsphase weit auszulegen. So sind zur Entwicklungsphase auch solche Ausgaben zu subsumieren, die aus selbst entwickelten Expertensystemen resultieren, die z. B. bei Beratungsdienstleistungsgesellschaften oder Kreditinstituten zum Einsatz kommen, wie auch Prüfungs- und Bewertungstechnologien von Wirtschaftsprüfern und Unternehmensberatern.[38]

Die Abgrenzung zwischen Forschungs- und Entwicklungsphase ist insofern von Bedeutung, als damit über den Ansatz von immateriellen Werten entschieden wird. So sind **Ausgaben der Forschungsphase** sofort als **Aufwand** zu erfassen (IAS 38.54). Das Aktivierungsverbot für Forschungsaufwendungen begründet sich mit ihrer Produktferne, denn es kann während der Forschungsphase keine zuverlässige Aussage über einen späteren wirtschaftlichen Nutzen der Forschungsergebnisse gemacht werden.[39] Dagegen besteht für die **Ausgaben von selbst erstellten immateriellen Werten in der Entwicklungsphase eine Aktivierungspflicht**, wenn bestimmte ergänzende Ansatzkriterien erfüllt werden. Falls eine Zuordnung in die eine oder andere Phase nicht möglich ist, was bei iterativen Forschungs- und Entwicklungsvorgängen häufig der Fall sein dürfte, besteht nach IAS 38.53 ein Ansatzverbot.

Forschungsphase:
→ Aufwendungen in der Forschungsphase sind **sofort als Aufwand zu erfassen** (IAS 38.54)

Es erfolgt in IAS 38.56 lediglich eine beispielhafte Nennung, wie z.B.
- Aktivitäten für die Erlangung neuer wissenschaftlicher oder technischer Erkenntnisse (Grundlagenforschung) sowie
- die Suche, Bewertung und Auswahl von Forschungserkenntnissen (angewandte Forschung).

Abb. 2-5: Bilanzierung von Aufwendungen in der Forschungsphase

---

37 Zur Abgrenzung und bestehenden Schwierigkeiten vgl. Fülbier, R. U./Honold, D./Klar, A.: Immaterielle Werte, 2000, S. 837.
38 Vgl. Kuhner, C.: Immaterielle Vermögensgegenstände, 2007, S. 52–62, Rz. 257.
39 Vgl. Buchholz, R.: Internationale Rechnungslegung, 2001, S. 80.

Ist eine Zuordnung zur Entwicklungsphase zweifelsfrei möglich, besteht ein Ansatzgebot nur dann, wenn die folgenden sechs **Kriterien kumulativ erfüllt** sind (IAS 38.57):

1. Nachweis über die technische Realisierbarkeit zur Fertigstellung des immateriellen Vermögenswertes,
2. Nachweis der Verwertungs- oder Verkaufsabsicht,
3. Nachweis der Verwertungs- und Verkaufsfähigkeit,
4. Nachweis, dass dieses Gut die Fähigkeit besitzt, einen Beitrag zur Verbesserung des Nutzenzuflusses zu leisten, wozu auch der Nachweis über einen Absatzmarkt gehört,
5. Nachweis des Unternehmens über ausreichende Ressourcen, um die Entwicklung abschließen zu können, sowie
6. Nachweis über die zuverlässige Ausgabenermittlung.

Während die ersten fünf Kriterien das allgemeine Kriterium der Wahrscheinlichkeit des Nutzenzuflusses genauer spezifizieren, konkretisiert das sechste Kriterium die zuverlässige Messbarkeit. Dementsprechend sind die Ansatzkriterien für immaterielle Vermögenswerte tatsächlich restriktiver als für materielle Vermögenswerte, da es nach IAS 38 nicht ausreicht, dass der Nutzenzufluss wahrscheinlich ist; die Wahrscheinlichkeit ist vielmehr zu belegen.[40] Die Lieferung der Nachweise hat zur Folge, dass die (internen) Informations- und Dokumentationspflichten anspruchsvoller werden.

Das Kriterium der **technischen Realisierbarkeit** soll Aufschluss über die Einschätzung der Wahrscheinlichkeit einer erfolgreichen Umsetzung geben. Insbesondere dieses Kriterium eröffnet einen erheblichen **Einschätzungsspielraum** bezüglich der Ansatzentscheidung von selbst erstellten immateriellen Werten,[41] wobei häufig von einer Aktivierung abgesehen wird.[42] So legen Pharmaunternehmen die Kriterien i. d. R. so aus, dass keine Aktivierung von Entwicklungskosten vorgenommen wird; die Aktivierung erfolgt erst nach der behördlichen Genehmigung. Beispielsweise heißt es hierzu im Geschäftsbericht des Bayer-Konzerns: „Da eigene Entwicklungsprojekte häufig behördlichen Genehmigungsverfahren und anderen Unwägbarkeiten unterliegen, sind die Bedingungen für eine Aktivierung der vor der Genehmigung entstandenen Kosten in der Regel nicht erfüllt."[43] Durch dieses Kriterium wird die Aktivierung selbst erstellter immaterieller Werte erheblich eingeschränkt. Ein Nachteil stellt die fehlende konkrete Erläuterung des Kriteriums der technischen Realisierbarkeit dar, was einen nicht unerheblichen Einschätzungsspielraum eröffnet. Mangels konkreter IFRS-Regelungen wird für selbst erstellte Software auf SFAS 86 und SOP 98-1.17 zurückgegriffen, wo das Kriterium der

---

40	Vgl. Baetge, J./Keitz; I. v.: Immaterielle Vermögenswerte, 2003, S. 23, Rz. 54.
41	Vgl. Müller, S.: Management-Rechnungswesen, 2003, S. 129; Wulf, I.: Stille Reserven, 2001, S. 128.
42	Vgl. auch Kapitel 2.3.3.
43	Bayer AG: Geschäftsbericht 2006, S. 113. Vgl. auch die Ausführungen zur Verwertungs- und Verkaufsfähigkeit.

technological feasibility ausschlaggebend ist.[44] Die genannten Kriterien sind ebenso wie die genannten Beispiele für die Zuordnung zur Forschungs- und Entwicklungsphase stark auf Produkt- und Verfahrensentwicklungen ausgelegt, so dass zum Nachweis der technischen Realisierbarkeit zumeist ein Prototyp, ein Modell oder eine Beta-Version einer Software ausreichend ist. Eine Übertragung auf die Entwicklungsphase anderer immaterieller Vermögenswerte, wie z. B. Marken, Kundenbeziehungen oder Schulungsmaßnahmen, ist nicht möglich.

Grundsätzlich ist die **Verwertungs- oder Verkaufsabsicht** aus ökonomischer Sicht zu erwarten, wenn an dem Vorhaben bzw. an dem Projekt bspw. gem. Produktionsplan bis zum Stichtag gearbeitet wird.[45] Dieses Kriterium ist insofern entbehrlich, als in der Bilanz nur solche Ausgaben aktiviert werden dürfen, die ein zukünftiges Nutzenpotenzial verkörpern, was eine Verwertungs- oder Verkaufsabsicht impliziert.

Eine **Verwertungs- und Verkaufsfähigkeit** sollte aus ökonomischer Sicht stets gegeben sein, da nur entwickelt wird, wenn zukünftig eine eigene Verwertung oder ein Verkauf bspw. gem. Absatzplan möglich ist. Relevant ist dieses Kriterium für Fälle, wo die Verwertungs-/Verkaufsfähigkeit außerhalb des unternehmerischen Entscheidungsfeldes liegt, wie z. B. bei Medikamenten oder Sicherheitstechniken bei Fahrzeugen. Wird die erhoffte Genehmigung nicht erteilt, kann das immaterielle Gut nicht genutzt und somit auch nicht aktiviert werden.[46]

Während bei käuflich erworbenen immateriellen Werten ebenso wie bei Sachanlagen die Wahrscheinlichkeit des Zuflusses eines wirtschaftlichen Vorteils ausreicht, ist bei selbst erstellten immateriellen Werten der **Nachweis zu liefern, dass dieses Gut die Fähigkeit besitzt, einen Beitrag zur Verbesserung des Nutzenzuflusses zu leisten**. Um den Nachweis erbringen zu können, sind entsprechende Marktforschungsaktivitäten zur Abschätzung der zukünftigen Cashflows bzw. Ergebnisse, die das Unternehmen aus der Nutzung des Vermögenswertes erwartet, erforderlich. Zur Abschätzung des künftigen Nutzenzuflusses sind analog zum Wertminderungstest nach IAS 36.30-57 investitionstheoretische Verfahren anzuwenden, ggf. auf der Basis von zahlungsmittelgenerierenden Einheiten (cash generating units).[47] Im Rahmen der Berechnungen ist sowohl bei der Schätzung der Volatilität der Höhe und des zeitlichen Anfalls der Zahlungsströme als auch bei der Bemessung des Abzinsungssatzes einschließlich Risikofaktor ein Einschätzungsspielraum des Bilanzierenden gegeben.

Insgesamt eröffnet das Kriterium der Verwertungs- und Verkaufsfähigkeit einen großen **Einschätzungsspielraum**. Nach IAS/IFRS wird nur verlangt, dass ein Markt für das fertige Produkte besteht. Eine Vermarktungsfähigkeit und die Existenz eines Marktes sind als erfüllt zu betrachten, wenn die Zulassung als wahrscheinlich gilt, was über Erfahrungen und Studien nachgewiesen werden kann. Dementsprechend ist ein positiver Ausgang von erforderlichen Genehmigungsver-

---

44 Vgl. Kuhner, C.: Immaterielle Vermögensgegenstände, 2007, S. 81–82, Rz. 264–264.
45 Vgl. Baetge, J./Keitz; I.v.: Immaterielle Vermögenswerte, 2003, S. 25, Rz. 58.
46 Vgl. Heyd, R./Lutz-Ingold, M.: Immaterielle Vermögenswerte, 2005, S. 43.
47 Vgl. Kapitel 3.2.3.

fahren, wie z. B. in der Pharmaindustrie, keine zwingende Vorbedingung, sondern nur die Wahrscheinlichkeit einer Zulassung. Die Wahrscheinlichkeiten können aus Erfahrungen im Rahmen von Zulassungsverfahren mit Medikamenten abgeleitet werden; ein positiver Bescheid für den Vertrieb von Medikamenten ist nicht vorgeschrieben.[48]

Der **Nachweis des Unternehmens über ausreichende Ressourcen** kann über die Erstellung eines Business-Plans, der die notwendigen technischen, finanziellen und sonstigen Ressourcen und deren Sicherstellung durch das Unternehmen aufzeigt, erbracht werden. Da bspw. die Einbeziehung in die Geschäfts- oder Finanzpläne als Aufschluss über die verfügbaren Ressourcen eines Unternehmens gestaltbar ist, liegt auch hier ein **Einschätzungsspielraum** des Bilanzierenden vor. Der Ansatzzeitpunkt kann somit – unternehmensindividuell begründet – in das eine oder andere Geschäftsjahr verlagert werden.[49]

Für den **Nachweis über die zuverlässige Ausgabenermittlung**, sprich die zuverlässige Messbarkeit der Kosten, zur Bestimmung der Herstellungskosten ist ein internes Kostenrechnungssystem ausreichend. Grundsätzlich ist von einem funktionierenden Kostenrechnungssystem auszugehen. Daher ist das Kriterium der zuverlässigen Messbarkeit der Kosten erfüllt, sofern die Kosten durch geeignete Zeit- oder Mengenschlüssel den einzelnen immateriellen Vermögenswerten zugeordnet werden können.

Die Tabelle 2-1 zeigt die Ansatzkriterien samt Nachweis-Beispielen für aktivierungsfähige Kosten der Entwicklungsphase im Überblick.

Grundsätzlich dürfen die Ausgaben erst ab dem Zeitpunkt der erstmaligen Erfüllung aller Ansatzkriterien aktiviert werden. Eine Nachaktivierung von in der Vergangenheit als Aufwand gebuchten Herstellungsausgaben darf nicht erfolgen. Dies bedeutet, dass z. B. Kosten für die Entwicklung eines neuen Produktionsprozesses so lange als Aufwand zu verrechnen sind, bis das Unternehmen den Nachweis der Ansatzkriterien belegen kann.

Insgesamt hat die Betrachtung der Ansatzkriterien für selbst erstellte immaterielle Werte gezeigt, dass mit Hilfe der genannten Ansatzkriterien versucht wird, einen **Ausgleich zwischen der Relevanz und Verlässlichkeit** der Rechnungslegung zu erreichen. Grundsätzlich sollten entsprechend dem Kriterium der Relevanz alle wichtigen Werttreiber, die der Qualität des Vermögenswertes entsprechen, als Vermögensposten in der Bilanz angesetzt werden. Jedoch wird ein Ansatz durch das Kriterium der Verlässlichkeit eingeschränkt, das eine objektivierbare Bewertung impliziert. Als Ergebnis ist eine Kompromisslösung festzustellen, die **erhebliche Einschätzungsspielräume** umfasst, da auch die Hilfestellungen zur Interpretation der Ansatzkriterien im IAS 38 nicht ausreichend sind. Eine Nicht-Aktivierung ist dabei leichter zu erreichen als eine Aktivierung. Diese Einschätzungsspielräume, die aus dem Aktivierungsgebot **faktisch ein Aktivierungswahlrecht** machen, sind

---

48   Vgl. Baetge, J./Keitz; I. v.: Immaterielle Vermögenswerte, 2003, S. 26, Rz. 58.
49   Vgl. Fülbier, R. U./Honold, D./Klar, A.: Immaterielle Werte, 2000, S. 838.

Ansatzkriterium	Beispiel für den Nachweis
Technische Realisierbarkeit zur Fertigstellung	Prototyp, Modell, Beta-Version einer Software
Verwertungs- oder Verkaufsabsicht	sollte aus ökonomischer Sicht stets gegeben sein; vorliegende Pläne des Vorhabens
Verwertungs- und Verkaufsfähigkeit	sollte aus ökonomischer Sicht stets gegeben sein; Absatzplan, behördliche Genehmigungen
Zukünftiges Nutzenpotenzial	Marktforschungsaktivitäten mit entsprechenden Cashflow-/ Ergebnisplanungen
Ausreichende Ressourcen	Business-Plan (Finanz- und Produktionsplan)
Zuverlässige Ausgabenermittlung	Kostenrechnungssystem

Tab. 2-1: Ansatzkriterien für Kosten der Entwicklungsphase mit Beispielen für den Nachweis

bisher – abgesehen von SIC-32 und IFRIC 13 – auch nicht durch entsprechende Interpretationen mit konkreten Ansatzvorgaben beseitigt worden.

Damit wird der nicht unerhebliche Einfluss des Unternehmens auf die Sachverhaltsgestaltung deutlich, welcher auf die Jahresabschlusszahlen ausstrahlt und von externer Seite kaum eingeschätzt und nur schwer quantifiziert werden kann. Trotz der weitreichenden Einschätzungsspielräume und der Abgrenzungsschwierigkeiten von Forschungs- und Entwicklungsphase ist diese Vorschrift einem generellen Ansatzverbot von selbst erstellten immateriellen Anlagen vorzuziehen, da zumindest eine Aktivierung möglich ist. Der gebotene Einschätzungsspielraum wird in IAS 38 nur durch einige explizite Ansatzverbote eingegrenzt.

Bilanzpolitische Perspektive

Die Abgrenzung zwischen Forschungs- und Entwicklungsphase liegt im Ermessen des bilanzierenden Unternehmens und ist mit erheblichen Einschätzungsspielräumen verbunden.

Dementsprechend wird über das Bilanz- und Erfolgsbild des Unternehmens entschieden: Entweder wird mit der Zuordnung zur Forschungsphase das Jahresergebnis in vollständiger Höhe der Aufwandsbeträge oder mit der Zuordnung zur Entwicklungsphase lediglich sukzessive über die Nutzungsdauer in Höhe der notwendigen Abschreibungsbeträge belastet.

2.3.1.2 Ansatzverbote für bestimmte immaterielle Vermögenswerte

Ein Ansatzverbot liegt im Umkehrschluss zu den obigen Ausführungen immer dann vor, wenn den geforderten Ansatzkriterien nicht entsprochen wird. Dies gilt insbesondere für Forschungsausgaben sowie für Ausgaben für immaterielle Vermögenswerte, die in früheren Perioden bereits als Aufwand erfasst wurden. Ebenso sind Ausgaben gem. IAS 38.68 (a) als Aufwand zu erfassen, wenn sie nicht zu den Anschaffungs- oder Herstellungskosten für immaterielle Güter zählen, auch wenn die Ansatzkriterien erfüllt sind. Demgegenüber gehen gem. IAS 38.68 (b) i. V. m. IAS 38.10 Ausgaben für immaterielle Güter, die im Rahmen eines Unternehmenszusammenschlusses erworben wurden und nicht den Ansatzkriterien in IAS 38.18-67 erfüllen, in den Geschäfts- oder Firmenwert unter.[50]

Darüber hinaus hat das IASB für bestimmte selbst erstellte immaterielle Vermögenswerte ein uneingeschränktes Ansatzverbot erlassen. Dies betrifft gem. IAS 38.63 **speziell selbst erstellte Marken, Drucktitel, Verlagsrechte, Kundenlisten sowie ihrem Wesen nach ähnliche Sachverhalte**. Es fehlt eine genaue Erläuterung, was unter „ihrem Wesen nach ähnliche Sachverhalte" zu verstehen ist.

Die Entscheidung für die Einschränkung des generellen Ansatzgebotes von immateriellen Werten begründete das IASB damit, dass selbst erstellte Immaterialanlagen dieser Art nur sehr selten bis gar nicht die Ansatzkriterien erfüllen (IAS 38 (rev. 1998), BC 32). Insbesondere die Zurechenbarkeit der Nutzenkomponenten bereitet Schwierigkeiten, da gem. IAS 38.64 die damit verbundenen Kosten nicht problemfrei gegenüber Kosten der allgemeinen Unternehmensentwicklung, wie z. B. Unternehmensimage, trennbar sind. Dementsprechend ist keine eindeutige Abgrenzung von Aufwendungen möglich, die das Unternehmen als Ganzes betreffen und dem nicht aktivierungsfähigen selbst erstellten Geschäfts- oder Firmenwert zuzuordnen sind. Zudem ist aufgrund eines fehlenden aktiven Marktes eine zuverlässige, objektive Bewertung nicht gegeben (IAS 38.78).

Mit der Entscheidung für ein explizites Ansatzverbot hat das IASB dem Kriterium der zuverlässigen Bewertung einen höheren Stellenwert beigemessen als dem der Relevanz und vorsichtshalber auf einen Ansatz bestimmter selbst erstellter Immaterialanlagen verzichtet. Als Folge dürfen die selektiv auserwählten selbst erstellten Immaterialanlagen, die ohne Zweifel enormes Erfolgspotenzial verkörpern können, nicht in der Unternehmensbilanz erscheinen, so dass relevante Unternehmensinformationen nicht offengelegt werden. Dies betrifft auch den **selbst geschaffenen Geschäfts- oder Firmenwert**, da dieser als nicht identifizierbar gilt, d. h. weder separierbar ist noch auf vertraglichen oder gesetzlichen Rechten beruht (IAS 38.48-50). Vielmehr stellt der Geschäfts- oder Firmenwert ein Wertekonglomerat dar, der zahlreiche Güter enthält, die das Unternehmen nicht kontrollieren kann, wie z. B. Know-How der Mitarbeiter. Insofern hat das explizite Aktivierungsverbot für den selbst geschaffenen Geschäfts- oder Firmenwert klarstellenden Charakter.[51]

Schließlich schreibt IAS 38 für folgende Ausgaben eine sofortige Aufwandsverrechnung vor:

- Ausgaben für Gründungs- und Anlaufkosten (IAS 38.69 (a)),
- Ausgaben für Aus- und Weiterbildungsaktivitäten (IAS 38.69(b)),

---

50 Vgl. Kapitel 2.3.2 und 4.1.
51 Vgl. Hayn, S.: Immaterielle Vermögenswerte, 1996, S. 360.

- Ausgaben für Werbekampagnen und Maßnahmen der Verkaufsförderung (IAS 38.69(c)),
- Ausgaben für die Verlegung oder Umorganisation von Unternehmensteilen oder des gesamten Unternehmens (IAS 38.69 (d)).

Das folgende Beispiel zeigt unter Einbeziehung von Aufwendungen für die Mitarbeiterschulung und geringeren Ausstoßmengen zu Produktionsbeginn ab welchem Zeitpunkt welche Komponenten als immaterieller Vermögenswert anzusetzen sind und welche aufwandswirksam zu verrechnen sind. Der Nachweis der Ansatzkriterien ist mit der Entscheidung des Vorstandes am 1. August erfüllt, die Entwicklung durchzuführen.

Am 1.1.t1 entscheidet sich das Unternehmen, ein Verfahren zur Lackierung von Bauteilen mit Hilfe computergestützter Prozesse zu entwickeln. Der Vorstand erhofft sich hiervon wesentliche Kosteneinsparungen (Angaben in T€).	Datenvorgaben	Aufwand	Ansatz
Anfertigen der Machbarkeitsstudie (Abt. 1)	1.1.-30.6.t1	10.000	10.000	
Stellungnahme von Abt. 2	1.7.-15.7. t1	2.000	2.000	
Vorstand beauftragt Abt. 1 einen Kostenvoranschlag für die Entwicklung des Prozesses zu erstellen.	15.7.-31.7. t1	2.000	2.000	
Am 1. Aug. ist der Kostenvoranschlag erstellt und der Vorstand beschließt auf dieser Basis endgültig, den Prozess zu entwickeln.	1.8.-31.8. t1	4.000		4.000
Die Entwicklung ist am 30.9.t1 abgeschlossen	1.9.-30.9. t1	4.000		4.000
Erstellung von Spezialwerkzeugen zur computergestützten Lackierung	1.10.-31.10. t1	3.000		3.000
Schulung der Mitarbeiter	1.11.-30.11. t1	2.000	2.000	
Produktionsbeginn am 1.12.t1 mit geringeren Ausstoß in den ersten Woche	1.12.-7.12. t1	500	500	
Summe:			**16.500**	**11.000**

Abb. 2-6: Beispiel für den Ansatz von immateriellen Werten

Für **Gründungs- und Anlaufkosten** besteht nur dann eine Aktivierungsfähigkeit, wenn diese in die Anschaffungs- oder Herstellungskosten einer Sachanlage gem. IAS 16 mit einzubeziehen sind. Zu den Gründungskosten zählen die Kosten für die Gründung einer juristischen Einheit, Kosten für die Eröffnung einer neuen Betriebsstätte oder eines neuen Geschäfts (Eröffnungskosten) sowie Kosten für die Aufnahme neuer Tätigkeitsbereiche oder für die Einführung neuer Produkte bzw. Verfahren (Anlaufkosten). Auch Kosten für die Beschaffung von Eigenkapital sind grundsätzlich nicht aktivierungsfähig. Sofern es sich um direkte Kosten handelt, sind diese gem. IAS 32.35 und IAS 32.37 nach Korrektur um Steuereffekte erfolgsneutral vom Eigenkapital abzuziehen. Im Falle von Anschaffungsausgaben im Rahmen von Unternehmensakquisitionen, wie z. B. Kosten für die Registrierung, Beratungsleistungen und Druckkosten im Zusammenhang mit eine Aktienemission, gehen diese Ausgaben als Bestandteil der Anschaffungskosten ein.[52]

---

52 Vgl. Kuhner, C.: Immaterielle Vermögensgegenstände, 2007, S. 73, Rz. 233.

Zusätzlich legt das IASB auch grundsätzliche Ansatzbeschränkungen für Ausgaben fest, so dass in bestimmten – aber eher seltenen Ausnahmefällen – eine Bilanzierung möglich ist. Dies gilt zum einen gem. IAS 38.15 für im Zusammenhang mit dem Humankapital stehende immaterielle Werte, wenn die Definition eines immateriellen Vermögenswerts in Ausnahmefällen erfüllt ist, wie z. B. für **Managementqualitäten oder fachliche Begabungen.** Eine solche Ausnahme ist möglich, wenn der zukünftige wirtschaftliche Nutzen durch Rechtsansprüche geschützt ist und eine Nutzung und ein Erhalt für das Unternehmen sichergestellt ist. Da zusätzlich alle anderen Aktivierungskriterien des IAS 38 erfüllt sein müssen, hält das IASB eine Aktivierung von Managementqualitäten und fachlichen Begabungen für nicht wahrscheinlich (IAS 38.15). Für eine Nicht-Aktivierung spricht, dass die Mitarbeiter das Unternehmen jederzeit verlassen können und keine Rechtsansprüche bestehen, die das entwickelte Wissen der Mitarbeiter zum Vorteil des Unternehmens schützen können.

Ebenso erfüllen immaterielle Werte, wie z. B. ein **treuer Kundenstamm, Marktanteile, Kundenbeziehungen und Kundenloyalität**, nur selten die Definition eines immateriellen Vermögenswertes. In Ausnahmefällen ist nur dann eine Aktivierung erlaubt, wenn rechtliche Schutzansprüche oder sonstige vertragliche Vereinbarungen bestehen, die die Kontrolle über diese Werte gewährleisten (IAS 38.16).[53]

Auch können in seltenen Ausnahmefällen **nachträgliche Ausgaben für immaterielle Güter**, die nach deren Erwerb oder Fertigstellung anfallen, zu einer Erhöhung des Buchwertes führen. Dies gilt jedoch nur für solche immateriellen Vermögenswerte, für die kein explizites Ansatzverbot besteht. Dennoch ist der Fall einer nachträglichen Buchwerterhöhung nur selten gegeben. In Analogie zu SIC 6 (Kosten der Anpassung vorhandener Software) kann ein solcher Fall nur vorliegen, wenn damit eine Erhöhung des wirtschaftlichen Nutzens verbunden ist, die entsprechenden Ausgaben zuverlässig bewertet und dem Vermögenswert eindeutig zugeordnet werden können.

Bilanzpolitische Perspektive

Einschränkung der Einschätzungsspielräume durch konkrete Ansatzverbote für bestimmte immaterielle Werte.
In diesen Fällen räumt das IASB dem Kriterium der Verlässlichkeit der gebotenen Informationen in der Bilanz einen höheren Stellenwert ein, was zu Lasten des Kriteriums der Relevanz geht.

---

53 Vgl. auch die Ausführungen in Kapitel 2.3.3.6.

2.3.2 Im Rahmen von Unternehmenszusammenschlüssen zugegangene immaterielle Werte

Beim Zugang immaterieller Werte im Rahmen eines Unternehmenserwerbs ist IFRS 3 zu beachten. Im Vergleich zu den anderen Zugangsarten ist der Kreis der aktivierungsfähigen immateriellen Vermögenswerte über den Weg der Unternehmensakquisitionen weiter gezogen. Es ist explizit vorgeschrieben, dass im Rahmen der Kaufpreisallokation die Anschaffungskosten des Unternehmenszusammenschlusses zunächst auf alle erworbenen identifizierbaren Vermögenswerte, Schulden und Eventualverbindlichkeiten zu verteilen sind (Kaufpreisallokation); nur ein verbleibender Rest ist als Goodwill zu aktivieren.[54] Im Rahmen der Kaufpreisallokation sind die erworbenen Vermögenswerte, Schulden, immateriellen Vermögenswerte und Eventualschulden zu erfassen und auf die Erfüllung der Ansatzkriterien zu prüfen. Ferner ist für jeden abnutzbaren Vermögenswert die Nutzungsdauer zu bestimmen, die Bewertung zum beizulegenden Wert und eine Korrektur um passive latente Steuern vorzunehmen. Der Prozess der Kaufpreisallokation endet letztlich mit der Gegenüberstellung des Kaufpreises mit dem identifizierbaren Nettovermögen, um die Höhe des Geschäfts- oder Firmenwertes festzustellen, wie die folgende Abbildung schematisch zeigt:

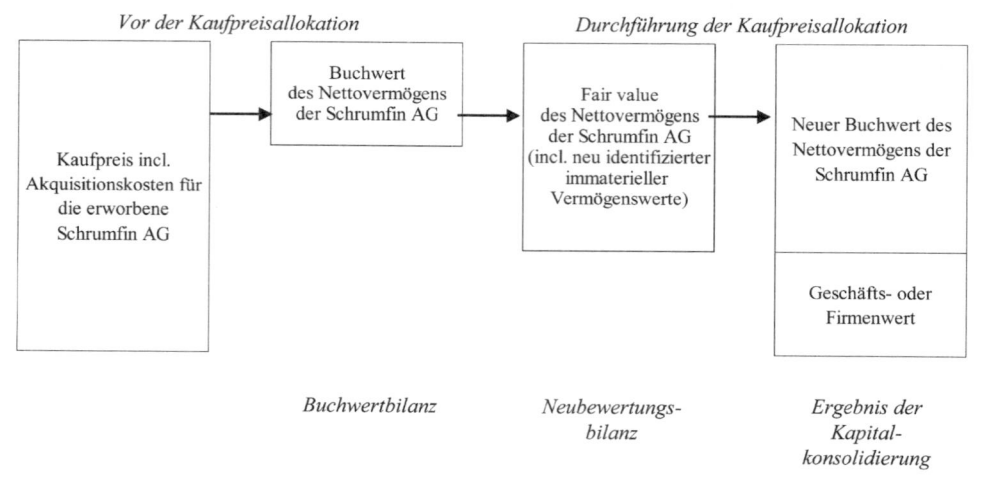

Abb. 2-7: Ableitung des Geschäfts- oder Firmenwertes als Ergebnis der Kapitalkonsolidierung

Im Zuge der vollständigen Neubewertung sind im Rahmen von Unternehmenszusammenschlüssen zugegangene **immaterielle Werte in der Konzernbilanz** nur dann separat anzusetzen, sofern die geforderten Kriterien des IFRS 3.45 erfüllt sind. Auf diese Weise soll vermieden werden, dass – anders als bei HGB-Bilanzie-

---

54 Zur Goodwill-Bilanzierung vgl. die Ausführungen im Kapitel 4.

rung – die über Akquisitionen zugegangenen immateriellen Werte nicht pauschal im residualen Goodwill aktiviert werden. Damit führt die seit 2004 anzuwendende Regelung zu einer Erhöhung des Informationsnutzens. Da es keine Begrenzung für die Aufdeckung stiller Reserven gibt, sind im Rahmen eines Unternehmenszusammenschlusses erworbene immaterielle Werte selbst dann mit ihrem Zeitwert in die Konzernbilanz aufzunehmen, wenn dadurch ein negativer Goodwill entsteht.

Während die Erfassung immaterieller Werte, die bereits in der Bilanz des übernommenen Unternehmens aktiviert waren, unproblematisch ist, gestaltet sich die Erfassung von zuvor nicht aktivierungsfähigen immateriellen Werten, die aber wichtige Werttreiber bzw. Erfolgspotenziale darstellen, erheblich schwieriger. Die Vorschriften zur Identifikation sind im Vergleich zu den übrigen Zugangsarten insofern gelockert, als für einen Ansatz nur die Definition immaterieller Werte im IAS 38.8 erfüllt und sein beizulegender Wert verlässlich bewertbar sein muss (IAS 38.34). Die darüber hinaus im IAS 38 genannte Bedingung, die Wahrscheinlichkeit des Nutzenzuflusses, gilt bei Unternehmenszusammenschlüssen generell als erfüllt (IFRS 3, BC 96). Die **ausschlaggebenden Definitionskriterien** sind in diesem Falle zum einen die **Identifizierbarkeit** und zum anderen die verlässliche Bewertung. Die Identifizierbarkeit gilt als erfüllt, wenn der Immaterialwert zum einen separierbar ist (Separability-Kriterium), wie z. B. bei unpatentierten Technologien; zum anderen wird die Identifikation über bestehende vertragliche oder andere gesetzlichen Rechte bestimmt (Contractual-Legal-Kriterium), wie z. B. bei Lizenzen (IFRS 3.46). Eine separate Aktivierung ist nur dann vorzunehmen, wenn zudem eine **zuverlässige Bewertung** möglich ist (Measurability-Kriterium). Für die meisten aktivierungsfähigen immateriellen Werte wird eine verlässliche Bewertung verneint, sofern zum einen keine Separierbarkeit gegeben ist und zum anderen kein Rückgriff auf vergleichbare Transaktionen möglich ist und Schätzungen somit auf nicht direkt messbaren Variablen beruhen.[55] Eine separate Aktivierbarkeit wird damit von der Annahme einer vergleichbaren Markttransaktion bestimmt. Demgegenüber gilt für identifizierbare Immaterialwerte aus Unternehmenszusammenschlüssen mit begrenzter Nutzungsdauer die verlässliche Bewertung zum beizulegenden Wert i. d. R. als widerlegbar vermutet.[56]

Erworbene, im Erstellungsprozess befindliche immaterielle Werte, wie z. B. R&D in Process, sind in der Neubewertungsbilanz zu aktivieren (IAS 3.45 i. V. m. IAS 38.33), was insbesondere beim Kauf forschungsintensiver start up-Unternehmen den Kreis der über Akquisitionen zugegangenen immateriellen Werte erweitert. Anders als selbst durchgeführte Aktivitäten sind diese nicht zu Anschaffungswerten, sondern zum fair value im Erwerbszeitpunkt zu bewerten.[57] Für nachträglich anfallende Ausgaben für ein erworbenes laufendes Forschungs- und Entwicklungsprojekt gelten jedoch weiterhin die Vorschriften wie bei selbst erstellen immateriellen Werten, d. h. Ausgaben der Forschungsphase sind erfolgswirk-

---

55 Vgl. IAS 38.38; IAS 38.BC24 (c)(ii).
56 Vgl. IAS 38.35; zu Leitlinien zur fair value-Ermittlung vgl. IAS 38.38-41 sowie Appendix B zu IFRS 3.
57 Vgl. IAS 38.34 sowie IFRS 3.BC105-106 sowie Küting, K./Wirth, J.: IFRS 3, 2004, S. 171.

sam zu behandeln, während Entwicklungsausgaben zu aktivieren sind, wenn die allgemeinen Vorschriften erfüllt sind.

Grundsätzlich gelten **Arbeitsverhältnisse** als nicht ansatzfähig. Allerdings sind nach IFRS 3.IE D9 alle Vertragsverhältnisse als Vermögenswert zu aktivieren, die gemessen an Marktwerten als *beneficial* oder *favorable contract* gelten. Demnach müssten auch günstige Arbeitsverträge im Falle von Unternehmenszusammenschlüssen aktivierungsfähig sein, wenn der Haustarifvertrag (wesentlich) unter dem Flächentarifvertrag liegt und der günstige Haustarif nicht eine geringere Produktivität kompensiert. Dennoch erscheint ein Ansatz wegen der damit problematischen Bewertung nur in wenigen Fällen sachgerecht, wenn der Sachverhalt große Vertragsvolumen umfasst, eine erhebliche Restlaufzeit vorliegt und die wesentlichen Abweichungen zwischen Markt- und Vertragskonditionen nachvollziehbar belegt werden können.[58]

Bei **Kundenbeziehungen** wird gem. IFRS 3.IE zwischen vier Typen unterschieden:

- Auftragsbestände (order or production backlog),
- Vertragskunden (contractual customer relationships),
- Kundenlisten (customer lists) und
- Stammkundenbeziehungen ohne aktuelles Vertragsverhältnis (non-contractual customer relationships).

Im Falle von Auftragsbestand wie auch von Dauerverträgen über vertragliche Kundenbeziehungen, wie z. B. Zeitschriftenabonnements, Mobilfunkverträge, liegen rechtlich begründete und gesicherte Formen von immateriellen Vermögenswerten vor.[59] Demgegenüber sind Kundenlisten nur aktivierungsfähig, wenn die Identifizierbarkeit über die Verkehrsfähigkeit nachgewiesen werden kann. Im Falle von gesetzlichen oder vertraglichen Ausschlussklauseln, wie bei beruflichen Verschwiegenheitspflichten, z. B. Wirtschaftsprüfern oder Rechtsanwälten, ist eine Verkehrsfähigkeit zu verneinen. Falls eine Verkehrsfähigkeit gegeben ist, kann eine Aktivierung nur erfolgen, wenn darüber hinaus die Kundenlisten einen kontrollierbaren, wahrscheinlichen Nutzenzufluss verkörpert. Bei nicht vertraglichen Kundenbeziehungen (Stammkunden) ist nach IFRS 3.IE B3 ein Ansatz geboten, da das contractual-legal-Kriterium als erfüllt gilt. Dennoch erscheint dies nicht sachgemäß. Für nicht vertragliche Kundenbeziehungen ist eine separate Verkehrsfähigkeit nicht gegeben. Ein Ansatz kann nur erfolgen, wenn eine verlässliche Bewertung des betreffenden Vermögenswertes möglich ist.[60]

Wenngleich bereits gem. IAS 22 i.V. m. IAS 38 (rev. 1998) im Rahmen von Unternehmenszusammenschlüssen zugegangene Immaterialwerte separat vom Goodwill anzusetzen waren, soweit ein wahrscheinlicher Nutzenzufluss und eine

---

58   Vgl. ausführlich Lüdenbach, N.: § 31 Unternehmenszusammenschlüsse, 2007, S. 1635–1638, Rz. 84–86.

59   Zur Ermittlung der fair values vgl. Lüdenbach, N.: § 31 Unternehmenszusammenschlüsse, 2007, S. 1618–1624, Rz. 74–75.

60   Vgl. Lüdenbach, N.: § 31 Unternehmenszusammenschlüsse, 2007, S. 1624–1629, Rz. 76–80.

verlässliche Bewertung gegeben war, wurde dies kaum praktiziert (IAS 38.BC23). Nunmehr hat das IASB zahlreiche Beispiele von immateriellen Werten aufgelistet, bei denen die Definitionskriterien eines immateriellen Vermögenswerts aus Unternehmenszusammenschlüssen als erfüllt gelten und ein Ansatz von der zusätzlich geforderten zuverlässigen Bewertung abhängt. Dazu zählen die Folgenden:[61]

	Kriterium: vertragliche oder sonstige gesetzlichen Rechte	Kriterium: Separierbar
Marketingbezogene Immaterialwerte (*marketing-related intangible asses*)	• Markenrechte, Markenzeichen, Emblems • Internet-Adressen • Aufmachung und Design • Zeitschriftentitel • Wettbewerbsunterlassungsvereinbarungen	
Kundenbezogene Immaterialwerte (*customer-related intangible assets*)	• Auftragsbestände und Produktionsrückstände • Vertragliche Kundenbeziehungen	• Kundenlisten • Nicht-vertragliche Kundenbeziehungen
Immaterielle Werte im künstlerischen Bereich (*artistic-related intangible assets*)	• Theaterstücke, Opern, Ballettaufführungen • Bücher, Zeitschriften, Zeitungen • Kompositionen, Liedtexte, Werbemelodien • Gemälde, Fotografien • Videoaufzeichnungen, Filme, TV-Sendungen	
Auf Verträgen basierende Immaterialwerte (*contract-based intangible assets*)	• Lizenzen, Tantiemen, Stillhaltevereinbarungen • Werbe-, Konstruktions-, Management-, Dienstleistungs-, Liefer- und Abnahmeverträge • Leasingverträge • Baurechte • Franchiserechte • Betriebs- und Sendegenehmigungen • Förderungs- und Abbaurechte • Schuldenbedienungsrechte durch Dritte • Dienstverträge	
Technologie basierte Immaterialwerte (*technology-based intangible assets*)	• Patentierte Technologien • EDV-Software • Geschäftsgeheimnisse, z.B. vertrauliche Formeln, Prozesse und Rezepte	• Nicht patentrechtlich geschützte Technologien • Datenbanken

Abb. 2-8: Aktivierungsfähige immaterielle Werte im Rahmen eines Unternehmenserwerbs

Sollten Schwierigkeiten bestehen, einen einzelnen bei einem Unternehmenszusammenschluss erworbenen immateriellen Vermögenswert wegen mangelnder verlässlicher Bewertbarkeit zu separieren, da er mit einem materiellen oder immateriellen Vermögenswert verbunden ist, erlaubt IAS 38 eine weitere Erleichterung, indem eine **Gruppenbewertung** vorgenommen werden darf. Voraussetzung für eine Gruppenbewertung ist, dass das Separierbarkeitskriterium für eine einzelne Komponente nicht erfüllt ist und diese Komponente nur im Zusammenhang mit anderen materiellen und/oder immateriellen Vermögenswerten wirtschaftlich erfassbar ist. Dies gilt z. B. für Verlagsrechte einer Zeitschrift, die nicht getrennt von einer dazugehörigen Abonnenten-Datenbank verkauft werden könnten, oder Wa-

---

61 Vgl. IAS 38, IFRS 3 Illustrative Examples.

renzeichen für natürliches Quellwasser einer bestimmten Quelle, das nicht separat von der Quelle verkauft werden könnte. In solchen Fällen ist das ganze Bündel an Vermögenswerten als ein einzelner Vermögenswert anzusetzen, sofern eine verlässliche Bewertung möglich ist (IAS 38.36).

> **Beispiel:**
> Eine Verlagsgruppe A übernimmt im Rahmen eines Unternehmenszusammenschlusses die Vermögenswerte und Schulden des Zeitschriftenverlags B. Laut Vertrag werden auch die laufenden Verträge mit 1 000 000 Abonnement Kunden (Kundenstamm) erworben. Da die Identifizierbarkeit aufgrund der Abonnementverträge erfüllt ist, ist der Kundenstamm separierbar.

Ebenso ist eine Separierung i. d. R. für „Marken" und „Markennamen" kaum möglich, da diese häufig als Synonyme für Warenzeichen und andere Zeichen benutzt werden; eng damit verbunden sind Firmennamen, Geheimverfahren, Rezepte und technologische Gutachten. Auch in diesem Fall erfolgt unter der Voraussetzung, dass eine einzelne verlässliche Bewertbarkeit nicht möglich ist, der Ansatz als Gruppe von ergänzenden immateriellen Vermögenswerten, die eine Marke einschließen. Bei einzelner verlässlicher Bewertbarkeit besteht das Wahlrecht, diese als einen einzelnen Vermögenswert anzusetzen, wenn ähnliche Nutzungsdauern vorliegen (IAS 38.37). **Fähigkeiten bzw. Spezialkenntnisse von Mitarbeitern** unterliegen nicht explizit einem Ansatzverbot. Jedoch dürften hier die Ansatzkriterien kaum greifen, da das Unternehmen i. d. R. nur eine unzureichende Kontrolle über die hieraus resultierenden erwarteten künftigen Erträge haben wird.[62]

Trotz aller Probleme ist eine separate Aktivierung immaterieller Vermögenswerte vom IASB gewünscht;[63] sie ist aber bei Mangel einer verlässlichen Bewertung nicht zwingend vorzunehmen.[64] Vor diesem Hintergrund besteht ein **Einschätzungsspielraum erheblichen Ausmaßes**, der sich über die anschließende Folgebewertung auch auf Folgejahre auswirken wird. Der Vollständigkeit halber verlangt IFRS 3.BC 102(d) jedoch für alle nicht separat ausgewiesenen Vermögenswerte, die der Definition immaterieller Werte entsprechen, eine Beschreibung und Erklärung, warum der fair value nicht verlässlich bestimmt werden konnte (IFRS 3.BC 102(d)). Insgesamt ist damit festzustellen, dass der Relevanz gegenüber der Verlässlichkeit ein deutlich höherer Stellenwert zugesprochen wird. Anzumerken ist, dass ein Exposure Draft zur Änderung von IFRS 3 vorsieht, dass erworbene immaterielle Vermögenswerte künftig bei der Kaufpreisallokation anzusetzen sind, wenn die Definition eines immateriellen Vermögenswerts nach IAS 38 erfüllt ist. Das Erfordernis der zuverlässigen Ermittlung des fair value gem. IFRS 3.37 (c) wird entfallen, da ein separater Ansatz von immateriellen Ver-

---

62 Vgl. Watrin, C./Strohm, C./Struffert, R.: Unternehmenszusammenschlüsse, 2004, S. 1455.
63 Vgl. z. B. IAS 38.BC 23; IFRS 3.BC93, IFRS 3.BC 101.
64 Vgl. Küting, K./Wirth, J.: IFRS 3, 2004, S. 171. Demgegenüber wird zum Teil auch ein Ansatz als zwingend geboten interpretiert; vgl. Hommel, M./Benkel, M./Wich, S.: IFRS 3, 2004, S. 1269.

2.3 Konkrete Aktivierungsfähigkeit

mögenswerten eine größere Aussagekraft hat als der Nichtansatz aufgrund von ggf. bestehenden Unsicherheiten bei der Ermittlung des fair value.[65]

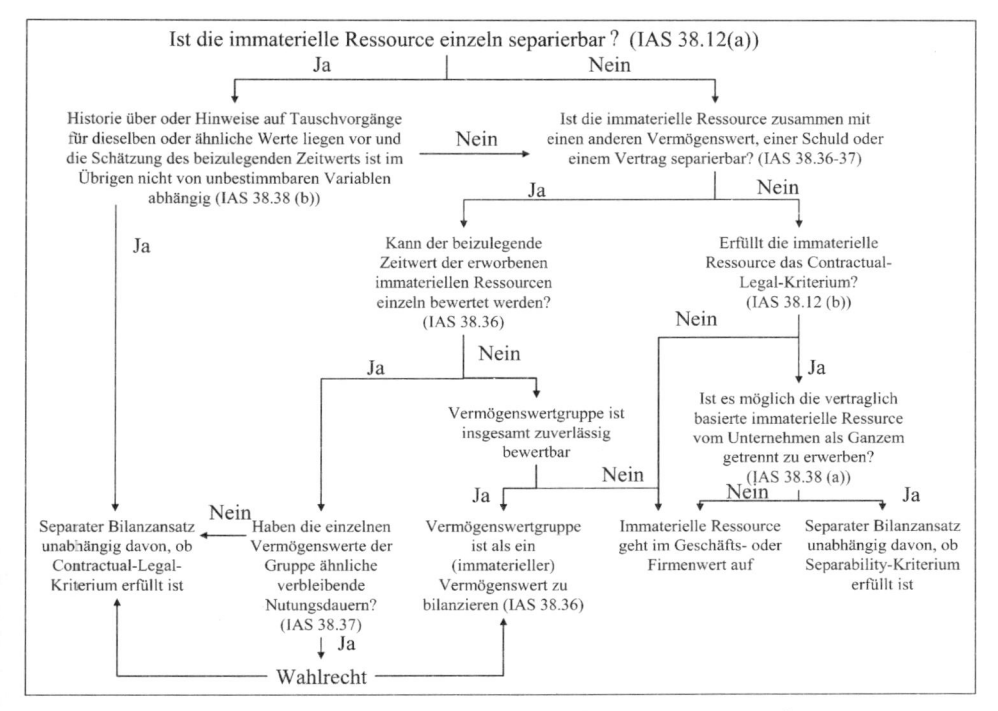

```
                    Ist die immaterielle Ressource einzeln separierbar? (IAS 38.12(a))
                         Ja                    |                    Nein
                          ↓                                           ↓
Historie über oder Hinweise auf Tauschvorgänge                 Ist die immaterielle Ressource zusammen mit
für dieselben oder ähnliche Werte liegen vor und    Nein →     einen anderen Vermögenswert, einer Schuld oder
die Schätzung des beizulegenden Zeitwerts ist im               einem Vertrag separierbar? (IAS 38.36-37)
Übrigen nicht von unbestimmbaren Variablen
abhängig (IAS 38.38 (b))                                Ja                    Nein
                                                         ↓                     ↓
      Ja                                    Kann der beizulegende       Erfüllt die immaterielle
                                            Zeitwert der erworbenen     Ressource das Contractual-
                                            immateriellen Ressourcen    Legal-Kriterium?
                                            einzeln bewertet werden?    (IAS 38.12 (b))
                                            (IAS 38.36)                         Nein
                                      Ja         Nein
                                                  ↓                     Ja       ↓
                                        Vermögenswertgruppe ist   Ist es möglich die vertraglich
                                        insgesamt zuverlässig     basierte immaterielle Ressurce
                                        bewertbar                 vom Unternehmen als Ganzem
                                                                  getrennt zu erwerben?
                                              Ja ↓        Nein      (IAS 38.38 (a))
                                                                    Nein              Ja
                 Nein                                                ↓                  ↓
Separater Bilanzansatz ← Haben die einzelnen    Vermögenswertgruppe   Immaterielle Ressource    Separater Bilanzansatz
unabhängig davon, ob    Vermögenswerte der      ist als ein           geht im Geschäfts- oder   unabhängig davon, ob
Contractual-Legal-      Gruppe ähnliche          (immaterieller)       Firmenwert auf            Separability-Kriterium
Kriterium erfüllt ist   verbleibende            Vermögenswert zu                                erfüllt ist
                        Nutungsdauern?           bilanzieren (IAS 38.36)
                        (IAS 38.37)
                              ↓ Ja
                         — Wahlrecht —
```

Abb. 2-9: Ansatz von immateriellen Werten im Rahmen von Unternehmenszusammenschlüssen[66]

Technische Anwendungsaspekte

Die Identifikation von im Rahmen von Unternehmenszusammenschlüssen zugegangenen immateriellen Werten gestaltet sich als anspruchsvoll. Dies betrifft insbesondere solche Werte, die nicht rechtlich geschützt sind, wie z. B. Betriebsgeheimnisse, Kundenbeziehungen oder Mitarbeiterstamm.

Ansatzpunkt bildet eine grundlegende Analyse des übernommenen Geschäftsbetriebs. Darüber hinaus sind als Analyse von transaktionsbezogenen Informationen die Ergebnisse einer Due Dilligence-Prüfung sowie Erkenntnisse aus dem Kaufvertrag als Datengrundlage der Kaufpreisallokation zu nennen, z. B. hinsichtlich Angaben zu Marken, Patenten oder Wettbewerbsverbote.

---

[65] Vgl. http://www.iasb.org/NR/rdonlyres/1C3066EC-3FEF-4966-A42E-E8AC8F341869/0/Proposedamendtoifrs3.pdf (31.07.2007).
[66] Leicht verändert übernommen aus: Kunath, O.: Immaterielle Werte, 2005, S. 114.

Weiterhin bieten sich Interviews mit Verantwortlichen des übernommenen Unternehmens sowie Besichtigungen an, die z. B. Informationen über Mitarbeitstruktur und Qualifikation oder eine Bestandsaufnahme von Forschungs- und Entwicklungsprojekten und registrierter Schutzrechte, Analysen unternehmensinterner Informationen, wie z. B. Forschungs- und Entwicklungsabteilung und Customer Relationship Management, sowie Analysen öffentlich verfügbarer Informationen, wie z. B. Absatz- und Beschaffungsmarkt, geben.

Bilanzpolitische Perspektive

Der separate Ansatz als identifizierbarer immaterieller Vermögenswert aus Unternehmenszusammenschlüssen ist im Einzelfall mit Einschätzungsspielräumen verbunden.
Das Ergebnis der Kaufpreisallokation mit der Aufteilung des Unterschiedsbetrags, insbesondere auf übernommene, zuvor nicht aktivierungsfähige immaterielle Vermögenswerte, hat Einfluss auf die Höhe des Goodwills als verbleibenden Restbetrag sowie auf deren Folgebehandlung.

Ferner ist zu berücksichtigen, dass häufig Interdependenzen zwischen den verschiedenen immateriellen Werten bestehen. So kann bspw. als Ergebnis der Kaufpreisallokation ein eingetragener Markenname und Fertigungs-Know-how identifiziert werden. Das Know-how ist gegen Fremdzugriff geschützt, kann aber im Rahmen von Lizenzvereinbarungen vom Unternehmen separiert werden. Der Markenname wird im Rahmen der Produktvermarktung verwendet, ist aufgrund des Einsatzes des Fertigungs-Know-hows hergestellt worden und kann aufgrund seiner Eintragung identifiziert werden. Wenn in beiden Fällen angenommen wird, dass alle Definitions- und Ansatzkriterien für immaterielle Werte erfüllt sind, stellt sich die Frage nach dem sog. leading asset, das anzusetzen ist. In diesem Fall ist ein Ansatz des Know-hows ausreichend, wenn die Absatzmarktanalyse ergibt, dass das Fertigungs-Know-how ausschlaggebend ist und der eingesetzte Markenname nicht bedeutsam ist. Dies dürfte bspw. für junge Technologieunternehmen zutreffen, die noch keinen Markennamen aufbauen konnten und die Fertigungstechnologie somit ausschlaggebend ist.[67]

2.3.3 Ansatzentscheidungen für spezielle immaterielle Vermögenswerte

2.3.3.1 Tonträger und Filme sowie Software

Bei vielen immateriellen Gütern ist die Ansatzentscheidung in Bezug auf die in IAS 38 genannten Kriterien relativ eindeutig möglich. So ist bspw. bei Urheber-

---

67 Vgl. Senger, T./Brune, J. W./Elprana, K.: § 33 Vollkonsolidierung, 2006, S. 886, Rz. 89.

rechten **für Tonträger und Filme** häufig von einem Aktivierungsgebot auszugehen, sofern die Wahrscheinlichkeit des künftigen Nutzenzuflusses gegeben ist. Fließend sind dagegen die Bilanzierungsregeln für **selbst geschaffene Software**, die dem Unternehmen längerfristig dient und als Anlagevermögen auszuweisen ist. Eine Aktivierung ist erst nach der technischen Realisierbarkeit möglich, wenn gleichzeitig der Nutzenzufluss als wahrscheinlich eingestuft wird. Da insbesondere der ökonomische Nutzenzufluss über den kommerziellen Erfolg nur schwer eingeschätzt werden kann, gelten die Trennlinien zwischen Aktivierung und anschließender Abschreibung auf der einen Seite und sofortige Aufwandsverbuchung auf der anderen Seite als unscharf. „In der Bilanzierungspraxis von Softwareunternehmen wird überwiegend auf die Aktivierung von Entwicklungskosten verzichtet."[68] Demgegenüber sind Ausgaben für die Implementierung von ERP-Software (Enterprise Resource Planning Software) aktivierungspflichtig, da anzunehmen ist, dass keine Forschung mehr gegeben ist. Hierbei haben Unternehmen die Möglichkeit – auf der Basis von Lizenzverträgen mit großen Softwarehäusern – eines Zugriffs zum Quellcode, der an unternehmensindividuelle Anforderungen angepasst werden kann (sog. customizing).[69]

2.3.3.2 Spielervermögen im Profisport

Bei Spielervermögen im Profisport sind die abstrakten **Ansatzkriterien nicht eindeutig erfüllt**. Während der erwartete zukünftige Nutzenzufluss sowie das Vorliegen eines Ergebnisses aus der Vergangenheit als erfüllt gelten, ist das dritte Kriterium, die Beherrschung durch das Unternehmen, interpretationsbedürftig. Eine Beherrschung liegt nach IAS 38.15 vor, wenn das Unternehmen sich den aus dem Vermögenswert resultierenden künftigen Nutzenzufluss aneignen kann und andere von der Nutzung ausschließen kann. Auch wenn einzelne Beschäftigte für das Unternehmen einen Wert verkörpern, ist das Kriterium der Verfügungsmacht in aller Regel nicht erfüllt, da kein Rechtstitel auf die exklusive Nutzung des Wertpotenzials vorliegt. Eine Ausnahme liegt vor, wenn besondere Rechte an der exklusiven Nutzung dieser Mitarbeiterqualitäten bestehen, wie z. B. im Profisport durch Spielerlizenzen. Durch die Lizenzierungsbestimmungen des jeweiligen Verbandes liegen Verfügungsrechte am Einsatz eines Spielers im Profisport vor, da der Einsatz von Spielern in den deutschen Fußballbundesligen nur mit einer Spielerlaubnis möglich ist, die dem Verein von der Deutschen Fußball Liga zugesprochen wird.[70] Da durch die vertragliche Bindung ein zeitlich begrenztes Exklusivrecht auf den Spielereinsatz gegeben ist, gilt das Kriterium der Verfügungsmacht als erfüllt.[71] Gleichzeitig ist durch die vertragliche Grundlage eine Identifizierbarkeit möglich. Eine Transferentschädigung fällt – quasi als Entschädigung für die vor-

---

68   Hoffmann, W.-D.: § 13 Immaterielle Vermögenswerte, 2007, S. 527, Rz. 34.
69   Vgl. Hoffmann, W.-D.: ERP-Software, 2006, S. 182.
70   Vgl. Kuhner, C.: Immaterielle Vermögensgegenstände, 2007, S. 68, Rz. 215.
71   Vgl. z. B. Homberg, A./Elter, V./Rothenburger, M.: Spielervermögen, 2004, S. 253–254.

zeitige Auflösung des Vertrages – nur an, wenn ein Spieler während einer laufenden Vertragsbeziehung den Verein wechselt.

Die **gezahlte Transferzahlung** ist nach IAS 38.25 als ein im Rahmen einer separaten Akquisition gezahlter **Anschaffungspreis** zu behandeln. Eine Lizenzerteilung ist – anders als vor dem sog. Bosmann-Urteil[72] – nicht an eine Transferzahlung geknüpft.[73] Auch können **im Einzelfall Entwicklungskosten** die Ansatzkriterien erfüllen, wenn ein Spieler über einen Verein gefördert wird und ein entsprechender Vertrag den zukünftigen Nutzenzufluss – zumindest für eine begrenzte Zeit – sichert.[74]

2.3.3.3 Webseiten

Im Falle von Entwicklungskosten für die extern und intern genutzten Webseiten ist gem. SIC-32.7 die abstrakte Aktivierbarkeit gegeben, sofern den konkreten Ansatzkriterien des IAS 38.57 (a)-(e) entsprochen wird. Ausschlaggebend für einen Ansatz ist vor allem der Nachweis eines voraussichtlichen wirtschaftlichen Nutzens; dieser Nachweis liegt nach SIC 32.8 vor, wenn die Webseiten als selbständiger elektronischer Vertriebsweg unmittelbar der Vermarktung von Produkten dienen. Demgegenüber erfüllen Webseiten, die im Wesentlichen Werbecharakter aufweisen, nicht die geforderten Ansatzkriterien. Letztlich wird mit dem Verbot vermieden, dass das Aktivierungsverbot von Werbeaufwendungen gem. IAS 38.69 (c) umgangen wird. SIC 32.9 unterscheidet vier Phasen für die Erstellung und den Betrieb von Webseiten, nämlich

- Planung,
- Anwendung und Entwicklung der Infrastruktur,
- Entwicklung der graphischen Designs sowie
- inhaltliche Gestaltung.

Ausgaben der **Planungsphase**, wie z. B. Durchführung von Machbarkeitsstudien und Bewertung von Gestaltungsalternativen, entsprechen der Forschungsphase nach IAS 38.56 und sind sofort aufwandswirksam zu verrechnen. Ausgaben in der Phase der **Anwendung und Entwicklung der Infrastruktur** (Einrichtung einer Domain, Erwerb und Entwicklung von Hardware und Betriebssoftware, Installierung der entwickelten Anwendungen und Testläufe), **Entwicklung des graphischen Designs und inhaltliche Gestaltung** (Erstellung einschließlich Layout und Farben, Erwerb, Hochladen von Text- und Bildinformationen für die Webseiten) sind dagegen – abgesehen von dem Hardwarekauf, der gem. IAS 16 zu behandeln ist – unter den Voraussetzungen des IAS 38.57 zu aktivieren, d. h. wenn zusätzlich z. B. ein funktionierendes Kostenrechnungssystem gegeben ist. Ausgaben für die **inhaltliche Gestaltung** sind als Aufwand zu verrechnen, wenn keine Investitions-

---

72 Vgl. EuGH, Urt. V. 15.12.1995 – Rs. C-415/93, DB 1996, S. 98.
73 Vgl. Homberg, A./Elter, V./Rothenburger, M.: Spielervermögen, 2004, S. 251 m.w.N.
74 Vgl. Hoffmann, W.-D.: § 13 Immaterielle Vermögenswerte, 2007, S. 530, Rz. 36.

ausgaben vorliegen. So sind Ausgaben für die Werbung und Informationen über das Unternehmen aufwandswirksam zu verbuchen, während Direktbestellungen ggf. als Entwicklung zu aktivieren sind.[75] Auch Ausgaben, die nach Abschluss der Phase der inhaltlichen Gestaltung anfallen und die zur Betriebsphase gehören, sind nach SIC 32.9 (d) sofort aufwandswirksam zu erfassen.

2.3.3.4 Emissionsrechte

Als Folge des Weltklimaschutzes und der Unterzeichnung des Kyoto-Protokolls, den Ausstoß von Treibhausgasen von 2008–2012 im Vergleich zum Niveau von 1990 um 5% zu verringern, wurde die EU-Richtlinie mit dem Treibhausgas-Emissionshandelsgesetz (TEHG) umgesetzt, das am 15.07.2004 in Kraft getreten ist. Über die **Zuteilung von Emissionsrechten** wird der Ausstoß von Treibhausgasen als knappes Gut betrachtet. Die Zuteilung erfolgt auf Grundlage des Nationalen Allokationsplans nach dem Zuteilungsgesetz[76] 2007. Über Zertifikate wird das Recht verbrieft, bestimmte Mengen an CO_2 ausstoßen zu dürfen. Wird diese Menge überschritten, sind die Unternehmen verpflichtet, an der Leipziger Börse EEX (European Exchange) zusätzliche Zertifikate zu erwerben. Die Zuteilung der Emissionsrechte erfolgt zum 28.2 eines jeden Jahres; die Abgabepflicht für das abgelaufene Jahr ist stets am 30.4 im folgenden Jahr zu erfüllen. Zur Bilanzierung von Emissionsrechten hat das IASB die Interpretation IFRIC 3 (Emission Rights) veröffentlicht,[77] die allerdings wegen der asymmetrischen Behandlung von Rechten zu Anschaffungskosten und Rückgabeverpflichtungen zum fair value nach drei Monaten wieder zurückgezogen wurde. Daher gelten für die Bilanzierung von Emissionsrechten die allgemeinen Vorschriften des IAS 38.

Häufig wird die Frage hinsichtlich der Erfüllung der Vermögenswert-Eigenschaft für Emissionsrechte bejaht. Das Kriterium der Identifizierbarkeit gilt durch die Einzelveräußerbarkeit als erfüllt. Gegen einen Ansatz spricht auch nicht, dass dem Unternehmen in der Nettobetrachtung – Kontingentierung des Treibstoffausstoßes sowie der Handelbarkeit der Kontingente über vertretbare Zertifikate – kein Nutzenzuwachs entsteht. Die entsprechende Belastung ist durch eine Passivierung als Rückstellung zu erfassen.[78]

Dennoch ist der ökonomische Nutzenzufluss im Zusammenhang mit Emissionsrechten nicht zweifelsfrei gegeben – ein ökonomischer Nutzen liegt kaum vor. Die Berechtigung zum Schadstoffausstoß gleicht der Konzession zum Betrieb von Unternehmen, z. B. Gaststättenkonzession. Konzessionen dieser Art werden bisher nicht als Vermögenswert angesetzt. Außerdem ist im Rahmen der Bewertung zwischen entgeltlich erworbenen und unentgeltlich behördlich zugeteilten Rechten zu unterscheiden, so dass einerseits die effektiven Ausgaben und andorer-

---

75 Vgl. Hoffmann, W.-D.: § 13 Immaterielle Vermögenswerte, 2007, S. 529, Rz. 35.
76 BGBl. I 2004, 221; am 31.08.2004 in Kraft getreten.
77 Vgl. z. B. Hommel, M./Wolf, S.: Emissionshandel, 2005, S. 315–321; Rogler, S.: CO_2-Emissionsrechte, 2005, S. 255–263; Zimmermann, J.: Emissionsrechte, 2006, S. 369–371.
78 Vgl. Kuhner, C.: Immaterielle Vermögensgegenstände, 2007, S. 94, Rz. 304–305.

seits ein fiktiver Wert zum Tragen kommen. Vor diesem Hintergrund käme es zu einer Ungleichbehandlung z. B. zu Telekommunikationsunternehmen, die ihre Mobilfunklizenzen nur entgeltlich erwerben konnten.

Eine **Aktivierung von unentgeltlich zugeteilten Emissionsrechten** lässt sich nur über IAS 38.44 i. V. m. IAS 20.23 ableiten. Werden die Emissionszertifikate durch eine Zuwendung der öffentlichen Hand erworben, dürfen diese gem. IAS 20.23 entweder zu ihrem Zeitwert oder ihren Anschaffungskosten, die sich auf Null belaufen, angesetzt werden. Zusätzlich ist in gleicher Höhe ein passiver Abgrenzungsposten zu bilden, der über die Laufzeit des Zertifikats aufzulösen ist. Allerdings besteht nach IAS 20.24 alternativ die Möglichkeit der aktivischen Absetzung. Da in diesem Fall beide Posten gleich hoch sind, würde dies zu einer vollständigen Neutralisation führen, so dass kein Bilanzausweis sichtbar ist.

Da die Emissionsrechte börsenmäßig handelbar sind und die am Bilanzstichtag vorhandenen Emissionsrechte, die entgeltlich zugekauft oder verkauft wurden, nicht mehr der einen oder anderen Kategorie zugeordnet werden können, bietet sich eine Bewertung nach dem Verbrauchsfolgeverfahren an. Dementsprechend ist gem. IAS 2.25 entweder eine Bewertung nach der Durchschnitts- oder der Fifo-Methode vorzunehmen.[79]

Darüber hinaus ist für die bestehende Rückgabepflicht von Emissionsberechtigungen entsprechend des effektiven Schadstoffausstoßes eine **Rückstellung** zu bilden. Zunächst ist am Bilanzstichtag zu prüfen, ob der effektive Schadstoffausstoß durch vorhandene Emissionsrechte gedeckt ist. Wenn der Ausstoß die verbrieften Emissionsrechte übersteigt, müssen für die Rückgabe im Folgejahr noch Rechte zugekauft werden. Die Bewertung der Rückstellung basiert grundsätzlich auf der Basis der bestmöglichen Schätzung. Dementsprechend ist die Rückstellung bei erforderlichen Zukäufen mit den Erwerbskosten und bei vorhandenen Rechten mit den Anschaffungskosten zu bewerten. Für unentgeltlich zugeteilte Rechte erfolgt eine Bewertung zu Null, so dass keine Rückstellung erforderlich ist; ansonsten ist der gültige Börsenkurs maßgeblich. Wird eine Verbrauchsfolgefiktion unterstellt, bietet sich das Lofo-Verfahren (lowest in – first out) an. Wenn die Rückgabepflichten am 30.04. des Folgejahres erfüllt sind, ist die Rückstellung aufzulösen.[80]

2.3.3.5 Exploration und Evaluierung von mineralischen Ressourcen

Eine weitere spezielle Regelung existiert mit IFRS 6 für die bilanzielle Behandlung von Ausgaben, die im Zusammenhang mit der Exploration und Evaluierung von Mineralien, Öl, Erdgas und ähnlichen nicht regenerativen Ressourcen anfallen. IFRS 6 bezieht sich ausschließlich auf die Erkundung und Evaluierung und gilt nicht für Ausgaben in der Phase der Vorerkundung, d. h. Ausgaben, die vor Erteilung der behördlichen Genehmigung zur Vornahme von spezifischen Erkun-

---

79 Vgl. Hoffmann, W.-D.: § 13 Immaterielle Vermögenswerte, 2007, S. 532–533, Rz. 38–39
80 Vgl. Hoffmann, W.-D.: § 13 Immaterielle Vermögenswerte, 2007, S. 534–535, Rz. 40 sowie die beispielhafte Bilanzierung S. 525–540, Rz. 41.

dungsmaßnahmen (z. B. Probebohrungen) anfallen. Auch ist IFRS 6 nicht für solche Ausgaben relevant, die nach dem Nachweis der technischen Machbarkeit und wirtschaftlichen Verwertbarkeit anfallen, wozu die laufende Förderung bspw. von Öl oder Kohle zählt. Die Ausgaben nach der Erkundung und Evaluierung sind als Entwicklungskosten eines Mineralvorkommens zu interpretieren und gem. IAS 38.57 zu behandeln (IFRS 6.BC27); ggf. erfolgt z. B. bei Infrastrukturmaßnahmen eine Aktivierung als Sachanlagevermögen (IFRS 6.BC13). Demgegenüber können die Ausgaben der Vorerkundungsphase gem. IFRS 6.BC12 als Anschaffungsnebenkosten für behördliche Genehmigungen angesehen werden und sind somit gem. IAS 38.27 (a) als Bestandteil des immateriellen Vermögenswertes aktivierbar.[81]

Allerdings schreibt IFRS 6 keine eindeutige Vorgehensweise vor und präzisiert die Ansatzmöglichkeiten nicht. Vielmehr heißt es in IFRS 6.7, dass die bisher angewandten Regeln zum Ansatz beibehalten werden können (IFRS 6.BC17). Dieses Wahlrecht wird insofern erweitert, als mangels fehlender Regelungen entsprechend der Auslegungshierarchie von IAS 8.10-12 vorzugehen ist (IFRS 6.6-7), so dass auch international anerkannte Bilanzierungspraktiken angewendet werden dürfen.

Dementsprechend ist eine Aktivierung von Ausgaben der Exploration und Evaluierung grundsätzlich geboten, wenn diese Ausgaben in Verbindung zu Rohstoffvorkommen stehen, die das bilanzierende Unternehmen abbaut. Der Zusammenhang zwischen Explorations- und Evaluierungsausgaben und Rohstoffvorkommen wird durch das sog. successful effort accounting und full cost accounting mit unterschiedlichen Aktivierungsschwellen geregelt.[82]

Beim **successful effort accounting** wird auf den Erfolg der jeweiligen Periode abgestellt, so dass entsprechend einer Kausalbetrachtung nur die Ausgaben aktivierungsfähig sind, die in direktem Zusammenhang zum erfolgreichen Erschließen einer wirtschaftlich nutzbaren Ressource stehen. Demnach sind bspw. Ausgaben für erfolglose Bohrungen ebenso wie Ausgaben für notwendige geologische und geophysikalische Untersuchungen aufwandswirksam zu verrechnen. Demgegenüber werden bei dem **full cost accounting** alle Ausgaben aktiviert, die als erforderlich angesehen werden, um eine mineralische Ressource zu erschließen. Demnach sind entsprechend einer finalen Betrachtung auch erfolglose Bohrungen aktivierungsfähig. Schließlich existiert als dritte Möglichkeit ein Mischverfahren, sog. area of interests Methode.[83] Die Wahl der Methode hat in der praktischen Anwendung Auswirkungen darauf, in welcher Höhe ein Bilanzansatz erfolgt.

---

[81] Vgl. Hoffmann, W.-D./Lüdenbach, N.: § 42 Evaluierung von mineralischen Vorkommen, 2007, S. 2056–2057, Rz. 3–6.
[82] Vgl. Zülch, H./Willms, J.: Explorations- und Evaluierungsausgaben, 2006, S. 1202.
[83] Vgl. Riese, J.: § 41 Wertbestimmung mineralischer Vorkommen, 2006, S. 1100–1101, Rz. 17–21.

2.3.3.6 Maßnahmen zur Gewinnung neuer Kunden

Des Weiteren stellt sich die Frage, inwieweit Kosten für Maßnahmen zur Gewinnung neuer Kunden, sog. Kundengewinnungskosten (subscriber acquisition costs, SAC) unter den Anwendungsbereich des IAS 38 fallen. Hierzu zählen die von Unternehmen angebotenen Kundentreueprogramme ebenso wie die Abgabe eines verbilligten oder unentgeltlichen Mobiltelefons gegen Abschluss eines zwei- oder mehrjährigen Nutzungsvertrages mit einem Mobiltelefonanbieter gegen eine Mindestgebühr und zusätzliche Berechnung von Gesprächseinheiten während der Vertragslaufzeit. Das aus Letzterem resultierende Nutzenpotenzial umfasst nicht nur die erwarteten Einnahmen während der Vertragsbindung, sondern auch die über die Vertragslaufzeit hinaus erzielbaren Einnahmen, die sich empirisch als Prozentsatz aus der Fortsetzung von Verträgen nach Kündigungsmöglichkeit ableiten lassen. Die Frage, ob in Höhe der nicht gedeckten Kosten in der Bilanz ein Vermögenswert zu aktivieren ist und dementsprechend in der Erfolgsrechnung der Aufwand periodisiert zu erfassen ist, kann sowohl anhand der abstrakten als auch der konkreten Aktivierungskriterien bejaht werden. Allerdings ist zu prüfen, ob in diesem Fall das Bilanzierungsverbot für Kundenlisten und ähnliche Vermögenswerte nach IAS 38.63 greift. Zunächst ist festzustellen, dass nicht eindeutig zu beantworten ist, ob überhaupt ein selbst geschaffener Vermögenswert vorliegt. Im Fall eines Herstellungsprozesses besteht grundsätzlich ein Einschätzungsspielraum, da in IAS 38.BC45 hierzu keine Erläuterung erfolgt. Somit gilt eine Aktivierung als vertretbar.[84]

Demgegenüber können entsprechend dem Wortlaut des IAS 38.70 **Vorauszahlungen für die Erwerbskosten** des abgegebenen Mobiltelefons aktiviert werden, da es heißt, dass eine Aktivierung möglich ist, wenn die Zahlung für die Lieferung von Waren oder die Erbringung von Dienstleistungen vor der tatsächlichen Lieferung von Waren oder der Erbringung von Dienstleistungen erfolgte. Auch im Falle von speziellen Leistungen an Kunden, bspw. zwischen Herstellern und Einzelhandelsketten bei sog. placement fees, kommt eine Aktivierung als Vorauszahlung für verkaufsfördernde Maßnahmen in Betracht.[85] Dies gilt z. B. für den Fall, dass ein Lieferant der Einzelhandelskette einen bestimmten Betrag bezahlt und im Gegenzug eine besonders günstige Platzierung von Verkaufsartikeln vorgenommen wird.

In der Bilanzierungspraxis existierten teilweise widersprüchliche bilanzielle Abbildungen von **Prämienansprüchen**, die im Rahmen von Kundentreueprogrammen mit dem Warenverkauf oder der Dienstleistungserbringung gewährt werden. Nunmehr behandelt IFRIC 13 (Kundentreueprogramme, customer loyalty programmes), der spätestens ab 07.07.2008 anzuwenden ist, speziell die **Bilanzierung von Kundentreueprogrammen**, wie z. B. Miles & More oder Treuepunkte bei Kaufhäusern oder Tankstellen. Danach werden beim Kauf von Waren oder bei der Erbringung von Dienstleistungen gewährte Prämienansprüche als abgrenzbare Ver-

---

84 Vgl. Nebe, A./Elprana, K.: Subscriber Acquisition Costs, 2006, S. 484.
85 So auch Hoffmann, W.-D.: § 13 Immaterielle Vermögenswerte, 2007, S. 542–543, Rz. 44.

tragsbestandteile i. S. d. IAS 18.13 eingeordnet. Demnach ist der Ertrag auf das aktuelle Geschäft, durch das die Prämie entstanden ist, und den Prämienanspruch als zukünftiges Geschäft gemäß der relativen beizulegenden Zeitwerte beider Komponenten aufzuteilen. Während der Teil der Erlöse, der auf die bereits erbrachte Leistung entfällt, erfolgswirksam zu erfassen ist, ist der Teil der Erlöse, der der Prämie zuzuordnen ist, solange als Schuld (im Sinne einer Vorauszahlung) zu bilanzieren, bis die Prämie vom Kunden eingelöst wird und die Verpflichtung erfüllt ist.

2.3.3.7 Betreibermodelle (public private partnership)

Als weitere Besonderheit sind Betreibermodelle (public private partnership) zu nennen. Wenn für die Nutzung von Infrastrukturmaßnahmen, z. B. Autobahn, eine Zahlung an einen privaten Betreiber erfolgt, liegt nach IFRIC 12 (Dienstleistungskonzessionsvereinbarungen) ein immaterieller Vermögenswert vor, der zu aktivieren und über die Laufzeit abzuschreiben ist.

Falls der Nutzungsberechtigte die Infrastruktur selbst herstellt, liegen langfristige Fertigungsprojekte vor, so dass IAS 11 anzuwenden ist.

2.4 Synoptische Darstellung der Ansatzvorschriften

Insgesamt betrachtet sind die IFRS durch eine strikte Ausrichtung an der **Informationsfunktion** gekennzeichnet, um den Informationsbedarf – insbesondere des Kapitalmarktes – zu decken. Dementsprechend kommt dem Kriterium der **Entscheidungsnützlichkeit** und somit auch dem Kriterium der **fair presentation** eine hohe Bedeutung zu. Zudem spiegeln die Ansatzkriterien der IFRS im Sinne der dynamischen Bilanztheorie die zentrale Bedeutung der periodengerechten Erfolgsermittlung wider: Eine Aktivierung ist nur sinnvoll, wenn damit die entstandenen Ausgaben neutralisiert und den daraus in späteren Perioden resultierenden Erträgen sukzessive über die Nutzungsdauer als Aufwand in Form von Abschreibungen gegenübergestellt werden. Sind diese Erträge nicht zu erwarten, stellen die entstandenen Ausgaben Aufwand der Periode dar. Die für den Ansatz immaterieller Werte bestehenden Ansatzregelungen mit den entsprechenden Bilanzierungsfolgen zeigt die folgende Tabelle im Überblick. Anzumerken ist, dass die in Kapitel 2.3.3 behandelten speziellen Vorschriften in der Abb. 2-10 nicht berücksichtigt sind.

Ansatzregelungen gem. IAS 38 und IFRS 3			Bilanzierungsfolgen
Ansatzkriterien für alle immateriellen Vermögenswerte	Definitionskriterien	identifizierbar	Ansatzgebot bei Erfüllung der Ansatzkriterien
		substanzlos	
		nicht monetär	
		kontrollierbar	
		wirschaftlicher Nutzenzufluss	
	Ansatzkriterien	Wahrscheinlichkeit des wirtschaftlichen Nutzenzuflusses	
		zuverlässige Bewertbarkeit	
Ergänzende Ansatzkriterien für selbst geschaffene immaterielle Werte des Anlagevermögens (Entwicklungsphase)	Nachweis über	technische Realisierbarkeit zur Fertigstellung	Ansatzgebot bei Erfüllung der ergänzenden Ansatzkriterien; jedoch wegen bestehender Einschätzungsspielräume: faktisches Ansatzwahlrecht
		Verwertungs- oder Verkaufsabsicht	
		Verwertungs- und Verkaufsfähigkeit	
		dass dieses Gut die Fähigkeit besitzt, einen Beitrag zur Verbesserung des Nutzenzuflusses zu leisten	
		ausreichende Ressourcen des Unternehmens, um die Entwicklung abschließen zu können	
		zuverlässige Ausgabenermittlung	
Ergänzende Ansatzkriterien für im Rahmen von Unternehmenszusammenschlüssen zugegangene immaterielle Vermögenswerte	siehe Ansatzkriterien für alle immateriellen Vermögenswerte, allerdings gilt das Ansatzkriterium der Wahrscheinlichkeit des wirtschaftlichen Nutzenzuflusses generell als erfüllt.		
Ansatzverbote	konkrete Ansatzverbote	selbst erstellte Marken, Drucktitel, Verlagsrechte, Kundenlisten sowie ihrem Wesen nach ähnliche Sachverhalte	Ansatzverbot
	vorgeschriebene Aufwandsverrechnung für	Ausgaben der Forschungsphase	
		Ausgaben für Gründungs- und Anlaufkosten	
		Ausgaben für Aus- und Weiterbildungsaktivitäten	
		Ausgaben für Werbekampagnen und Maßnahmen der Verkaufsförderung	
		Ausgaben für die Verlegung oder Umorganisation von Unternehmensteilen oder des gesamten Unternehmens	
	Ansatzverbot wegen Nicht-Erfüllung der Ansatzkriterien		

Abb. 2-10: Synopse zum Ansatz von immateriellen Werten nach IFRS

Für käuflich erworbene immaterielle Werte besteht ebenso wie für immaterielle Werte, die durch Zuwendung der öffentlichen Hand oder durch Tausch erworben wurden, ein uneingeschränktes Ansatzgebot, da die Wahrscheinlichkeit des Nutzenzuflusses stets als erfüllt gilt und eine verlässliche Bewertbarkeit grundsätzlich gegeben ist. Demgegenüber liegt für selbst erstellte immaterielle Vermögenswerte des Anlagevermögens ein eingeschränktes Ansatzgebot vor. In der Praxis wird, wenn auch branchenspezifisch selektiv, von einem Ansatz selbst erstellter immaterieller Werte zumindest in IFRS-Abschlüssen zum Teil rege Gebrauch gemacht. So aktivieren Dienstleistungs- und Versicherungsunternehmen i. d. R. selbst erstellte Software; Entwicklungskosten werden i. d. R. von Automobilunternehmen sowie teilweise auch von Maschinenbauunternehmen oder Flugzeugbauern als Vermögenswert angesetzt.[86] Die Bilanzierungshandhabung liegt darin begründet, dass die Immaterialgüter oftmals nur subjektiv erwartete Chancen oder vage bestimmbare Vorteile darstellen und die Eintrittswahrscheinlichkeit ihres erwarteten Nutzenzuflusses unsicher ist,[87] was grundsätzlich **beträchtliche subjektive Einschätzungsspielräume** impliziert und einem faktischem Wahlrecht gleichkommt.

Wenngleich ein generelles Aktivierungsverbot selbst erstellter immaterieller Vermögenswerte eine erhebliche Rechtssicherheit durch ein eindeutiges Objektivierungskriterium bewirken würde, wäre damit jedoch der Nachteil verbunden, dass identische Sachverhalte unter dem Aspekt „selbst erstellt oder entgeltlich erworben" eine unterschiedliche bilanzielle Behandlung erfahren. Dies bedeutet, dass extern mit intern wachsenden Unternehmen auf der Basis des erstellten Jahresabschlusses nur schwer vergleichbar sind, da hinsichtlich der Ansatzmöglichkeiten extern wachsende Unternehmen gegenüber intern wachsenden bevorzugt werden.[88] Dennoch sind die Vorschriften der IFRS zur Behandlung von immateriellen Werten als Schritt in Richtung einer problemadäquaten Behandlung dieser für den langfristigen Unternehmenserfolg außerordentlich wichtigen Werte zu werten.

Die IFRS versuchen zumindest Teile der immer relevanter werdenden selbst erstellten immateriellen Werte mit einzubeziehen. Dennoch besteht für eine selektive Auswahl von immateriellen Werten ein Ansatzverbot. Wie gezeigt worden ist, sind die Ansatzvorschriften aufgrund der Unmöglichkeit einer abschließenden Regelung mit **erheblichen Einschätzungsspielräumen verbunden**. In diesem Zusammenhang werden insbesondere die Regelungen zum Ansatz von immateriellen Werten im Rahmen von Unternehmenszusammenschlüssen kritisch beurteilt, da diese eine Entobjektivierung der Kaufpreisallokation bewirken und als politischer Kompromiss im Zusammenhang mit der Abschaffung der pooling of interests method betrachtet werden.[89] Dennoch wird die – bspw. im Vergleich zum HGB – existierende Intransparenz des Goodwills reduziert. Generell kann es dabei keine absolute Richtigkeit geben, sondern nur eine Richtigkeit im Hinblick auf die gemäß Rechnungslegungssystem vorgegebenen Regelungen.

Trotz der gegebenen Einschätzungsspielräume geht die Berücksichtigung relevanter Informationen durch die mögliche Ansatzfähigkeit zu Lasten der Verlässlichkeit der präsentierten Informationen. Jedoch kann dieser Mangel durch zusätz-

---

86 Vgl. z. B. Hüttche, T.: Qualitative Auswertung, 2005, S. 318–323.
87 Vgl. Rütte, M. von/Hoenes, R.C.: Rechnungslegung, 1995, S. 113.
88 Vgl. Hommel, M.: Goodwillbilanzierung, 2001, S. 1944; Pellens, B./Sellhorn. T.: Goodwill-Bilanzierung, 2001, S. 1685.
89 Vgl. z. B. Sellhorn, T.: Goodwill Impairment, 2004, S. 54–55 m. w. N.

liche Angaben, die überdies mit IAS 1.113 und IAS 1.116 gefordert sind, geheilt werden. So sind gem. IAS 1.113 die Einschätzungen des Managements offen zu legen, die bei der Anwendung der Bilanzierungs- und Bewertungsmethoden vorgenommen werden; IAS 1.116 verlangt die Offenlegung von Informationen über die zentralen Annahmen bezüglich der künftigen Entwicklung und anderer zentraler Quellen der Schätzung von Unsicherheiten am Bilanzstichtag, die einen signifikanten Einfluss auf die Buchwerte haben können.

Es bleibt festzuhalten, dass es Verbesserungen der Rechnungslegungsvorschriften bedarf, um die bestehenden Einschätzungsspielräume einzuschränken. In diesem Zusammenhang werden z. B. eine Normierung der Wahrscheinlichkeiten, eine Abschaffung der sog. Vereinfachungsregeln beim Ansatz von immateriellen Werten im Rahmen von Unternehmenszusammenschlüssen und schärfere Formulierungen der Identifizierbarkeitserfordernisse genannt.[90]

---

90   Vgl. Hepers, L.: Intangible Assets, 2005, S. 180–206.

3 Bewertungsentscheidungen

Leitfragen

- Welche Unterschiede bestehen zwischen Anschaffungskosten- und Neubewertungs-Modell?
- Wie ist die Abgrenzung zwischen begrenzter und unbegrenzter Nutzungsdauer?
- Bestehen bilanzpolitische Gestaltungsspielräume im Rahmen von Bewertungsentscheidungen?

3.1 Zugangsbewertung

Aktivierungsfähige immaterielle Vermögenswerte sind nach IAS 38.24 im Erwerbszeitpunkt mit den Anschaffungs- oder Herstellungskosten anzusetzen. In aller Regel bereitet die Abgrenzung zwischen Anschaffung und Herstellung in der Praxis keine Probleme.[91] Grundsätzlich sind Herstellungskosten nur für selbst erstellte immaterielle Vermögenswerte relevant. Anschaffungskosten kommen dagegen immer dann zum Tragen, wenn der Vermögenswert von Dritten derivativ erworben wurde. Hierbei ist zu unterscheiden zwischen einem Zugang als einzelner Erwerb und einem Zugang im Rahmen eines Unternehmenserwerbs, wo i. d. R. mehrere Vermögenswerte erworben werden. Bei Zugang durch Einzelerwerb ist zu unterscheiden zwischen einem Erwerb durch Hingabe von Zahlungsmitteln oder ähnlichen Entgeltformen (IAS 38.25-32), einem Erwerb durch Zuwendung der öffentlichen Hand (IAS 38.44) sowie einem Erwerb durch Tausch gegen nicht-monetäre Vermögenswerte (IAS 38.45-47). Die folgenden Ausführungen folgen dieser Dreiteilung: Zugangsbewertung für selbst erstellte immaterielle Werte, Zugangsbewertung bei Einzelerwerb immaterieller Vermögenswerte durch Zahlungsmittelhingabe, Zuwendungen der öffentlichen Hand und Tausch sowie Zugangsbewertung bei Erwerb im Rahmen von Unternehmensakquisitionen.

---

91 Vgl. hierzu Heyd, R./Lutz-Ingold, M.: Immaterielle Vermögenswerte, 2005, S. 65–68.

3.1.1 Bewertung bei Zugang durch Einzelerwerb

Nach IAS 38.24 sind alle einzeln erworbenen immateriellen Vermögenswerte mit den Anschaffungskosten zu bewerten. Die Anschaffungskosten werden in IAS 38.8 definiert als der zum Erwerb eines Vermögenswertes entrichtete Betrag an Zahlungsmitteln oder Zahlungsmitteläquivalenten bzw. der beizulegende Zeitwert einer anderen Entgeltform zum Zeitpunkt des Erwerbes. Die Bestimmung der Anschaffungskosten richtet sich gem. IAS 38 nach den drei verschiedenen Erwerbsformen:

1. Erwerb gegen Zahlungsmittel oder gegen eine andere Entgeltform
2. Erwerb durch eine Zuwendung der öffentlichen Hand und
3. Erwerb durch Tausch gegen einen nicht-monetären Vermögenswert oder im teilweisen Tausch gegen einen nicht-monetären und monetären Vermögenswert.

Für **einzeln erworbene immaterielle Vermögenswerte** können die Anschaffungskosten grundsätzlich zuverlässig ermittelt werden. Selbst wenn die Gegenleistung nicht **gegen Zahlungsmittel**, sondern in Form von monetären Vermögenswerten erbracht wird, die nicht börsennotiert sind, kann – wie beim Erwerb im Rahmen von Unternehmenszusammenschlüssen[92] – über Bewertungsmodelle ein Wertansatz ermittelt werden.

Zu den **Bestandteilen der Anschaffungskosten** gehören alle direkt mit dem Anschaffungsvorgang zusammenhängenden Kosten. Die Ermittlung der Anschaffungskosten erfolgt nach IAS 38.27 wie folgt:

```
     Kaufpreis (netto)
  +  Anschaffungsnebenkosten
  -  Anschaffungspreisminderungen
  +  Fremdkapitalzinsen (Wahlrecht nach IAS 23.11 (rev. 2004)*
  =  Anschaffungskosten
  =====================================================
  * Spätestens ab 01.01.2009 besteht gem. IAS 23.10 (rev. 2007) eine Einbeziehungspflicht
```

Abb. 3-1: Bestandteile der Anschaffungskosten

Der **Kaufpreis** als Ausgangsgröße zur Ermittlung der Anschaffungskosten ist problemlos der Eingangsrechnung zu entnehmen.[93] Zu den **Anschaffungsnebenkosten** zählen Zölle und nicht erstattungsfähige Verbrauchsteuern sowie alle direkt zurechenbaren Ausgaben, die aufgewendet werden müssen, um den Vermögenswert in der vom Management beabsichtigen Nutzung zu unterführen, d. h. betriebsbereit zu machen. Dazu zählen Lohnzahlungen, die direkt der Herstellung

---

92 Vgl. Kapitel 3.1.3.
93 Bei Fremdwährungen ist der Kassakurs im Zeitpunkt des Geschäftsvorfalls anzuwenden; vgl. IAS 21.8 i. V. m. IAS 21.21.

der Betriebsbereitschaft zuzurechnen sind, sowie Honorare bzw. Dienstleistungsentgelte bspw. für Rechts- und Beratungskosten oder Kosten für behördliche Genehmigungen wie auch Ausgaben für Testläufe zur Sicherstellung der Funktionsfähigkeit (IAS 38.28). **Nicht zu den Anschaffungskosten** zählen gem. IAS 38.29

- Kosten für die Markteinführung eines neuen Produktes, wie z. B. verkaufsfördernde Maßnahmen,
- Ingangsetzungsaufwendungen des Betriebes einschließlich Mitarbeiterschulungen sowie
- Verwaltungsgemeinkosten und andere Gemeinkosten.

Da Anschaffungsnebenkosten nur solange den Anschaffungskosten zugerechnet werden können, bis der betriebsbereite Zustand erreicht ist, dürfen gem. IAS 38.30 Ingangsetzungsaufwendungen oder Anlaufverluste nicht aktiviert werden. Darüber hinaus ist gem. IAS 38.31 auch eine Aktivierung spezifischer Entwicklungskosten als Anschaffungsnebenkosten untersagt. **Anschaffungspreisminderungen**, wie bspw. Skonti und Rabatte, sind grundsätzlich bei der Ermittlung der Anschaffungskosten vom Kaufpreis in Abzug zu bringen (IAS 38.27-28).

Grundsätzlich sind **Fremdkapitalkosten**, die im Zusammenhang mit dem Anschaffungsvorgang stehen, gem. IAS 23.10 (rev. 2004) erfolgswirksam in der Periode ihres Anfallens zu verrechnen. Nur für sog. qualifying assets besteht ein Einbeziehungswahlrecht (IAS 23.11). Allerdings ist das Wahlrecht zur Einbeziehung von Fremdkapitalzinsen nach IAS 23.10 (rev. 2007) für sog. qualifying assets entfallen, so dass spätestens ab 01.01.2009 deren Einbeziehung in die Herstellungskosten geboten ist. Wenngleich bei der exemplarischen Nennung von qualifying assets in IAS 23.6 keine immateriellen Vermögenswerte erwähnt sind, ist vor allem wegen der oft längerfristigen Entwicklungsprozesse von einer Relevanz auch für immaterielle Vermögenswerte auszugehen. Dies betrifft bspw. UMTS-Lizenzen. „Aufgrund der Notwendigkeit des Netzaufbaues klafft hier zwischen der rechtlichen Verfügbarkeit und der wirtschaftlichen Nutzbarkeit ein beträchtlicher Zeitraum."[94] Mehr Relevanz dürfte die Frage der Einbeziehung von Fremdkapitalzinsen bei selbst erstellten aktivierungsfähigen immateriellen Werten, sprich im Falle von Herstellungskosten, haben.

Wenn die öffentliche Hand einem Unternehmen immaterielle Vermögenswerte überträgt bzw. zuteilt, wie z. B. Flughafenlanderechte, Lizenzen zum Betreiben von Rundfunk- oder Fernsehanstalten, Importlizenzen oder -quoten, Produktionsquoten (z. B. Milchquoten) oder Zugangsrechte für sonstige begrenzt zugängliche Ressourcen, kann ein immaterieller Vermögenswert durch diese Zuwendung der öffentlichen Hand kostenlos oder zum Nominalwert der Gegenleistung (symbolischer Wert) erworben werden. Für **immaterielle Werte, die durch eine Zuwendung der öffentlichen Hand zugegangen** sind, besteht ein **Bewertungswahlrecht**. Diese können gem. IAS 38.44 i. V. m. IAS 20.24 einerseits zum beizulegenden Zeitwert angesetzt werden, wobei in gleicher Höhe auf der Passivseite ein Ausgleichs-

---

[94] Kuhner, C.: Immaterielle Vermögensgegenstände, 2007, S. 114, Rz. 380.

posten für die Zuwendungen zu buchen ist. Der Passivposten ist über die Nutzungsdauer des Vermögenswertes auf einer planmäßigen und vernünftigen Grundlage als Ertrag zu erfassen (IAS 20.26). Andererseits kann die Zuwendung gem. IAS 38.44 alternativ bei der Feststellung des Buchwertes des Vermögenswertes abgezogen werden. In diesem Fall wird die Zuwendung mittels eines reduzierten Abschreibungsbetrags über die Lebensdauer des abschreibungsfähigen Vermögenswertes als „Ertrag" erfasst (IAS 20.27).

Im Rahmen von **Tauschgeschäften** werden die Anschaffungskosten grundsätzlich mit dem beizulegenden Zeitwert angesetzt. Kann der beizulegende Zeitwert verlässlich bestimmt werden, ist der beizulegende Zeitwert des hingegebenen Vermögenswertes zu benutzen, es sei denn, der des erhaltenen Vermögenswertes ist eindeutiger bestimmbar (IAS 38.47). Ein daraus resultierender Gewinn ist gem. IAS 18 zu behandeln. IAS 38.45 sieht **Ausnahmen von der Bewertung zum Zeitwert** vor, nämlich wenn

- dem Tauschgeschäft die wirtschaftliche Substanz fehlt oder
- weder der beizulegende Zeitwert des erhaltenen Vermögenswertes noch der des hingegebenen Vermögenswertes verlässlich bewertbar ist.

Liegt eines der beiden Kriterien vor, erfolgt die Zugangsbewertung für den erhaltenen Vermögenswert mit dem Buchwert des hingegebenen Vermögenswertes.

Die **wirtschaftliche Substanz** eines Tauschgeschäftes wird in IAS 38.46 vor allem mit Hilfe der Auswirkungen auf die Spezifikationen der erwarteten Zahlungsüberschüsse, nämlich Risiko, Zeitpunkt und Höhe, beurteilt. Eine wirtschaftliche Substanz ist gegeben, wenn sich die Spezifikationen (Risiko, Zeitpunkt und Höhe) des Cashflows signifikant ändert. Anstelle der Berücksichtigung der Cashflows (nach Steuern) kann alternativ der jeweilige beizulegende Zeitwert der Vermögensposten als Berechnungsgrundlage herangezogen werden. Es liegt keine wirtschaftliche Substanz vor, wenn die Tauschgegenstände gleichartig sind. Das Vorliegen von Tauschgeschäften ohne wirtschaftliche Substanz hat vor allem bilanzpolitische Gründe. Beispielsweise werden Transaktionen von Medien- und anderen Kommunikationsunternehmen, wo der Austausch der Werbekapazitäten im Vordergrund steht,[95] mit dem Ziel durchgeführt, fiktive Gewinne bzw. Umsatzerlöse zu generieren.[96]

Nachträgliche Anschaffungskosten sind nur dann als Vermögenswertsteigerung zu berücksichtigen, wenn es wahrscheinlich ist, dass durch diese Ausgaben der zukünftige Nutzen des immateriellen Vermögenswerts erhöht wird. Als Vergleichsmaßstab für die Feststellung einer Nutzenerhöhung ist die Leistung des immateriellen Vermögenswerts im Zeitpunkt vor der Ausführung der nachträglichen Anschaffung maßgeblich.

---

95 Vgl. hierzu SIC-31 (Erträge – Tausch von Werbeleistungen).
96 Vgl. Kuhner, C.: Immaterielle Vermögensgegenstände, 2007, S. 112, Rz. 373.

3.1.2 Bewertung von selbst erstellten immateriellen Vermögenswerten

Bei selbst erstellten immateriellen Vermögenswerten dürfen in die Herstellungskosten nur die Kosten einfließen, die ab dem Zeitpunkt der erstmaligen Erfüllung aller in IAS 38.57 genannten Ansatzkriterien anfallen. Eine Nachaktivierung von Kosten, die zuvor als Aufwand verrechnet wurden, ist untersagt (IAS 38.65). Dementsprechend dürfen als Herstellungskosten nur Entwicklungsausgaben berücksichtigt werden, da Forschungsausgaben einem Aktivierungsverbot unterliegen. Die Ermittlung der **Herstellungskosten** erfolgt auf Vollkostenbasis, so dass alle direkt zurechenbaren Kosten sowie produktionsbezogene Gemeinkosten auf der Basis einer Normalauslastung zu aktivieren sind, die im Zusammenhang mit der Herstellung und Vorbereitung des Vermögenswerts auf die beabsichtige Nutzung anfallen. Gem. IAS 38.66 zählen hierzu im Einzelnen:

	Ausgaben für Material und Dienstleistungen
+	Ausgaben für Löhne und Gehälter sowie weitere Entgeltkomponenten für Arbeitnehmer, die für die Erzeugung des immateriellen Vermögenswertes anfallen
+	alle direkt zurechenbaren Ausgaben, wie z.B. Registrierungsgebühren eines Rechtsanspruches (Patentgebühren)
+	weitere indirekt zurechenbare produktionsbedingte Ausgaben, wie z.B. Abschreibung auf Patente und Lizenzen, die zur Erzeugung des immateriellen Vermögenswertes genutzt werden
+	Fremdkapitalzinsen (Wahlrecht nach IAS 23.11 (rev. 2004)*
=	Herstellungskosten

* Spätestens ab 01.01.2009 besteht gem. IAS 23.10 (rev. 2007) eine Einbeziehungspflicht

Abb. 3-2: Bestandteile der Herstellungskosten

Wie im Rahmen von einzeln erworbenen immateriellen Werten erwähnt, besteht hinsichtlich der Einbeziehung von Fremdkapitalzinsen ein Wahlrecht, das in der überarbeiteten Version des IAS 23 (rev. 2007) jedoch entfallen ist.[97] Demgegenüber dürfen Ausgaben für Vertrieb und Verwaltung, die nicht direkt für die Herstellung anfallen, sowie überhöhte Ausschussmengen und Anlaufverluste wie auch Schulung von Mitarbeitern nicht aktiviert werden und sind sofort aufwandswirksam zu verrechnen (IAS 38.67-68).

---

97 Vgl. Kapitel 3.1.1.

3.1.3 Bewertung bei Zugang durch Unternehmenszusammenschlüsse

Im Rahmen von Unternehmenszusammenschlüssen zugegangene immaterielle Werte sind gem. IFRS 38.33 im Zeitpunkt der Erstbewertung mit ihrem **beizulegenden Zeitwert** anzusetzen. Der beizulegende Wert ist nach IAS 38.8 definitionsgemäß der Wert, zu dem zwischen abschlusswilligen, fachkundigen, unabhängigen Parteien ein Gegenstand getauscht werden könnte (at arm's length transaction). Als fair value gilt zunächst der aktuelle **Marktpreis auf aktiven Märkten**, falls Preisnotierungen auf organisierten Märken existieren. Dies dürfte allerdings für immaterielle Vermögenswerte nur äußerst selten der Fall sein, so dass entweder auf Preise des letzten vergleichbaren Geschäftsvorfalls zurückzugreifen ist, falls sich die Wert bestimmenden Rahmenbedingungen nicht wesentlich geändert haben, oder aber Markpreise ähnlicher Vermögenswerte heranzuziehen sind, sog. Analogiemethode (IAS 38.39-40). Dementsprechend kommen gem. IFRS 3.B16 und IFRS 3.B17 bspw. für börsengängige Wertpapiere aktuelle Börsenkurse zum Einsatz, während für übernommene immaterielle Vermögenswerte nur in seltenen Fällen ein Marktwert vorliegen dürfte, so dass gutachterlich geschätzte Werte Anwendung finden.

Dementsprechend ist aufgrund fehlender aktiver Märkte und ähnlicher Vermögenswerte der beizulegende Wert i. d. R. mit Hilfe von **Bewertungsmodellen, sog. kapitalwertorientierten Verfahren**, zu schätzen. Als mögliche Bewertungstechniken nennt IAS 38.41 Multiplikatorverfahren oder die Discounted Cashflow-Methode, die auch bei Unternehmensbewertungen eingesetzt werden. Gemeinsam ist beiden Modellen, dass diese den Gegenwartswert zukünftiger ökonomischer Vorteile/Nachteile auf der Annahme von zukünftigen finanziellen Größen, wie z. B. zurechenbare Umsätze, operatives Ergebnis oder Cashflow, messen. Zentrales Unterscheidungskriterium ist, dass **Multiplikatorverfahren** (Enterprise Multiples) statischer Natur sind, da nur die finanzielle Größe für eine Periode zugrunde gelegt wird.

> **Beispiel:**[98]
> Die Lizenzen für die Überlassung eines speziellen Herstellungsverfahrens betragen 30 000 € pro Jahr. Der Wert dieses Urheberrechts beträgt branchenüblich das Fünffache der Jahreslizenzgebühren. Somit kann ein Zeitwert in Höhe von 150 000 € abgeleitet werden.

Alternativ kann über Multiplikatorverfahren in Anlehnung an Unternehmensbewertungsmodelle ein Wert über die einer Lizenz zurechenbaren Zahlungsströme abgeleitet werden. Konkret wird dabei ein Erfolgsbeitrag quasi als ewige Rente unterstellt. Würde im obigen Beispiel ein jährlicher Erfolgsbeitrag für die zukünftigen

---

[98] In Anlehnung an Kuhner, C.: Immaterielle Vermögensgegenstände, 2007, S. 111, Rz. 367.

Jahre über 15 000 € angenommen, ergäbe sich hieraus bei einem unterstellten Kapitalisierungszinssatz in Höhe von 10% ebenso ein Wertansatz über 150 000 €.[99]

Allerdings gelten diese Bewertungsmethoden als grobe Schätzverfahren und können nur als heuristische Annäherungen an den hypothetischen Marktpreis angesehen werden. Wenngleich die Multiplikatormethoden aufgrund ihrer einfachen Anwendung eine hohe Akzeptanz haben, hängt ihre Verwendbarkeit davon ab, ob diese tatsächlich als allgemein anerkannte, branchenweit akzeptierte Bewertungsverfahren angenommen werden.[100]

Demgegenüber ist die **Discounted Cashflow-Methode** durch die Betrachtung mehrerer Perioden dynamisch geprägt. Es erfolgt eine investitionstheoretisch korrekte Approximation des Zeitwertes. Rechentechnisch stellt der mit dem immateriellen Vermögenswert geschaffene Periodenerfolg, z. B. alle Erträge und Aufwendungen oder alle Einnahmen und Ausgaben, die Ausgangsbasis für die Berechnung dar. Diese Zahlungsreihe wird mit einem Kalkulationszinssatz abgezinst. Als Varianten der Discounted Cashflow-Methode sind insbesondere die Folgenden zu nennen:

- Methode der Lizenzpreisanalogie (Relief from Royalty Method),
- Mehrgewinnmethode (Incremental Cashflow-Methode),
- Residualwertmethode (Multi-Period Excess Earnings Method).

Die **Methode der Lizenzpreisanalogie** wird häufig für die Bewertung von Marken angewendet, um die Kosteneinsparung zu schätzen, die sich daraus ergibt, dass das Unternehmen keine Gebühren (royalties) an einen Marken-/Lizenzgeber zahlen muss. Für die Berechnung werden zunächst über Datenbankrecherchen (z. B. www.royaltystat.com oder www.royaltysource.com) branchenübliche Lizenzraten ermittelt, die sich auf den Umsatz beziehen. Werden die Lizenzraten mit dem geplanten Umsatz der zukünftigen Jahre multipliziert, ergibt sich der Betrag der ersparten Lizenzraten. Der Barwert der ersparten Kosten ergibt den Marken-/Lizenzwert. In ähnlicher Weise wird bei Anwendung der **Mehrgewinnmethode** über die Diskontierung des im Vergleich zu einem No-Name-Produkt erzielbaren Mehrgewinns (Premium Profit) der Wert des betreffenden immateriellen Wertes ermittelt. In die Berechnung des Mehrgewinns fließen als Saldogröße sowohl die im Vergleich zum No-Name-Produkt höheren Umsätze als auch die damit verbundenen Mehraufwendungen ein. Auch diese Methode wird häufig für die Markenbewertung angewendet.[101]

Bei der **Residualwertmethode** werden die mit dem immateriellen Wert verbundenen Zahlungsströme gemessen; dieses Verfahren findet häufig bei Dauervertragskunden bzw. der Bewertung eines Kundenstamms Anwendung. Ausgehend von der Annahme, dass ein immaterieller Vermögenswert nur zusammen mit anderen Vermögenswerten Zahlungsüberschüsse generieren kann, werden in der Be-

---

99 Vgl. Krolle, S./Schmitt, G./Schwetzler, B.: Multiplikatorverfahren, 2005, S. 2.
100 Vgl. Kuhner, C./Maltry, H.: Unternehmensbewertung, 2006, S. 265–269.
101 Vgl. Lüdenbach, N.: § 31 Unternehmenszusammenschlüsse, 2007, S. 1629–1630, Rz. 81.

rechnung die Kapitalkosten der anderen Vermögenswerte als Nutzungsentgelte berücksichtigt. In der praktischen Anwendung werden von den geplanten Einzahlungsströmen bzw. Erlösen neben den operativen Kosten auch die kalkulatorischen Nutzungsentgelte auf den fair value der anderen Vermögenswerte in Abzug gebracht. Der Wert der immateriellen Werte ergibt sich aus dem Barwert der Zahlungsreihe für die ermittelte Überschussgröße. Eine Mehrfachanwendung der Methode, z. B. für die Bewertung des Kundenstamms und der Forschungsprojekte, setzt eine iterative Betrachtung voraus.[102]

Darüber hinaus finden bei Hyperlizenzen, wie z. B. Mobilfunklizenzen, von denen das gesamte Geschäft abhängig ist, sog. **greenfield approaches** Anwendung; diese artifiziellen Modelle sind insbesondere in der US-amerikanischen Bilanzierungspraxis verbreitet. Dabei wird davon ausgegangen, dass das Unternehmen außer der zu bewertenden Lizenz nichts besitzt und ein funktionierender Betrieb erst aufzubauen ist. Der Barwert der mit der Lizenz erwirtschafteten Erträge laut Geschäftsplan stellt den Wert der Lizenz dar.[103]

Die Anwendung der Bewertungsmodelle setzt grundsätzlich eine eindeutige verursachungsgerechte Zuordnung der Cashflows zu dem immateriellen Vermögenswert voraus. Ist eine solche Zuordnung nicht möglich, sind ggf. **kostenorientierte Bewertungsverfahren** anzuwenden. Der beizulegende Wert ist in diesem Fall auf die Höhe der Kosten, die für seine Wiederbeschaffung (Wiederbeschaffungskostenmethode) oder seinen Ersatz (Reproduktionskostenmethode) aufzuwenden sind, begrenzt. Da die kostenbasierte Bewertung den künftigen wirtschaftlichen Nutzenzufluss nicht berücksichtigt, ist dieser Wertmaßstab als letzte Wahl für die Ermittlung des beizulegenden Wertes heranzuziehen.

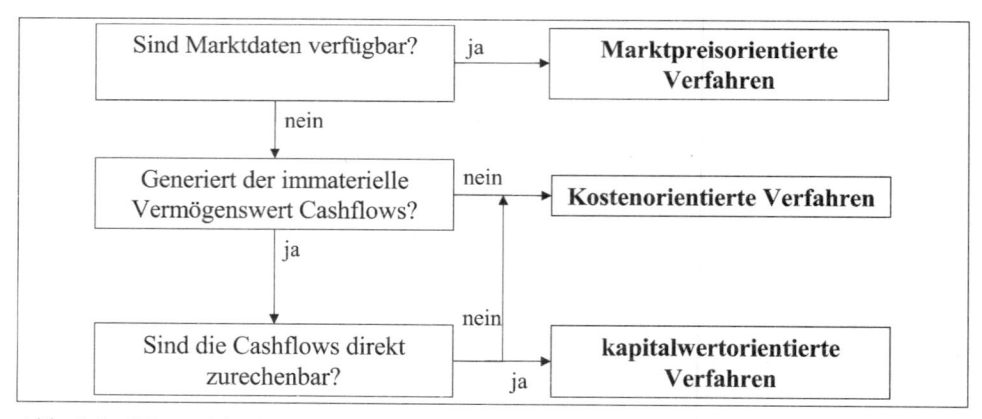

Abb. 3-3: Hierarchie der Bewertung von immateriellen Vermögenswerten im Rahmen von Unternehmenszusammenschlüssen[104]

---

102 Vgl. Bartels, P./Jonas, M.: § 27 Wertminderungen, 2006, S. 753–754, Rz. 35.
103 Vgl. Lüdenbach, N.: § 31 Unternehmenszusammenschlüsse, 2007, S. 1606–1607, Rz. 65.
104 Vgl. z. B. Senger, T./Brune, J. W./Elprana, K.: § 33 Vollkonsolidierung, 2006, S. 881, Rz. 74.

Wenn eine Einzelbewertung der im Rahmen einer Unternehmensakquisition zugegangenen immateriellen Werte nicht möglich ist, da dieser nur zusammen mit einem anderen Vermögenswert identifiziert werden kann, erlaubt IAS 38.36 eine Gruppenbewertung der in komplementärer Beziehung zueinander stehenden Vermögenswerte. Beispielsweise kann eine Gruppenbewertung beim Markennamen eines Mineralwassers mit der dazugehörigen Quelle notwendig sein.[105]

In der Praxis dürfte die Feststellung eines fair value für immaterielle Vermögenswerte aufgrund des fehlenden aktiven Marktes schwierig sein, so dass anstelle von objektiven Marktpreisen i. d. R. subjektive Ertragserwartungen in die Bewertung einfließen, die nicht durch die Anschaffungskosten begrenzt sind.[106] Damit verbunden sind erhebliche **Einschätzungsspielräume** sowohl bei Anwendung des Multiplikatorverfahrens als auch bei Anwendung der verschiedenen Varianten der Discounted Cashflow-Methode. Dies betrifft vor allem die Schätzung der finanziellen Größen, des Kapitalkostensatzes sowie des zugrunde liegenden Zeitraums.

Technische Anwendungsaspekte

Für die Bewertung von immateriellen Werten im Rahmen von Unternehmenszusammenschlüssen finden in der Praxis primär kapitalwertorientierte Verfahren Anwendung.
Bei der Bewertung von Marken werden entweder die Methode der Lizenzpreisanalogie oder die Mehrgewinnmethode angewendet.
Für die Bewertung der Kundenbeziehungen kommt häufig die Residualwertmethode zum Einsatz.

3.2 Folgebewertung

Während vor Inkrafttreten von IAS 38 (rev. 2004) als Folgebewertung eine planmäßige Abschreibung über eine Nutzungsdauer von bis zu 20 Jahren als widerlegbar vermutet galt,[107] hängt die Folgebewertung nunmehr davon ab, ob es sich um immaterielle Werte mit begrenzter Nutzungsdauer (finite useful life) oder unbegrenzter Nutzungsdauer (indefinite useful life) handelt. Liegt eine begrenzte Nutzungsdauer vor, ist planmäßig abzuschreiben; andernfalls ist eine außerplanmäßige Abschreibung i. V. m. IAS 36 vorzunehmen.

Weiterhin können **immaterielle Vermögenswerte mit begrenzter Nutzungsdauer** in den Folgejahren wahlweise entweder nach dem **Anschaffungskosten-**

---

105 Vgl. Kapitel 2.3.2.
106 Vgl. Hommel, M./Benkel, M./Wich, S.: IFRS 3, 2004, S. 1269.
107 Vgl. IAS 38.79-80 (rev. 1998). Dabei konnten neben der linearen auch die degressive und die leistungsabhängige Abschreibungsmethoden angewendet werden; vgl. IAS 38.89 (rev. 1998). Darüber hinaus galten z. B. für Hochtechnologie, Computer-Software und viele ähnliche Bereiche aufgrund des dynamischen Wandels kürzere Nutzungsdauern; vgl. IAS 38.81-82 (rev. 1998).

Modell (cost model) oder dem **Neubewertungs-Modell (revaluation model)** bewertet werden (IAS 38.72). Da gem. IAS 38.75 das Neubewertungs-Modell nur gewählt werden darf, wenn ein aktiver Markt gem. IAS 38.8 für die Wertermittlung zur Verfügung steht, handelt es sich um ein eingeschränktes Wahlrecht.

Dementsprechend wird bei der Folgebewertung zwischen planmäßiger (nur für Vermögenswerte mit begrenzter Nutzungsdauer) und außerplanmäßiger Abschreibung unterschieden, wobei die Ausführungen zur planmäßigen Abschreibung wiederum nach dem Anschaffungskosten- und dem Neubewertungs-Modell unterteilt werden.

3.2.1 *Planmäßige Abschreibung als Folgebewertung*

3.2.1.1 Anschaffungskosten-Modell

Bei Anwendung des Anschaffungskosten-Modells sind die Vermögenswerte nach der Zugangsbewertung mit den fortgeführten Anschaffungs- oder Herstellungskosten anzusetzen, d. h. Anschaffungs- oder Herstellungskosten korrigiert um kumulierte planmäßige und außerplanmäßige Abschreibungen sowie Zuschreibungen (IAS 38.74).

	Historische Anschaffungs- oder Herstellungskosten
-	kumulierte planmäßige Abschreibungen
-	kumulierte außerplanmäßige Abschreibungen
+	Zuschreibungen
=	fortgeführte Anschaffungs- oder Herstellungskosten (Buchwert)

Abb. 3-4: Folgebewertung bei Anwendung des Anschaffungskosten-Modells

Die **planmäßige Abschreibung** bei immateriellen Werten mit begrenzter Nutzungsdauer erfolgt über deren wirtschaftliche Nutzungsdauer. Zur Bemessung der Abschreibungshöhe wird ein **Abschreibungsplan** erstellt, der neben dem Zugangswert, Angaben zur Nutzungsdauer, zur Abschreibungsmethode sowie einen am Ende der Nutzungsdauer verbleibenden Restwert umfasst.[108] Die wirtschaftliche **Nutzungsdauer** umfasst den Zeitraum der positiven Cashflow-Generierung. Zur Bestimmung der Nutzungsdauer werden in IAS 38.90 verschiedene Faktoren genannt, wie z. B.

- Orientierung an typischen Produktlebenszyklen für den Vermögenswert,
- technische, technologische, kommerzielle oder andere Arten der Veralterung,
- gesetzliche oder vertragliche Nutzungsbeschränkungen,

---

108   Vgl. Baetge, J./Keitz; I.v.: Immaterielle Vermögenswerte, 2003, S. 41, Rz. 105.

- Zeitraum, in dem die Kontrolle über den Vermögenswert sichergestellt werden kann und
- erwartete Branchenentwicklung.

Darüber hinaus beeinflusst die Höhe der Erhaltungsausgaben, die zur Erzielung des voraussichtlichen künftigen wirtschaftlichen Nutzens aus dem Vermögenswert erforderlich sind sowie die Fähigkeit und Intention des Unternehmens, dieses Niveau zu erreichen, die Bestimmung der Nutzungsdauer. Bei der Bestimmung der Nutzungsdauer sind auch die Einschätzung bezüglich der weiteren Vermarktungsfähigkeit von geschützten Produkten oder die geplanten strategischen Maßnahmen von Produktlinien zu berücksichtigen. Es ist der betriebsindividuelle erwartete Zeitraum zugrunde zu legen. Allgemeine oder branchenspezifische durchschnittliche Nutzungsdauern können nur als Anhaltspunkte gelten. Grundsätzlich ist von einer vorsichtsgeprägten Einschätzung der Nutzungsdauer auszugehen. Dies darf aber nicht die Wahl einer unrealistisch kurzen Nutzungsdauer rechtfertigen und damit zu einer Bildung stiller Reserven führen (IAS 38.93). Ist bspw. die beabsichtigte Nutzung einer Lizenz kürzer als die rechtliche Schutzfrist, hat das Unternehmen die Abschreibung auf die geplante kürzere Nutzungsdauer zu bemessen. Die Abschreibungsfrist beginnt nach IAS/IFRS ab dem **Zeitpunkt der wirtschaftlichen Nutzung des Vermögenswertes** und nicht ab dem Zeitpunkt des Zugangs. Aus diesem Grunde musste bspw. die Deutsche Telekom im HGB-Abschluss vorgenommene planmäßige Abschreibungen auf UMTS-Lizenzen beim Übergang auf die IFRS-Rechnungslegung rückgängig machen, was in der IFRS-Überleitungsrechnung zum 31.12.2004 zur Erhöhung des Eigenkapitals von knapp 10 Mrd. € führte.[109] Entsprechend dem matching principle ist im Zugangsjahr eine **zeitanteilige Abschreibung** (pro rata temporis) zulässig. Die Abschreibung endet entweder an dem Tag, an dem der Vermögenswert gem. IFRS 5 als zur Veräußerung gehalten eingestuft wird oder spätestens am Tag der Ausbuchung (IAS 38.97).

Grundsätzlich ist die **Abschreibungsmethode** zu wählen, die den tatsächlichen Verbrauch des wirtschaftlichen Nutzens zutreffend widerspiegelt. Zulässig sind die lineare, degressive und die leistungsbezogene Abschreibung, wobei eine andere als die lineare Abschreibung nur angewendet werden darf, wenn damit kein höherer Wertansatz verbunden ist. Es finden sich viele Hinweise zur Nutzungsdauer, jedoch keine Angaben zum Prozentsatz der Abschreibung bei degressiver Abschreibung oder zur Bestimmung des Leistungspotenzials bei Anwendung der Leistungsabschreibung. Diese Lücke könnte möglicherweise ein Indiz dafür sein, dass das IASB im Zweifelsfall die Anwendung der linearen Abschreibungsmethode präferiert. Die lineare Abschreibungsmethode ist auch dann anzuwenden, wenn der tatsächliche Werteverzehr nicht zuverlässig ermittelt werden kann (IAS 38.97-98). Die zu Beginn gewählte Abschreibungsmethode ist stetig anzuwenden, sofern keine Änderung des Nutzungsverlaufes vorliegt. Um dies zu prüfen, sind sowohl die **Nutzungsdauer als auch die gewählte Abschreibungsme-**

---

109   Vgl. Deutsche Telekom: Geschäftsbericht 2004 S. 117 und S. 127–128.

thode am Ende jeder Berichtsperiode zu prüfen; ggf. sind Anpassungen gemäß den Vorschriften von IAS 8 vorzunehmen (IAS 38.104). Eine Verkürzung der Nutzungsdauer, z. B. wegen verminderter Marktgängigkeit, ist gleichzeitig ein Indiz für eine Wertminderung (IAS 36.12). Die **Anpassung der Abschreibungsbeträge** ist auf der Basis des niedrigeren Restbuchwerts für die Folgejahre vorzunehmen (IAS 36.63). Kommt es zu einer Verlängerung der Nutzungsdauer, ist entweder der Restbuchwert über die neue, längere Nutzungsdauer zu verteilen oder es wird für die Folgejahre der Abschreibungsbetrag ermittelt der sich fiktiv ergeben würden, wenn der Vermögenswert von Beginn an über die verlängerte Nutzungsdauer abgeschrieben worden wäre. Zudem kann im Jahr der Feststellung der verlängerten Nutzungsdauer eine Zuschreibung erfolgen, so dass auch hier über den Betrag abgeschrieben wird, der sich ergeben hätte, wenn bereits im ersten Jahr über die verlängerte Nutzungsdauer abgeschrieben worden wäre.[110] Allerdings ist zu beachten, dass eine Wertaufholung bei Anwendung des Anschaffungskosten-Modells nur bei vorangegangener Wertminderung möglich ist (IAS 36.117).

Der **Restwert** entspricht dem Betrag, der im Zeitpunkt der Schätzung nach Ablauf der Nutzungsdauer und nach Abzug aller bei Abgang des immateriellen Wertes noch anfallenden Kosten erzielt werden kann. Grundsätzlich ist der Restwert nach Ablauf der Nutzungsdauer gleich Null, es sei denn, es besteht eine Vereinbarung mit Dritten, den Vermögenswert am Ende der Nutzungsdauer zu verkaufen oder es existiert ein aktiver Markt für den Vermögenswert.[111] Der Restwert ist unter Verwendung von Preisen für ähnliche immaterielle Werte zu schätzen. Der Restwert ist ebenso wie die Abschreibungsmethode jährlich zu prüfen und ggf. nach den Vorschriften des IAS 8 anzupassen (IAS 38.102), indem das geänderte Abschreibungsvolumen auf die Restnutzungsdauer verteilt wird

Bei Vorliegen bestimmter Kriterien ist gem. IAS 38.11 eine **außerplanmäßige Abschreibung** auf den niedrigeren erzielbaren Betrag (recoverable amount) nach den Vorschriften des IAS 36 durchzuführen.[112]

3.2.1.2 Neubewertungs-Modell

Bei Anwendung des Neubewertungs-Modells sind die immateriellen Werte mit dem Neubewertungsbetrag (revalued amount) anzusetzen. **Voraussetzung für die Anwendung** des Neubewertungs-Modells ist die **Existenz einen aktiven Marktes** (IAS 38.75). Kriterien hierfür sind Homogenität des gehandelten Gutes, jederzeit auffindbare transaktionswillige Anbieter und Nachfrager sowie zugängliche bzw. bekannte Marktpreise. Beispielsweise existieren derartige aktive Märkte für bestimmte staatlich vergebene Lizenzen und Produktionsquoten, wie z. B. Taxilizenzen, Güterfernverkehrslizenzen, Milch- und Fischereiquoten. Zudem ist das Neubewertungs-Modell für die optionale Zeitbewertung bei dem seit Beginn des

---

110 Vgl. Baetge, J./Keitz; I.v.: Immaterielle Vermögenswerte, 2003, S. 45, Rz. 116.
111 Zu den Kriterien vgl. IAS 38.100.
112 Vgl. Kapitel 3.2.3.

Jahres 2005 eingeführten Handel mit Emissionsrechten relevant.[113] Darüber hinaus existiert i. d. R. für andere immaterielle Werte, wie bspw. Marken oder Patente, kein aktiver Markt, so dass die Bewertung zum fair value in der Praxis **nur in den seltensten Fällen Anwendung finden** dürfte (IAS 38.75-87).

Wenn das Neubewertungs-Modell angewendet werden kann, muss eine Neubewertung für **eine Gruppe von immateriellen Werten** vorgenommen werden. Eine Gruppe von immateriellen Werten ist eine Gesamtheit von Vermögenswerten, die hinsichtlich ihrer Art und Verwendungsweise ähnlich sind (IAS 38.72-73). Beispiele für eine separate Gruppe sind nach IAS 38.119 z. B. Markennamen, Drucktitel und Verlagsrechte, Computersoftware, Lizenzen und Franchiseverträge, Urheberrechte, Patente und sonstige gewerblichen Schutzrechte sowie Rezepte, Geheimverfahren, Prototypen.

Sollte für einen Vermögenswert einer Gruppe kein aktiver Markt mehr bestehen, ist der Vermögenswert mit den fortgeführten Anschaffungskosten, d. h. Anschaffungskosten korrigiert um kumulierte Wertminderungen und Zuschreibungen, anzusetzen.[114] Da die Nutzung des Wahlrechts zur Neubewertung mit der Existenz eines aktiven Marktes verknüpft ist, darf keine Neubewertung mehr angewendet werden, wenn ein solcher Markt nicht mehr vorliegt. Als Buchwert gilt dann der zuletzt angesetzte Neubewertungsbetrag abzüglich zu berücksichtigender Abschreibungen (IAS 38.82).

Als Neubewertungsbetrag gilt gem. IAS 38.75 der beizulegende Zeitwert im Zeitpunkt der Neubewertung, korrigiert um spätere kumulierte Wertkorrekturen. Für die Folgebewertung im Falle des Neubewertungs-Modells sind folgende Komponenten relevant:

```
    Neubewertungsbetrag
 -  kumulierte planmäßige Abschreibungen
 -  kumulierte außerplanmäßige Abschreibungen
 +  Zuschreibungen
 =  fortgeführter Neubewertungsbetrag (Buchwert)
```

Abb. 3-5: Folgebewertung bei Anwendung des Neubewertungs-Modells

Der Neubewertungsbetrag, sprich der **beizulegende Zeitwert**, ist nach IAS 38.8 der Wert, zu dem zwischen abschlusswilligen, fachkundigen, voneinander unabhängigen Parteien ein Gegenstand getauscht werde könnte. Eine Neubewertung ist nicht zwingend zu jedem Stichtag vorzunehmen; sie ist erforderlich bei vorhersehbar wesentlichen Differenzen zwischen Zeit- und Buchwert. Die zeitliche Frequenz der Neubewertung wird von der Volatilität des Referenzmarktes bestimmt (IAS 38.79). Bei unbedeutenden Marktpreisschwankungen wird alle drei bis fünf Jahre eine Neubewertung empfohlen. Da eine Neubewertung nur bei Vorhanden-

---

113   Vgl. Hoffmann, W.-D./Lüdenbach, N.: Emissionsrechte, 2006, S. 61.
114   Vgl. IAS 38.81 sowie zum Anschaffungskosten-Modell Kapitel 3.2.1.1.

sein eines aktiven Marktes erlaubt ist, dürfte auch eine jährliche Neubewertung mit verhältnismäßig niedrigem Aufwand möglich sein.[115]

Hinsichtlich des Abschreibungsplanes sind die beim Anschaffungskosten-Modell genannten Aspekte zu berücksichtigen.[116] Grundsätzlich ist beim Neubewertungs-Modell eine außerplanmäßige Wertminderung entbehrlich, da außerplanmäßige Wertminderungen bei hinreichend effizienten Märkten bereits durch die Neubewertung berücksichtigt werden.[117] Eine außerplanmäßige Abschreibung ist allenfalls bei voraussichtlich nachhaltiger Wertminderung vorstellbar.[118]

Der aus der Neubewertung resultierende, im Vergleich zum ursprünglichen Anschaffungswert höhere Unterschiedsbetrag ist erfolgsneutral in eine **Neubewertungsrücklage** (revaluation surplus) innerhalb des Eigenkapitals einzustellen. In späteren Jahren auftretende Wertminderungen sind zunächst gegen die Neubewertungsrücklage aufzurechnen; erst ein verbleibender Restbetrag ist erfolgswirksam als Aufwand innerhalb der Gewinn- und Verlustrechnung zu erfassen. Es darf nur der Betrag erfolgsneutral verrechnet werden, der über den fortgeschriebenen Buchwert hinausgeht (IAS 38.85-86). Grundsätzlich ist zu beachten, dass der in die Neubewertungsrücklage eingestellte Betrag um latente Steuern zu korrigieren ist, wenn – wie in Deutschland – im Steuerrecht eine über die fortgeführten Anschaffungswerte hinausgehende Neubewertung nicht erlaubt ist.

Beispiel:
Die Anschaffungskosten einer im Januar des Jahres 1 erworbenen Lizenz eines Unternehmens betragen 2 000 T€; es erfolgt eine lineare Abschreibung über fünf Jahre, die mit der wirtschaftlichen Nutzung in Jahr 1 beginnt. Die Wiederbeschaffungskosten für die Lizenz liegen am Ende des Jahres t2 bei 4 400 T€; die fortgeführten Wiederbeschaffungskosten lauten dementsprechend auf 2 640 €. Der Steuersatz beträgt 40 %. Die planmäßigen Abschreibungen werden nach der Neubewertung so bemessen, dass der Restwert am Ende der unveränderten Nutzungsdauer gleich Null ist. Bei Anwendung des Neubewertungs-Modells ergeben sich für die betreffenden Jahre die folgenden Auswirkungen auf die relevanten Bilanz- und Erfolgsgrößen (Angaben in €):[119]

---

115 Vgl. Baetge, J./Keitz; I.v.: Immaterielle Vermögenswerte, 2003, S. 39, Rz. 97.
116 Vgl. Kapitel 3.2.1.1.
117 Vgl. Kuhner, C.: Immaterielle Vermögensgegenstände, 2007, S. 118, Rz. 395.
118 Vgl. hierzu Kapitel 3.2.1.1.
119 In Anlehnung an Hoffmann, W.-D.: § 8 Anschaffungs- und Herstellungskosten, 2007, S. 357, Rz. 77.

3.2 Folgebewertung

Jahr	An-schaffungs-wert	Abschrei-bung der Periode	Abschrei-bung (kumuliert)	Rest-buch-wert	Steuer-wert	Neubewer-tungsrück-lage	Steuer-latenz (passiv)	Steuer-ertrag (GuV)	Erfolgs-wirkung
1	2.000	400	400	1.600	1.600	-	-	-	-400
2	2.000	400	800	1.200	1.200	-	-	-	-400
Neubewertung	4.400	-	1.760	2.640	1.200	864	576	-	-
3	4.400	880	2.640	1.760	800	864	384	192	-688
4	4.400	880	3.520	880	400	864	192	192	-688
5	4.400	880	4.400	0	0	864	0	192	-688
Gesamt	4.400	3.440	4.400	0	0	864	0	576	-2.864

Abb. 3-6: Beispiel für das Neubewertungs-Modell

Die **Auflösung der Neubewertungsrücklage** kann entweder wie im obigen Beispiel vollständig erst bei Abgang des Vermögenswertes oder sukzessive im Zeitablauf proportional zu den planmäßigen Abschreibungen erfolgen. Ebenso wie die Bildung ist auch die Auflösung der Neubewertungsrücklage **erfolgsneutral**; es erfolgt eine Umbuchung der Beträge der Neubewertungsrücklage in die Gewinnrücklage. Die gebildeten passiven latenten Steuern sind über die (Rest-)Nutzungsdauer aufzulösen; die Auflösung kann erfolgsneutral oder erfolgswirksam vorgenommen werden. Grundsätzlich sollte bei einer erfolgswirksamen Buchung der Mehrabschreibung – wie im obigen Beispiel – auch eine erfolgswirksame Auflösung des Passivpostens für latente Steuern erfolgen.[120]

Das Neubewertungs-Modell folgt damit dem Konzept der **Substanzerhaltung** (F.99). Anders als bei der Nominalkapitalerhaltung ist der erfolgswirksam verrechnete Abschreibungsbetrag, der sich nach dem höheren Neubewertungsbetrag bemisst, höher. Durch diese stärkere Gewinnbelastung wird sichergestellt, dass Gewinnausschüttungen nicht zu einer wertmäßigen Minderung der Güterausstattung führen.[121]

Bilanzpolitische Perspektive

Wahlrecht zwischen Anschaffungskosten- und Neubewertungs-Modell mit der Folge eines höheren Vermögens- und Eigenkapitalausweises und somit einer höheren Bilanzsumme sowie einer i. d. R. höheren Erfolgsbelastung in Folgejahren durch Abschreibungen (Annahme: fair value > fortgeführte Anschaffungskosten). Dieses Wahlrecht ist insofern stark eingeschränkt, als das Neubewertungs-Modell nur in den seltensten Fällen Anwendung findet.

Durch die stringenten Vorgaben beim Anschaffungsmodell werden hier kaum bilanzpolitische Spielräume geboten; dennoch sind Einschätzungsspielräume hinsichtlich der Bemessung der Nutzungsdauer nicht auszuschließen.

---

120 Vgl. Hoffmann, W.-D.: § 8 Anschaffungs- und Herstellungskosten, 2007, S. 354, Rz. 73 sowie zur erfolgsneutralen Vorgehensweise S. 358–359, Rz. 78.
121 Vgl. Schildbach, T.: Zeitwertbilanzierung, 1999, S. 581.

3.2.2 Immaterielle Werte mit unbegrenzter Nutzungsdauer

Bei immateriellen Vermögenswerten mit unbegrenzter Nutzungsdauer ist **keine planmäßige Abschreibung** vorzunehmen. Zur Orientierung, wann eine **unbegrenzte (indefinite) oder eine begrenzte (finite) Nutzungsdauer** vorliegt, heißt es in IAS 38.88, dass eine unbegrenzte (indefinite) Nutzungsdauer gegeben ist, „wenn es aufgrund einer Analyse aller relevanten Faktoren keine vorhersehbare Begrenzung der Periode gibt, in der der Vermögenswert voraussichtlich Netto-Cashflows für das Unternehmen erzeugen wird"; unbegrenzte (indefinite) Nutzungsdauer meint nicht endlose (infinite) Nutzungsdauer. Daher ist ein Verzicht auf planmäßige Abschreibung nicht gleichbedeutend damit, dass der Vermögenswert keinem Werteverzehr unterliegen würde.[122] Vielmehr soll die Unterscheidung deutlich machen, dass es Vermögenswerte gibt, bei denen ein Ende der Nutzungsdauer nicht absehbar ist und bei denen mangels besserer Kenntnis von einer Dauernutzung auszugehen ist. Insofern wäre eine Übersetzung mit „unbestimmbarer" Nutzungsdauer zutreffender gewesen,[123] d. h. ein Ende der Nutzungsdauer ist nicht voraussehbar; im Folgenden wird daher der Begriff „unbestimmbar" verwendet.

Als Kriterien für die Abgrenzung einer unbestimmbaren Nutzungsdauer, die sich aus unternehmensinternen und -externen Erwartungen sowie Managementplanungen über die aus dem Vermögenswert zukünftig resultierenden Einnahmenströme ergeben können, werden in IAS 38.90 u. a. genannt:

- erwarteter Nutzen im Unternehmen,
- typischer Produktlebenszyklus,
- technische und kommerzielle Veralterung,
- Entwicklung des Marktes oder der Industrie, in der der Vermögenswert eingesetzt wird,
- erwartetes Marktverhalten der Wettbewerber.

Zur Abgrenzung zwischen begrenzter und unbestimmbarer Nutzungsdauer findet sich in den Illustrative Examples ein Beispielkatalog, der weitgehend auf die wirtschaftliche Betrachtung abstellt. So gelten bestimmte öffentlich eingeräumte Rechtspositionen, wie z. B. Fernsehsenderechte, Linienflugrechte und Warenzeichenrechte, auch bei begrenzter Laufzeit als Vermögenswerte mit **unbestimmbarer Nutzungsdauer**, wenn eine Verlängerung zu geringen Kosten beliebig oft möglich ist und eine Verlängerung tatsächlich beabsichtigt ist (IAS 38.94). Dies betrifft bspw. Rundfunklizenzen, deren Nutzungsdauer aufgrund gesetzlicher Vorgaben begrenzt ist; eine Erneuerung aber gegen eine geringe Registrierungsgebühr möglich ist. Eine Zuordnung als Vermögenswert mit **begrenzter Nutzungsdauer** wird vorgenommen, wenn die Verlängerung mit mehr als nur geringen Kosten möglich ist bzw. die Verlängerungsmöglichkeit nicht hinreichend sicher ist, wie

---

122 Vgl. IAS 38.91 sowie IAS 38.BC60 ff.
123 So auch Kuhner, C.: Immaterielle Vermögensgegenstände, 2007, S. 114–115, Rz. 382.

z. B. die Nutzungsdauer von erworbenen Kundenlisten, Patenten oder Copyrights.[124]

> **Bilanzpolitische Perspektive**
>
> Aufgrund fehlender konkreter Vorgaben für die Beurteilung von Verlängerungsoptionen, vor allem Signifikanz der Kosten, besteht ein Einschätzungsspielraum hinsichtlich der Zuordnung von Vermögenswerten zu solchen mit begrenzter und unbestimmbarer Nutzungsdauer mit entsprechenden Wirkungen auf die Folgebewertung.

Immaterielle Werte mit unbestimmbarer Nutzungsdauer sind jährlich sowie bei Vorliegen bestimmter Indikatoren auch in kürzeren Zeitabständen hinsichtlich

- Wertminderungen gem. IAS 36[125] (IAS 38.108) und
- der Hypothese der unbestimmbaren Nutzungsdauer (IAS 38.109)

zu prüfen. Ist eine Umklassifizierung von unbestimmbarer auf zeitlich begrenzter Nutzungsdauer vorzunehmen, sind die Wertänderungen gem. IAS 8.36 zu behandeln.

3.2.3 Außerplanmäßige Abschreibung

Außerplanmäßige Abschreibungen sind sowohl für solche immateriellen Vermögenswerte mit begrenzter als auch für solche mit unbestimmbarer Nutzungsdauer relevant. Gem. IAS 36.10 sind **immaterielle Vermögenswerte mit unbestimmbarer Nutzungsdauer**, für die keine planmäßige Abschreibung mehr zu machen ist, und immaterielle Anlagewerte, die noch nicht genutzt werden und daher noch nicht planmäßig abzuschreiben sind, einmal **jährlich auf Wertminderungen** zu prüfen, indem ihr Buchwert mit dem jeweils erzielbaren Betrag verglichen wird (Wertminderungstest der Höhe nach). Der erste Wertminderungstest ist spätestens bis zum Ende des Zugangsjahres durchzuführen. Diese Sonderregelung wird gem. IAS 36.111 mit der erhöhten Unsicherheit über die Werthaltigkeit dieser Posten begründet.

Darüber hinaus ist unabhängig davon, ob eine begrenzte oder unbestimmbare Nutzungsdauer gegeben ist, gem. IAS 36.9 **an jedem Bilanzstichtag zu prüfen, ob Anhaltspunkte für eine Wertminderung vorliegen** (Wertminderungstest dem Grunde nach). Liegen Anzeichen für eine Wertminderung vor, ist im nächsten Schritt die Höhe des Wertminderungsbedarfs zu ermitteln (Wertminderungstest der Höhe nach).

---

124 Vgl. IAS 38 – Illustrative Examples, Examples 1 bis 8.
125 Vgl. hierzu die Ausführungen im folgenden Kapitel 3.2.3.

Anhaltspunkte für eine **Wertminderung dem Grunde nach** können auf interne oder externe Informationsquellen zurückgeführt werden; hierzu nennt IAS 36.12 die folgenden Punkte:

Interne Quellen	Externe Quellen
→ Veralterung oder physischer Schaden	→ Wesentliche Minderung des Marktwertes
→ Veränderte künftige Nutzung mit negativen Auswirkungen auf das Unternehmen	→ Änderung der technischen, wirtschaftlichen oder rechtlichen Umwelt
→ Internen Informationen zufolge ist der wirtschaftliche Nutzen geringer als geplant	→ Zinserhöhungen (Berechnung des Nutzungswertes)
	→ Buchwert des Reinvermögens ist höher als die Marktkapitalisierung

Abb. 3-7: Anhaltspunkte für eine Wertminderung

Hierbei handelt es sich um keine abschließende Auflistung. Grundsätzlich ist zu berücksichtigen, dass – sowohl bei immateriellen Werten mit begrenzter als auch für solche mit unbestimmbarer Nutzungsdauer – zunächst die Frage der Wertminderung dem Grunde nach darüber entscheidet, ob überhaupt eine Wertminderung der Höhe nach zu ermitteln ist. Die Auslegung dieser Kriterien ist mit einem Einschätzungsspielraum behaftet, so dass häufig nach einem Personalwechsel in der Führungsspitze eine Bereinigung von „Altlasten" vorgenommen wird.[126] Sobald ein Anzeichen auf Wertminderung vorliegt, ist gem. IAS 36.17 die Restnutzungsdauer, die Abschreibungsmethode und ggf. ein Restwert neu zu bemessen mit der Folge, dass der Wertminderungstest der Höhe nach durchzuführen ist.

Zur Ermittlung der Wertminderung der Höhe nach fungiert **der erzielbare Betrag** (recoverable amount) als **Vergleichsmaßstab**. Dieser ist der höhere aus Nettoveräußerungswert (fair value less cost to sell) und Nutzungswert (value in use) (IAS 36.6). Der höhere der beiden Werte ist anzusetzen, da aus ökonomischen Gründen ein Vermögenswert weiter genutzt wird, solange der Nutzungswert höher ist als der Veräußerungswert; umgekehrt würde der Vermögenswert veräußert werden, falls ein höherer Betrag als der Nutzungswert erzielt werden kann. Anzumerken ist, dass der Nettoveräußerungswert i. d. R. unter dem Nutzungswert liegt und dass dieser Wertansatz in konzeptionellem Widerspruch zum Going-Concern-Prinzip steht.[127] Aus Wesentlichkeitsgründen ist der erzielbare Betrag nicht zwingend jährlich neu zu ermitteln, wenn frühere Berechnungen z. B. zeigen, dass der erzielbare Betrag erheblich über dessen Buchwert lag und wenn keine Ereignisse eingetreten sind, die eine wesentliche Änderung des Wertes zur Folge haben (IAS 38.15).

---

126 Vgl. Heyd, R./Lutz-Ingold, M.: Immaterielle Vermögenswerte, 2005, S. 107.
127 Vgl. Heyd, R./Lutz-Ingold, M.: Immaterielle Vermögenswerte, 2005, S. 96.

3.2 Folgebewertung

Grundsätzlich ist der erzielbare Betrag für jeden einzelnen Vermögenswert zu bestimmen. Liegen jedoch **keine zurechenbaren Zahlungsströme** vor, z. B. wenn ein Vermögenswert keine Mittelzuflüsse erzeugt, die von anderen Vermögenswerten unabhängig sind, ist gem. IAS 36.22 der erzielbare Betrag für eine **Gruppe von Vermögenspositionen** (zahlungsmittelgenerierende Einheit) zu ermitteln. Eine Ausnahme ist gegeben, wenn der Nettoveräußerungswert höher als der fortgeführte Buchwert ist, oder der Nutzungswert schätzungsweise dem ermittelbaren Nettoveräußerungswert entspricht. Eine zahlungsmittelgenerierende Einheit ist gem. IAS 36.6 definiert als kleinste Gruppe von Vermögenspositionen, die Mittelzuflüsse erzeugen, die weitgehend unabhängig von Mittelzuflüssen anderer Vermögenswerte oder anderer Gruppen von Vermögenswerten sind. Zur Bestimmung der zahlungsmittelgenerierenden Einheiten heißt es in IAS 36.69, dass diese sich u. a. danach richtet, wie das Management die Unternehmenstätigkeiten steuert und überwacht, z. B. nach Produktlinien, Produktionsanlagen, Geschäftsfeldern oder geographische Gebiete oder aber Segment nach IAS 14.[128] Mangels konkreter Festlegung des Umfangs einer zahlungsmittelgenerierenden Einheit ist damit ein erheblicher bilanzpolitischer Spielraum verbunden. Wird die zahlungsmittelgenerierende Einheit auf möglichst hoher Ebene angesiedelt, besteht die Möglichkeit, dass vorliegende Wertminderungen einzelner Vermögenswerte durch Werterhöhungen anderer Vermögenswerte ausgeglichen werden und eine außerplanmäßige Abschreibung nicht erforderlich ist.[129]

Der **Nettoveräußerungswert**, d. h. der beizulegende Zeitwert abzüglich Verkaufskosten, ist unter marktüblichen Bedingungen zu ermitteln, d. h. zunächst ist gem. IAS 36.25 zu prüfen, ob ein vertraglich fixierter Verkaufspreis existiert. Ist dies nicht der Fall, ist bei Vorliegen eines aktiven Marktes der Marktpreis oder der Preis aus vergleichbaren Transaktionen der jüngsten Vergangenheit als Bewertungsgrundlage zu verwenden (Analogiepreisverfahren). Andernfalls ist der Nettoveräußerungspreis gem. IAS 36.27 auf der Grundlage der besten verfügbaren Information zu schätzen. Es ist der um Veräußerungskosten korrigierte Betrag zu ermitteln, der zwischen sachverständigen, vertragswilligen und voneinander unabhängigen Parteien vereinbart werden könnte. Ist auch auf diese Weise kein erzielbarer Betrag ermittelbar, stellt der Nutzungswert den erzielbaren Betrag dar (IAS 36.25-29).

Der **Nutzungswert** ergibt sich aus dem Barwert der erwarteten Zahlungsströme aus der Nutzung des Vermögenswertes zuzüglich eines am Ende der Nutzungsdauer zu realisierenden Restwertes.[130] In die Ermittlung des Wertansatzes fließen folgende Komponenten ein:

- Schätzung der zukünftigen Einzahlungsüberschüsse (Cashflows);
- Erwartungen möglicher wertmäßiger oder zeitlicher Veränderungen dieser geschätzten Größen;

---

128 Vgl. auch IAS 36.130d.
129 Vgl. ausführlicher Kapitel 4.2.
130 Vgl. IAS 36.6 sowie zum Nutzungswert Lienau, A./Zülch, H.: value in use, 2006, S. 319–329.

- der Zeitwert des Geldes, der über den aktuellen Zinssatz auf risikofreie Anlagen berücksichtigt wird;
- Risikozuschlag als Preis für das mit den zukünftigen Zahlungsströmen verbundene Risiko; und
- andere wertbeeinflussende Faktoren, wie Illiquidität, die Marktteilnehmer bei der Preisgestaltung der künftigen Cashflows, die das Unternehmen durch den Vermögenswert zu erzielen erhofft, widerspiegeln würden.

Die Schätzung der künftigen Cashflows und die Bestimmung des Diskontierungssatzes stellen die wesentlichen Bewertungsparameter dar, wozu detaillierte Vorschriften existieren. Die darüber hinaus genannten Komponenten der Barwertermittlung können **entweder in den Zahlungsströmen als Anpassungen oder im Abzinsungssatz** berücksichtigt werden (IAS 36.32). In IAS 36.33-54 wird ausführlich die **Schätzung der künftigen Cashflows** beschrieben. Diese Schätzung muss auf vernünftigen Annahmen, z. B. Finanzplanungen, basieren, was eine entsprechende Anbindung an das Controlling erforderlich macht. Wie in IAS 36.33 (b) beschrieben, kann ein Planungszeitraum von fünf Jahren gewählt werden; für die Zeit nach dem Planungszeitraum ist – unter Berücksichtigung von Wachstumsraten – ein Fortführungswert als ewige Rente zu bestimmen (IAS 36.33-38). Der Cashflow ist vor Abzug von Steuern und Fremdkapitalzinsen zu ermitteln.[131] Der Diskontierungssatz wird durch den Marktzinssatz vor Steuern bestimmt. Es ist darauf zu achten, dass der Risikozuschlag entweder in der Zahlungsreihe oder im Diskontierungssatz berücksichtigt wird. Kann kein Marktzinssatz festgestellt werden, ist ein **gewichteter Gesamtkapitalkostensatz** (weighted average cost of capital (WACC)) vor Steuern zu ermitteln.[132] Für die Berechnung des Eigenkapitalkostensatzes werden – wie es in der Praxis häufig üblich ist – ein risikofreier Zins und eine Risikoprämie verwendet. Konkret wird der branchenspezifische, risikofreie Zinssatz, der aus der Rendite am Markt gehandelter langlaufender öffentlicher Anleihen oder alternativ von am Markt gehandelten Wertpapieren privater Emittenten mit vergleichbarer Bonität abgeleitet wird, um eine Risikoprämie korrigiert, die die Marktrisikoprämie und das unternehmensspezifische Risiko (Beta-Faktor) umfasst. Die Risikoprämie wird aus Kapitalmarktdaten mit Hilfe des capital asset pricing model (CAPM) abgeleitet.[133] Der des Weiteren benötigte Fremdkapitalkostensatz kann vereinfachend aus den aktuellen Marktkonditionen für langfristiges Fremdkapital – korrigiert um den Steuervorteil – abgeleitet werden.[134]

Die **Barwertermittlung** mit Hilfe der Discounted Cashflow-Methode kann gem. IAS 36.32 i. V. m. Anhang A entweder als einwertige Planung nach dem traditionellen Ansatz oder als mehrwertige Planung nach dem erwarteten Cashflow-Ansatz (expected Cashflow-Ansatz) erfolgen. Beim **traditionellen Cashflow-An-**

---

131 Vgl. IAS 36.50, 36.55, IAS 36.A19 sowie Kapitel 4.2.
132 Vgl. IAS 36.55-57 sowie 36.A15-20.
133 Vgl. Lienau, A./Zülch, H.: Value in use, 2006, S. 323–329 sowie Hachmeister, D.: Kapitalkosten, 2006, S. 146–149.
134 Vgl. Bartels, P./Jonas, M.: § 27 Wertminderungen, 2006, S. 758–761, Rz. 49–59.

3.2 Folgebewertung

satz werden die wahrscheinlichsten Cashflow-Prognosen, die grundsätzlich für die mittlere Entwicklung (Mittelwert oder Median) einer (gedachten) symmetrischen Verteilung geplant werden, i. d. R. mit einem einheitlichen risikoadjustierten Abzinsungssatz diskontiert (IAS 36 A.21). Dieser Ansatz sollte insbesondere für Objekte mit vorab der Höhe und der Zeit nach festgelegten Zahlungsströmen, wie z. B. bei der Lizenzvergabe, erfolgen.[135] Dagegen wird bei der Bewertung von nicht marktgängigen immateriellen Werten, was der Regelfall sein dürfte, der **erwartete Cashflow-Ansatz** empfohlen. Bei diesem Ansatz werden die Unsicherheiten nicht über den Abzinsungssatz, sondern über verschiedene Szenarien in den Zahlungsströmen berücksichtigt. Die zukünftigen Cashflows werden mit ihren Eintrittswahrscheinlichkeiten gewichtet und auf den Bewertungsstichtag abgezinst.[136] Wenngleich das IASB einen Sicherheitsäquivalenzansatz vorschreibt und die Cashflow-Sicherheitsäquivalente mit einem risikolosen Marktzinssatz zu diskontieren sind, ist auch der Erwartungswertansatz mit einer Diskontierung der Cashflow-Erwartungswerte unter Berücksichtigung eines risikoadjustierten Marktzinssatz möglich (IAS 36.A2, IAS 36.A15ff.). Grundsätzlich bietet sich für Marken, Patente und Kundenstamm ein branchenüblicher gewichteter Gesamtkapitalkostensatz an; für Projekte im Entwicklungsstadium ist bspw. ein gewichteter Gesamtkapitalkostensatz von start-up-Unternehmen zu verwenden.

Fallbeispiel:[137]
Ein Unternehmen hat eine Lizenz in Höhe von 25 000 € aktiviert, die 3 Jahre genutzt werden kann; allerdings ist aufgrund zunehmender Wettbewerbsaktivitäten die Werthaltigkeit in Frage gestellt. Für die nächsten drei Jahre wird ein Cashflow in Höhe von 20 000 € geplant; aufgrund bestehender Unsicherheiten wird davon ausgegangen, dass die Wahrscheinlichkeit im ersten Jahr 20%, im zweiten Jahr 50% und im dritten Jahr 30% betragen wird. Unter Berücksichtigung eines Diskontierungssatzes in Höhe von 8% kann folgender Nutzungswert nach dem erwarteten Cashflow-Ansatz abgeleitet werden:

Jahr	Cashflow	Wahrscheinlichkeit	Barwerte	gewichtete Barwerte
1	20.000	20%	18.519	3.704
2	20.000	50%	17.147	8.573
3	20.000	30%	15.877	4.763
				17.040

Diskontierungssatz: 8%

Tab. 3-1: Ermittlung des Nutzungswertes nach dem erwarteten Cashflow-Ansatz

---

135 Vgl. IAS 36.A4-6.
136 Vgl. IAS 36 A7-14.
137 In Anlehnung an Heyd, R./Lutz-Ingold, M.: Immaterielle Vermögenswerte, 2005, S. 100–101.

Im obigen Beispielfall ist der auf der Basis des Nutzungswertes ermittelte Wertansatz niedriger als der angegebene Buchwert über 25 000 €, so dass eine Abschreibung erforderlich wird. In der Regel ist die Abschreibung erfolgswirksam über die Gewinn- und Verlustrechnung zu buchen. Sollte in seltenen Fällen die Neubewertungs-Modell zur Anwendung kommen, ist jedoch zunächst die Neubewertungsrücklage zu mindern bzw. aufzulösen und nur ein unter dem fortgeführten Buchwert liegender Betrag ist erfolgswirksam zu berücksichtigen.

Die Ermittlung eines Wertansatzes auf der Basis von Bewertungsmodellen ist mit dem Nachteil behaftet, dass erhebliche **bilanzpolitische Gestaltungsspielräume** eröffnet werden. Dies betrifft zum einen die Bestimmung der Zahlungsreihe einschließlich der erwarteten Wahrscheinlichkeiten und zum anderen die Bestimmung des Diskontierungssatzes, die die zentralen Berechnungsparameter darstellen. Liegt eine unendliche Zahlungsreihe zugrunde, ist zu berücksichtigen, dass neben einem Detail-Planungshorizont von ca. 5 Jahren ein Restwert als ewige Rente zu bestimmen ist. Dieser für die Zukunft zu schätzende Restwert hat einen starken Einfluss auf die Höhe des zu ermittelnden Barwertes.[138] Die Einschätzungsspielräume werden im Falle von zahlungsmittelgenerierenden Einheit noch größer. In einem solchen Fall können Wertminderungen von Vermögenswerten durch Wertsteigerung anderer Vermögenswerte der zahlungsmittelgenerierenden Einheit ausgeglichen und somit ggf. eine Abschreibung vermieden werden. Dementsprechend ist das bilanzpolitische Potenzial umso höher, je größer die Einheit gewählt wird. Die Beurteilung der Größe einer zahlungsmittelgenerierenden Einheit erfolgt durch das Management, ist aber auf ein Segment nach IAS 14 begrenzt.

Nach den Bestimmungen des IAS 36.110 hat ein Unternehmen an jedem Bilanzstichtag zu prüfen, ob Anhaltspunkte dafür vorliegen, dass der Grund für die in früheren Jahren vorgenommene Wertminderung nicht mehr besteht.[139] Als mögliche Anhaltspunkte nennt IAS 36.111 die Folgenden:

Interne Quellen	Externe Quellen
→ Veränderte künftige Nutzung mit positiven Auswirkungen auf das Unternehmen	→ Positiver Wandel der technischen, wirtschaftlichen oder rechtlichen Umwelt
→ Internen Informationen zufolge ist der wirtschaftliche Nutzen höher als erwartet	→ Wesentliche Erhöhung des Marktwertes
	→ Zinssenkungen (Berechnung des Nutzungswertes)

Abb. 3-8: Anhaltspunkte für eine Wertaufholung

Liegen solche Anhaltspunkte vor und haben sich Änderungen in den Schätzungen ergeben, ist gem. IAS 14.114 der erzielbare Betrag neu zu ermitteln und ggf. eine

---

138 Vgl. ausführlich Kapitel 4.2.
139 Dies gilt jedoch nicht für den Geschäfts- oder Firmenwert; vgl. Kapitel 4.

Zuschreibung vorzunehmen. Die Zuschreibungshöhe ist bei Anwendung des Anschaffungskosten-Modells auf die Höhe der fortgeführten Anschaffungswerte begrenzt; in diesem Fall handelt es sich um eine erfolgswirksame Verbuchung. Bei Anwendung des Neubewertungs-Modells ist eine erfolgswirksame Zuschreibung bis zur Höhe der fortgeführten Anschaffungswerte vorzunehmen; darüber hinausgehende Beträge sind wiederum erfolgsneutral zu verrechnen. Im Falle von zahlungsmittelgenerierenden Einheiten ist die Zuschreibung gem. IAS 36.122 buchwertanteilig auf die einzelnen Vermögenswerte, die dieser Einheit angehören – mit Ausnahme des Goodwills – zu erfassen.

> **Bilanzpolitische Perspektive**
>
> Je nach Umfang der zahlungsmittelgenerierenden Einheit besteht ggf. die Möglichkeit, dass sich Wertminderungen einzelner Vermögenswerte mit Werterhöhungen anderer Vermögenswerte ausgleichen und keine außerplanmäßige Abschreibung notwendig wird.
> Wahl zwischen traditionellem Cashflow-Ansatz und erwartetem Cashflow-Ansatz
> Beim erwarteten Cashflow-Ansatz besteht die Wahl zwischen dem Sicherheitsäquivalenzansatz und dem Erwartungswertansatz, so dass die Risiken entweder in den zukünftigen Cashflows oder im Diskontierungssatz berücksichtigt werden können.
> Einschätzungsspielräume bei der Bestimmung der Parameter für die Ermittlung des Nutzungswertes: Schätzung der Volatilität der Höhe und des zeitlichen Anfalls der Zahlungsströme sowie Bemessung des Abzinsungssatzes und Bestimmung des Risikofaktors. Die Höhe des Nutzungswertes hat entscheidenden Einfluss auf die Höhe einer ggf. notwendigen außerplanmäßigen Abschreibung.

3.3 Synoptische Darstellung der Bewertungsvorschriften

Die Bewertungsvorschriften nach IFRS erlauben zum einen Bewertungswahlrechte; zum anderen eröffnen sie erhebliche Einschätzungsspielräume. Darüber hinaus ist zu berücksichtigen, dass – wenn ein Ansatz selbst erstellter immaterieller Anlagen erfolgt – nur ab dem Zeitpunkt der Erfüllung der Ansatzkriterien anfallende Kosten aktiviert werden dürfen. Dies betrifft bei Bilanzierung nach IFRS lediglich die Ausgaben der Entwicklungsphase. Die Tabelle 3-9 zeigt die Bewertungsregelungen nach IFRS im Überblick.

Zugangsbewertung	
Selbst erstellte immaterielle Werte	Herstellungskosten
Erwerb im Rahmen eines Unternehmenszusammenschlusses	Fair Value
einzelner käuflicher Erwerb	Anschaffungskosten bei Gegenleistung in bar; fair value bei Gegenleistung in anderen Entgeltformen
Erwerb durch Zuwendung der öffentlichen Hand	Bewertungswahlrecht: zum Nominalwert der Gegenleistung oder zum fair value (falls ein aktiver Markt existiert)
Erwerb durch Tausch	Bewertungswahlrecht: fair Value des hingegebenen Vermögenswertes oder Buchwertfortführung
Folgebewertung	
bestimmbare Nutzungsdauer	Wahlrecht zwischen Anschaffungskosten- und Neubewertungsmodell
	planmäßige Abschreibung über die Nutzungsdauer; die Abschreibungsmethode muss den tatsächlichen Nutzenverzehr widerspiegeln, im Zweifel: lineare Abschreibung
	Nutzungsdauer und Abschreibungsmethode sind am Ende jeder Berichtspreiode zu prüfen; ggf. sind Anpassungen gem. IAS 8 vorzunehmen
	jährliche Prüfung, ob Anhaltspunkte eine Wertminderung signalisieren und ggf. außerplanmäßige Abschreibung auf den neidrigeren erzielbaren Betrag.
	Zuschreibungspflicht auf den erzielbaren Betrag, wenn der Buchwert kleiner als der erzielbare Betrag ist
unbestimmbare Nutzungsdauer	mindestens jährliche Prüfung hinsichtlich Wertminderung, es sei denn, es besteht eine Ausnahme gem. IAS 36.15 und 36.24
	ggf. Abschreibung auf den niedrigeren erzielbaren Betrag
	Zuschreibungspflicht auf den erzielbaren Betrag, wenn der Buchwert kleiner als der erzielbare Betrag ist; Ausnahme: Geschäfts- oder Firmenwert
	jährliche Prüfung der Hypothese der unbestimmbaren Nutzungsdauer

Abb. 3-9: Synopse zur Bewertung von immateriellen Werten nach IFRS

Die IFRS unterscheiden bei der Folgebewertung hinsichtlich der Begrenztheit der Nutzungsdauer: Ist diese begrenzt, kann zum einen zwischen dem Anschaffungskosten- und dem Neubewertungs-Modell gewählt werden; zum anderen sind planmäßige Abschreibungen vorzunehmen. Bei Anwendung des Neubewertungs-Modells sind im Fall von Werterhöhungen grundsätzlich die Wertänderungen erfolgsneutral zu erfassen, falls keine frühere erfolgswirksame Wertminderung erfolgte. Eine erfolgswirksame Erfassung ist nur in Höhe einer früheren erfolgswirksamen Wertminderung geboten. Demgegenüber sind Wertminderungen grundsätzlich erfolgswirksam zu buchen, falls keine frühere erfolgsneutrale Werterhöhung erfolgte; eine erfolgsneutrale Erfassung der Wertänderungen ist nur in Höhe einer früheren erfolgsneutralen Werterhöhung vorzunehmen.

Handelt es sich um Vermögenswerte mit unbestimmbarer Nutzungsdauer darf nicht mehr planmäßig, sondern nur noch außerplanmäßig abgeschrieben werden (sog. impairment only approach). Dementsprechend werden anstelle der planmäßigen Abschreibung nur Wertminderungen berücksichtigt, wenn der fair value unter den fortgeführten Anschaffungswerten liegt. In Bezug auf die Zuschreibung besteht gemäß IFRS – abgesehen vom Goodwill – eine uneingeschränkte Zuschreibungspflicht.

Grundsätzlich geht mit einer zunehmenden Orientierung an den fair value tendenziell eine stärkere Betonung der Entscheidungsrelevanz der gebotenen Rechnungslegungsinformationen einher; allerdings erfolgt beim Anschaffungskosten-Modell eine **Berücksichtigung des** fair value **nur in negativer Richtung**, so dass lediglich **scheinbar eine vollständige Erfassung der Werte** erreicht wird. Zudem ist aber die **Verlässlichkeit** der gebotenen Informationen **eingeschränkt**:[140] Dies betrifft insbesondere den häufigen Fall, wenn als Vergleichsmaßstab der Nutzungswert auf der Basis von Discounted Cashflow-Modellen fungiert. Als Einschätzungsspielräume im Rahmen der fair value-Bestimmung sind als zentrale Probleme die Prognose der Zahlungsströme, die Bestimmung des Prognosezeitraums sowie die Bestimmung des Diskontierungssatzes incl. Berücksichtigung der Unsicherheit der künftigen Zahlungsströme sowie vorzunehmende Gewichtung mit Eintrittswahrscheinlichkeiten zu nennen. Darüber hinaus besteht ein Wahlrecht die Risikoberücksichtigung im Zinssatz oder in den Prognosegrößen zu vorzunehmen.

Zudem ist der Impairment-Test auf eine Gruppe von Vermögenswerten auszudehnen, wenn keine Zahlungsströme zuordenbar sind. Dies impliziert einen erheblichen Einschätzungsspielraum insbesondere vor dem Hintergrund, dass bei einer groß gewählten Gruppe Abschreibungsbedarf einzelner Vermögenswerte durch Wertsteigerungen anderer Werte kompensiert werden kann.

Aufgrund der mit dem Impairment-Test verbundenen unvermeidlichen subjektiven Einschätzungen, ist eine Objektivität kaum gegeben, so dass die Verlässlichkeit erheblich eingeschränkt ist.

Insgesamt bleibt festzuhalten, dass die Bewertung zu fortgeführten Anschaffungskosten zweifelsfrei zuverlässiger ist als der impairment only approach; es mangelt aber an relevanten Informationen, da nur auf Vergangenheitswerte abgestellt wird. Jedoch hat auch die **Abkehr von der planmäßigen Abschreibung hin zum impairment olny approach** – wegen der damit verbundenen Abnahme in der Verlässlichkeit der gebotenen Informationen – zu keiner bedeutenden Verbesserung der Entscheidungsnützlichkeit geführt.[141] Daher sollten zur Heilung der

---

140 Vgl. z. B. Baetge, J./Kümmel, J.: Unternehmensbewertung, 2003, S. 4; Hitz, J.-M./Kuhner, C.: SFAC 7, 2000, S. 897.
141 Vgl. Eberle, R.: Goodwill, 2002, S. 184–190.

mangelnden Verlässlichkeit **zusätzliche Angaben geboten** sein, um eine Nachvollziehbarkeit und Transparenz, sicherzustellen und die Verständlichkeit der gewährten Informationen zu erhöhen. Um dies zu erreichen, sollten die Pflichtangaben um folgende Angaben erweitert werden:[142]

- Wertbestimmung einschließlich des angewandten Prognoseverfahrens, Beschreibung der Parameter, Ermittlung des Diskontierungssatzes, Bestimmung des Prognosezeitraums, Beschreibung der zahlungsmittelgenerierenden Einheiten;
- Wertsensitivität einschließlich Darstellung der Bandbreiten möglicher Zahlungsstromausprägungen, Varianten spezifischer Bewertungsparameter, Variation nicht normierter Komponenten des Diskontierungssatzes, Variation der Wachstumsrate der Zahlungsströme;
- Wertursprung einschließlich Beschreibung der Bewertungsannahmen des Management, Beschreibung der auf Marktbeobachtungen basierenden Bewertungsannahmen, Beschreibung der auf Erfahrungen der Vergangenheit beruhenden Annahmen, Beschreibung der auf Einschätzungen unabhängiger Dritter beruhenden Annahmen.

Um tatsächlich einer vollständigen Abbildung von immateriellen Werten gerecht zu werden, bedürfte es einer radikalen Wende hin zu wertorientierten Bewertungsmodellen, die anders als die bisherige Regelung der Vollständigkeit und somit der Relevanz voll entsprechen würden. Da eine solche Vorgehensweise zu Lasten der Verlässlichkeit geht, wären in jedem Fall zusätzliche Angaben geboten.

---

142 Vgl. Hepers, L.: Intangible Assets, 2005, S. 320–321.

4 Spezielle Regelungen zur Goodwill-Bilanzierung

Leitfragen

- Welche Besonderheiten sind hinsichtlich der Behandlung des Goodwills im Erwerbszeitpunkt zu beachten?
- Wie funktioniert der Impairment-Test?
- Welche bilanzpolitischen Gestaltungsspielräume bestehen bei der Goodwill-Bilanzierung?

Als relevante Vorschriften für die Goodwill-Bilanzierung sind neben IAS 38 und IAS 36 insbesondere IFRS 3 zu beachten. Seit Inkrafttreten von IFRS 3 ist zum einen die Purchase-Methode zwingend anzuwenden; die gem. IAS 22 noch erlaubte Pooling-of-Interests-Methode ist verboten. Zudem wurde das für den Goodwill aus Unternehmenszusammenschlüssen vor 1995 bestehende Wahlrecht zur erfolgsneutralen Abschreibung bereits mit IAS 22.40 (rev. 1993) abgeschafft; jedoch waren in Vorjahren vorgenommene erfolgsneutrale Verrechnungen nicht zwingend zu korrigieren.[143] Während gem. IAS 22.44 (rev. 1998) der Goodwill noch über eine widerlegbar vermutete Nutzungsdauer von maximal 20 Jahren abzuschreiben war, ggf. ergänzt um außerplanmäßige Abschreibungen (IAS 36.79-83 rev. 1998), hat sich mit Inkrafttreten von IFRS 3 für Unternehmenszusammenschlüsse seit dem 31.03.2004 die Bilanzierungshandhabung gravierend geändert. Allerdings schreibt auch der neue Standard keine rückwirkende Nachaktivierung der vor 1995 erfolgsneutral verrechneten Goodwill-Beträge vor. Ebenso besteht bei erstmaliger IFRS-Anwendung gem. IFRS 1 ein Wahlrecht zur Nachaktivierung der erfolgsneutral verrechneten Geschäfts- oder Firmenwerte.[144]

In Zukunft ist eine Änderung in der Bestimmung der Höhe des Goodwills als Residualgröße zu erwarten. Entsprechend eines Exposure Draft zur Änderung des IFRS 3 und IAS 27 erfolgt ein Wechsel von der bisherigen Erwerbsmethode unter Anwendung der Neubewertungsmethode zu der Full-Goodwill-Methode. Danach ist der Goodwill als Differenz zwischen dem beizulegenden Zeitwert des erworbenen Unternehmens und dem neubewerteten Nettovermögen des erworbenen Un-

---

[143] Von der erfolgsneutralen Verrechnung hatten z. B. die Konzerne Bayer und RWE bis 1995 Gebrauch gemacht; beim VW-Konzern fand die erfolgsneutrale Verrechnung noch bis 1999 im HGB-Abschluss Anwendung.
[144] Vgl. Ammann, H./Müller, S.: IFRS, 2006, S. 195.

ternehmens zu ermitteln. Dies hätte zur Folge, dass auch der auf Minderheitsgesellschafter entfallende Teil des Goodwills anzusetzen ist, was entsprechende Änderungen bei der Durchführung des Impairment Tests auslösen wird.[145]

4.1 Ermittlung des Goodwills und dessen Behandlung im Erwerbszeitpunkt

Der Ansatz eines Goodwills ist davon abhängig, ob dieser derivativer oder originärer Natur ist. Selbst geschaffener Goodwill, der z. B. durch hohes Mitarbeiter-Know-how oder eine positive Marktaussicht und -stellung entsteht, darf nicht aktiviert werden, da eine objektive Wertbestimmung nicht möglich ist (IAS 38.48-50).[146] Dagegen ist der derivative Geschäfts- oder Firmenwert gem. IFRS 3.51 zu aktivieren. Dieser verkörpert den bei Unternehmenszusammenschlüssen (Business Combination) entstehenden positiven Unterschiedsbetrag aus dem Mehrwert, den das erwerbende Unternehmen in Erwartung künftiger Gewinne als Anschaffungskosten für den Unternehmenserwerb zahlt, und dem Zeitwert des übernommenen Reinvermögens, d. h. Zeitwert der erworbenen identifizierbaren Vermögensgegenstände abzüglich der übernommenen Schulden und Eventualschulden.[147] In die Kaufpreisermittlung fließen alle mit dem Unternehmenszusammenschluss direkt in Verbindung stehenden Kosten ein. Dazu zählen bspw. auch Gebühren für Berechnungen, Rechtsberater, Bewertungsgutachten und andere Beratungsleistungen.[148]

Bereits im Erwerbszeitpunkt erfolgt gem. IFRS 3.36 die Zuordnung des gezahlten Kaufpreises auf die jeweils zum fair value bewerteten erworbenen identifizierbaren Vermögenswerte,[149] Schulden und Eventualverbindlichkeiten auf die zahlungsmittelgenerierenden Einheiten (ZGE).[150] Eventualverpflichtungen, die im Einzelabschluss des übernommenen Unternehmens nicht angesetzt werden dürfen, sind im Rahmen von Unternehmenszusammenschlüssen anzusetzen, sofern der Zeitwert verlässlich ermittelt werden kann.[151] In diesem Fall liegt eine asymmetrische bzw. imparitätische Behandlung vor, da ungewisse Vermögenswerte nicht angesetzt werden dürfen.[152] Restrukturierungsrückstellungen sind gem. IFRS 3.41(a) nur dann separat in der Konzernbilanz anzusetzen, wenn die Maßnahmen bereits

---

145 Vgl. http://www.iasb.org/NR/rdonlyres/1C3066EC-3FEF-4966-A42E-E8AC8F341869/0/Pro posedamendtoifrs3.pdf (31.07.07).
146 Vgl. auch Kapitel 2.3.1.2.
147 Zu Auswirkungen latenter Steuerabgrenzungen bei Unternehmenserwerben im Zuge der Neubewertung der übernommenen Vermögenswerte und Schulden vgl. Heyd, R./Lutz-Ingold, M.: Immaterielle Vermögenswerte, 2005, S. 161–167.
148 Zur Bestimmung der Anschaffungskosten vgl. z. B. Lüdenbach, N.: § 31 Unternehmenszusammenschlüsse, 2007, S. 1581–1595, Rz. 31–52.
149 Zu den aktivierungsfähigen immateriellen Vermögenswerten im Rahmen von Unternehmenserwerben vgl. Kapitel 2.3.2.
150 Zur Bestimmung der zahlungsmittelgenerierenden Einheiten vgl. Kapitel 3.2.3.
151 Vgl. Küting, K./Wirth, J.: IFRS 3, 2004, S. 173.
152 Vgl. Brücks, M./Wiederhold, P.: IFRS 3 Business Combinations, 2004, S. 180.

eingeleitet sind und beim zu übernehmenden Unternehmen eine Restrukturierungsverpflichtung gem. IAS 37 angesetzt wird. Das Ansetzen einer Restrukturierungsrückstellung im Rahmen der Kaufpreisallokation ist erfolgsneutral, da gleichzeitig ein höherer Goodwill ausgewiesen wird. Die Erfolgswirksamkeit ist erst gegeben, wenn der höhere Goodwill in den Folgejahren abgeschrieben wird. Da keine planmäßigen Abschreibungen mehr bestehen, ergibt sich hinsichtlich der Bestimmung des Zeitpunktes der vorzunehmenden Impairment-Abschreibung ein bilanzpolitischer Gestaltungsspielraum.[153]

Gemeinschaftlich genutzte Vermögenswerte (corporate assets), wie z. B. Konzernzentrale, EDV-Ausrüstung, Forschungszentrum, erzeugen per definitionem keine eigenständigen Cashflows; ihre Aufteilung kann daher nur über Schlüsselgrößen, wie sie bei der Verteilung von Gemeinkosten auf Kostenstellen verwendet werden, erfolgen, was Gestaltungsspielräume eröffnet. Eine Wertminderung auf Ebene der corporate assets ist dann den betreffenden ZGE anteilig anzulasten (IAS 36.101).

Ein nach dieser Zuordnung verbleibender Unterschiedsbetrag ist als Goodwill zu aktivieren bzw. im Falle eines negativen Unterschiedsbetrags als Badwill zu behandeln. Liegt ein **negativer Unterschiedsbetrag** vor, sind gem. IFRS 3.56 zunächst Ansatz und Bewertung der separat angesetzten Vermögenswerte, Schulden und Eventualschulden kritisch auf ihre Richtigkeit zu überprüfen; ein verbleibender negativer Betrag ist sofort erfolgswirksam zu erfassen.[154]

Auch der Goodwill ist gem. IAS 38.80 bereits im Erwerbszeitpunkt den zahlungsmittelgenerierenden Einheiten (ZGE) zuzuordnen. Hierzu ist die Bestimmung des erzielbaren Betrags der ZGE, der als fiktiver Kaufpreis zu interpretieren ist, sowie das Nettovermögen zu Zeitwerten, das sich aus der Differenz zwischen neu bewertetem Vermögen und Schulden ergibt, notwendig. Die Vorgehensweise ist in Abb. 4-1 dargestellt.

In diesem Beispiel erfolgte die Aufteilung des Konzern-Goodwills (GWBW) proportional zu den beizulegenden Zeitwerten der in den ZGE vorhandenen Goodwill-Beträgen. Gem. IAS 36.80 richtet sich die Aufteilung des Goodwills auf die zahlungsmittelgenerierenden Einheiten danach, inwieweit diese von den Synergieeffekten des Unternehmenszusammenschlusses durch nicht bilanzierte immaterielle Werttreiber, wie z. B. erworbenes Know-how oder Potenzial für zukünftige Technologieführerschaft, profitieren. Der ersten Aufteilung der übernommenen Vermögenswerte und Schulden sowie des Goodwills auf die ZGE kommt bereits eine **gestalterische und bilanzpolitische Bedeutung** zu, so dass diese Effekte bereits im Rahmen der Due Diligence Berücksichtigung finden sollten. Die ermittelten Goodwill-Beträge je ZGE und die Zuordnung der aufgedeckten stillen Reserven einschließlich identifizierter immaterieller Werte sind in einer Nebenrechnung für Zwecke von in späteren Jahren durchzuführenden Niederstwerttesten fortzu-

---

153 Vgl. Heyd, R./Lutz-Ingold, M.: Immaterielle Vermögenswerte, 2005, S. 152–153.
154 Vgl. ausführlich Lüdenbach, N.: § 31 Unternehmenszusammenschlüsse, 2007, S. 1663–1669, Rz. 111–117.

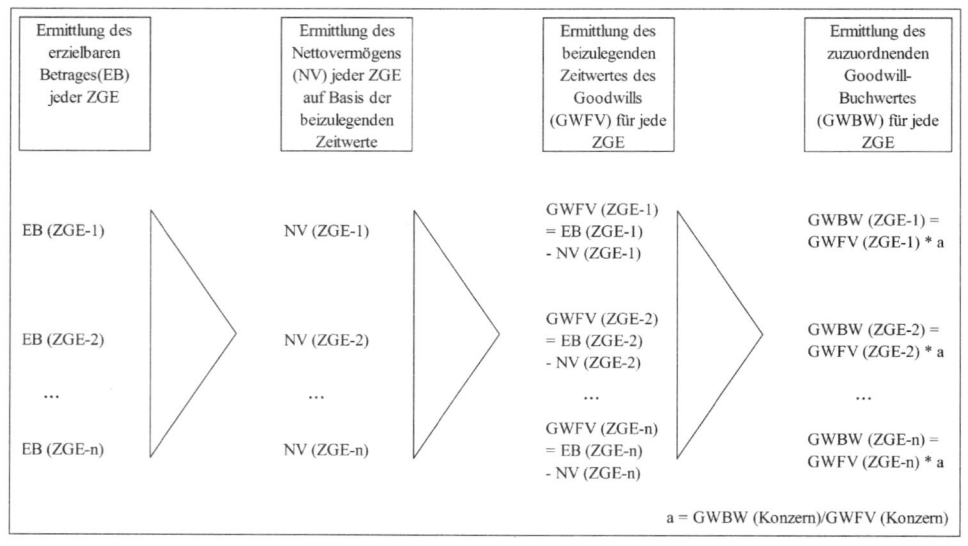

4 Spezielle Regelungen zur Goodwill-Bilanzierung

Ermittlung des erzielbaren Betrages (EB) jeder ZGE	Ermittlung des Nettovermögens (NV) jeder ZGE auf Basis der beizulegenden Zeitwerte	Ermittlung des beizulegenden Zeitwertes des Goodwills (GWFV) für jede ZGE	Ermittlung des zuzuordnenden Goodwill-Buchwertes (GWBW) für jede ZGE
EB (ZGE-1)	NV (ZGE-1)	GWFV (ZGE-1) = EB (ZGE-1) - NV (ZGE-1)	GWBW (ZGE-1) = GWFV (ZGE-1) * a
EB (ZGE-2)	NV (ZGE-2)	GWFV (ZGE-2) = EB (ZGE-2) - NV (ZGE-2)	GWBW (ZGE-2) = GWFV (ZGE-2) * a
...	...	...	...
EB (ZGE-n)	NV (ZGE-n)	GWFV (ZGE-n) = EB (ZGE-n) - NV (ZGE-n)	GWBW (ZGE-n) = GWFV (ZGE-n) * a

a = GWBW (Konzern)/GWFV (Konzern)

Abb. 4-1: Mögliche Vorgehensweise der erstmaligen Goodwill-Allokation[155]

führen; in diesem Zusammenhang wird von einer unternehmensinternen „push-down"-Bilanz gesprochen. Das folgende vereinfachte Beispiel zeigt die Ermittlung des Goodwills.

Beispiel:
Im Jahr 2004 hat die Expanda AG die Schrumfin AG zu 100% übernommen. Der Einfachheit halber wird angenommen, dass die Schrumfin AG als eigenständige ZGE geführt wird. Folgende Daten liegen für die Kaufpreisallokation vor:

Kaufpreis	300 T€
bilanzielles Eigenkapital der ZGE	210 T€
Unterschiedsbetrag	90 T€
Aufdeckung stiller Reserven	15 T€
nicht bilanzierte immaterielle Werte	20 T€
neubewertetes Eigenkapital (ohne Goodwill)	245 T€
Goodwill der ZGE	55 T€
Eigenkapital der ZGE incl. Goodwill	300 T€

Dem Kaufpreis von 300 T€ steht ein bilanzielles Eigenkapital von 210 T€ gegenüber. Der sich daraus ergebende Unterschiedsbetrag ist hinsichtlich stiller Reserven und identifizierbarer, bisher bei der Schrumfin AG nicht aktivierter immaterieller Werte zu untersuchen. Danach verbleibt ein Geschäfts- oder Firmenwert in Höhe von 55 T€, der zu aktivieren ist.

---

[155] Leicht verändert übernommen aus Pellens, B./Fülbier, R. U./Gassen, J.: Internationale Rechnungslegung, 2006, S. 689.

Die Kaufpreisallokation und die Ableitung der Höhe des Goodwills sind insofern von Bedeutung, als damit Bewertungsfolgen verknüpft sind. Da die Ergebnisse der Kaufpreisallokation stark von den Annahmen und Prognosen des Managements beeinflussbar sind, ergeben sich im Rahmen der Aufdeckung stiller Reserven/Lasten sowie der identifizierbaren immateriellen Vermögenswerte erhebliche bilanzpolitische Gestaltungsspielräume.

Der Goodwill wird zu Anschaffungskosten fortgeführt, solange keine Wertminderung vorliegt. Somit hat der Ausweis eines verbleibenden hohen Goodwills den Vorteil, dass keine planmäßigen Abschreibungen vorgenommen werden müssen und das Ergebnis somit nicht regelmäßig belastet wird, da nur noch eine außerplanmäßige Abschreibung im Falle vorliegender Wertminderungen zu berücksichtigen ist. Demgegenüber steht die Gefahr von mittel- bis langfristig anstehenden Wertminderungen mit einer entsprechenden Volatilität der Gewinne.

Hinsichtlich **latenter Steuern** ist zu berücksichtigen, dass gem. IAS 12.15 und 12.24 sowohl auf den im Zuge der Kapitalkonsolidierung entstehenden Geschäfts- oder Firmenwert keine passiven als auch auf einen nach bisherigen Regelungen möglichen negativen Geschäfts- oder Firmenwert keine aktiven latenten Steuern gebildet werden dürfen (IAS 12.21). Begründet wird diese Vorgehensweise damit, dass der Geschäfts- oder Firmenwert eine Residualgröße darstellt und latente Steuern den Wertansatz verändern würden, so dass kein endgültiger Wert bestimmt werden könnte.[156] Demgegenüber sind aber die im Rahmen der Kaufpreisallokation aufgedeckten stillen Reserven/Lasten einschließlich bisher nicht aktivierter immaterieller Werte hinsichtlich latenter Steuern zu prüfen, da es sich in diesem Fall um temporäre Differenzen gem. IAS 12 handelt.

Technische Anwendungsaspekte

Entstehung und Ermittlung des Geschäfts- oder Firmenwertes: Vergleich zwischen Kaufpreis und Reinvermögen, Neubewertung der übernommenen Vermögenswerte und Schulden, Untersuchung des Unterschiedsbetrags hinsichtlich Bilanzierung identifizierbarer immaterieller Vermögenswerte und Eventualverpflichtungen, Ausweis des verbleibenden Differenzbetrages als Geschäfts- oder Firmenwert.

Anwendung von Szenarioanalysen und Planungsrechnungen, möglichst bereits im Rahmen der Due Diligence, um Aufschluss darüber zu erhalten, inwieweit der Unterschiedsbetrag zwischen Kaufpreis des Unternehmens und erworbenem Reinvermögen identifizierbaren immateriellen Werten zuzuordnen ist.

Aufteilung des erworbenen Nettovermögens sowie Goodwills auf die ZGE.

---

156   Vgl. Senger, T./Brune, J. W./Elprana, K.: § 33 Vollkonsolidierung, 2006, S. 891, Rz. 101.

> **Bilanzpolitische Perspektive**
>
> Gestaltungsspielräume bei der Aufdeckung stiller Reserven/Lasten einschließlich der Identifikation von übernommenen, bisher nicht aktivierten immateriellen Werten im Rahmen der Kaufpreisallokation.
> Einschätzungsspielräume bei der Bestimmung der Größe der ZGE sowie der Zuordnung der Vermögenswerte, Schulden und des Goodwills auf die ZGE.
> Abwägen zwischen dem Ausweis eines geringeren Goodwills mit höheren planmäßigen Abschreibungen auf abschreibungsfähige Vermögenswerte und geringerer Ergebnisvolatilität oder dem Ausweis eines höheren Goodwills mit geringeren planmäßigen Abschreibungen auf abschreibungsfähige Vermögenswerte und höherem Impairment-Risiko mit höherer Ergebnisvolatilität.

4.2 Bewertung des Goodwills in den Folgejahren

Als Folgebilanzierung des Goodwills schreibt IFRS 3.55 eine mindestens jährlich durchzuführende Prüfung hinsichtlich außerplanmäßiger Abschreibungen auf der Ebene von zahlungsmittelgenerierenden Einheiten oder deren Gruppe nach den Vorschriften des IAS 36 (rev. 2004) vor (IAS 36.96). Der Zeitpunkt kann beliebig gewählt werden, ist aber in den Folgejahren im Sinne einer stetigen Anwendung beizubehalten. Zusätzlich ist bei Vorliegen von internen oder externen Indikatoren, die anzeigen, dass die Einheit wertgemindert ist, eine außerplanmäßige Abschreibung zu prüfen (IAS 36.12). Unter bestimmten Voraussetzungen kann gem. IAS 36.99 ein **Werthaltigkeitstest unterbleiben**, wenn sich die Vermögens- und Schuldenzusammensetzung der betreffenden Berichtseinheit seit der letzten Bestimmung nicht wesentlich geändert hat, die letzten vorliegenden Berechnungen über den erzielbaren Betrag einen hohen Überschuss über den Buchwert ergeben haben und die Entwicklung des ökonomischen Umfelds die geringe Wahrscheinlichkeit bestätigen, dass der Buchwert der Einheit den erzielbaren Betrag übersteigt.

Der Werthaltigkeitstest erfordert eine **Gesamtbewertung von Unternehmensteilen auf der Ebene der zahlungsmittelgenerierenden Einheiten** bzw. Gruppen von ZGE. Die entscheidende Frage der Zuordnung des Goodwills auf die für den Wertminderungstest benötigten ZGE wurde bereits im Rahmen der Kaufpreisallokation geklärt. Die Bestimmung der ZGE ist mit einer bilanzpolitischen Dimension bei der Folgebewertung verbunden. Je größer die Ebene der ZGE gewählt wird, desto eher können Wertminderungen in einer bestimmten Teileinheit dieser ZGE durch positive Wertbeiträge des übrigen Bereichs kompensiert werden, sog. Effekt des Saldierungs-Kissens.[157] Der einstufige Impairment-Test des Goodwills gestaltet sich nach IFRS wie in Abb. 4-2 dargestellt.

---

157 Vgl. Hoffmann, W.-D.: § 11 Außerplanmäßige Abschreibungen, 2007, S. 445, Rz. 56.

4.2 Bewertung des Goodwills in den Folgejahren

```
┌─────────────────┬──────────────────┐    Nein   ┌────────────────────────────┐
│ Erzielbarer     │ Buchwert der     │           │ Es besteht kein Wertminde- │
│ Betrag der      │ zahlungsmittel-  │   ──►     │ rungsbedarf beim Goodwill  │
│ zahlungsmittel- │ generierenden    │           │                            │
│ generierenden   │ Einheit          │           └────────────────────────────┘
│ Einheit         │ (incl. Goodwill) │
└─────────────────┴──────────────────┘
   höhere Betrag aus
    ↙          ↘
Nettover-    Nutzungs-
äußerungs-   wert
wert
              │ Ja
              ▼
- Wertberichtigungsbedarf: erfolgswirksame Goodwill-
  Abschreibung in Höhe des Differenzbetrages
- Angabe der im Periodenergebnis erfassten
  Wertminderungen
```

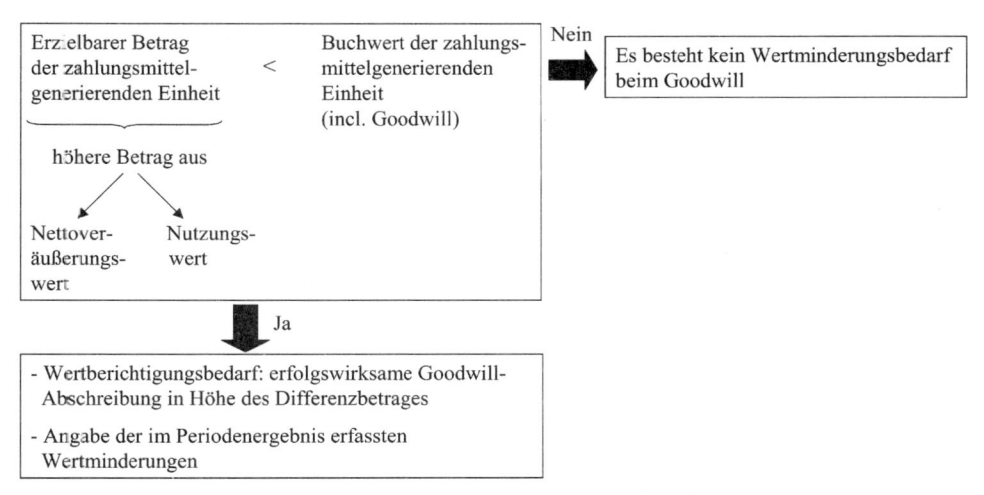

Abb. 4-2: Einstufiger Impairment-Test beim Goodwill nach IAS 36

Die einstufige **Werthaltigkeitsprüfung** des Goodwills erfolgt über den Vergleich des erzielbaren Betrages einer goodwill-tragenden ZGE und dem Buchwert der Einheit einschließlich Goodwill; letzterer entspricht dem bilanziellen Eigenkapital einschließlich Goodwill. Der **erzielbare Betrag (recoverable amount)** ist der höhere Wert aus beizulegendem Wert abzüglich Veräußerungskosten (fair value less costs to sell), sog. Nettoveräußerungswert, und Nutzungswert (value in use). Liegt der Buchwert der zahlungsmittelgenerierenden Einheit (incl. Goodwill) über dem erzielbaren Betrag, ist in Höhe der Differenz eine Abschreibung vorzunehmen (IAS 36.90). Der **Nettoveräußerungspreis** ist gem. IAS 36.6 grundsätzlich marktbezogen zu ermitteln: entweder über bindende Kaufverträge, aktuelle Angebotspreise oder ggf. auf der Basis zeitnaher Vergleichstransaktionen ähnlicher Vermögenswerte.[158] Da der Nettoveräußerungspreis in der Praxis insbesondere für immaterielle Werte kaum bestimmbar sein dürfte, ist i. d. R. auf den Nutzungswert abzustellen.[159] Der **Nutzungswert** ist der Barwert der geschätzten künftigen Cashflows der ZGE oder Gruppe von ZGE.[160] In die Schätzungen der zukünftigen Cashflows dürfen gem. IAS 36.50 keine Steuern und auch keine Kapitalkosten einfließen, so dass es zu Unterschieden im Vergleich zwischen internen Planungsrechnungen und der Unternehmensbewertung kommen kann.[161] Da es sich bei einer solchen Berechnung des Nutzungswertes um einen Bruttowert handelt, muss konsequenterweise auch der Buchwert als Bruttogröße ermittelt werden. Der Buchwert der ZGE entspricht dann der Bilanzsumme bzw. der Summe der Buchwerte einer ZGE; Schulden sind gem. IAS 36.76 nicht in Abzug zu bringen. Eine Ausnahme besteht für Schulden, die im Falle eines Verkaufs vom Erwerber

---

158 Vgl. Kapitel 3.2.3.
159 Vgl. Beyhs, O.: Impairment of Assets, 2002, S. 97–98.
160 Zur Ermittlung des Nutzungswertes vgl. Kapitel 3.2.3.
161 Vgl. Coenenberg, A. G.: Jahresabschluss, 2005, S. 657 sowie 731–738.

übernommen werden müssen und in Abzug zu bringen sind (IAS 36.78). Darüber hinaus erfolgt die Ermittlung des erzielbaren Betrages in der Praxis häufig entsprechend der gebotenen Möglichkeit nach IAS 36.79 unter Berücksichtigung der Schulden,[162] so dass die Schulden gem. IAS 36.75 auch vom Buchwert der ZGE abzuziehen sind (Nettovorgehensweise). Dieses Vorgehen wird insbesondere in solchen Fällen gewählt, wenn die ZGE auf Segmentebene abgegrenzt wird. Das nachfolgende vereinfachte Beispiel folgt bei der Ermittlung des Abschreibungsbedarfs der Nettovorgehensweise.

Beispiel:
Der erzielbare Betrag und das bilanzielle Eigenkapital der Schrumfin AG, die eigenständig als ZGE geführt wird, entwickeln sich wie folgt:

	2004	2005	2006	2007
Erzielbarer Betrag der ZGE	300	320	290	250
Eigenkapital der ZGE incl. Goodwill	300	315	280	270
Differenz	0	5	10	-20
Impairment Loss	0	0	0	-20

Solange der erzielbare Betrag über dem bilanziellen Eigenkapital der ZGE einschließlich Goodwill liegt, ist der Anschaffungswert des Goodwills fortzuführen. Im Jahr 2007 fällt der erzielbare Betrag unter das bilanzielle Eigenkapital; dieser Differenzbetrag entspricht der Wertminderung, die vom Goodwill zunächst abzusetzen ist.

Die **bilanzpolitische Dimension hinsichtlich der Handhabung der ZGE** zeigt das folgende Beispiel auf der Basis veränderter Annahmen bezüglich der ZGE.

Beispiel:
Es sei angenommen, dass die Expanda AG neben der Schrumfin AG noch zwei weitere ZGE (ZGE 1 und ZGE 2) führt. Für das Jahr 2007 liegen für diese beiden ZGE die nachfolgenden Daten vor; der Vollständigkeit halber sind die Daten der Schrumfin AG, die als ZGE 3 geführt wird, mit aufgeführt.

2007	ZGE 1	ZGE 2	ZGE 3
Erzielbarer Betrag der ZGE	500	375	250
Eigenkapital der ZGE incl. Goodwill	375	125	270
Differenz	125	250	-20
Impairment Loss	0	0	-20

---

162 Vgl. Wirth, J.: Firmenwertbilanzierung, 2005, S. 87–88.

4.2 Bewertung des Goodwills in den Folgejahren

Für die ZGE 1 und 2 sind im Jahr 2007 keine Wertminderungen des Goodwills zu berücksichtigen. Hätte die Expanda AG die Schrumfin AG in die produktähnliche ZGE 2 integriert, hätte sich folgendes Bild ergeben:

2007	ZGE 1	ZGE 2	
Erzielbarer Betrag der ZGE	500	625	= 375+250
Eigenkapital der ZGE incl. Goodwill	375	395	= 125+270
Differenz	125	230	= 250-20
Impairment Loss	0	0	

Bei Eingliederung der Schrumfin AG in die ZGE 2 wäre für das Jahr 2007 – im Gegensatz zur Behandlung der Schrumfin AG als eigenständige ZGE – keine Wertminderung zu berücksichtigen.

Die Bestimmung der ZGE bietet somit einen enormen bilanzpolitischen Gestaltungsspielraum in der Folgebehandlung des Goodwills. Zusätzlich besteht ein **Gestaltungsspielraum bei der Ermittlung des Nutzungswertes als erzielbarer Betrag,** wie das folgende Beispiel zeigt.

Beispiel:
Im Jahr 2005 hat die Clever AG die Smart AG zu 100% übernommen. Der Einfachheit halber wird angenommen, dass die Smart AG eine eigenständige ZGE bildet; die Aufdeckung und Folgebehandlung von stillen Reserven wird nicht betrachtet; das bilanzielle Eigenkapital der Smart AG betrug 23 000 €, so dass bei einem Kaufpreis von 30 000 € ein Goodwill in Höhe von 7 000 € angesetzt wurde. Aufgrund des harten Wettbewerbs wurden bei der Smart AG in 2007 starke Umsatzrückgänge verzeichnet, so dass ein Wertminderungstest durchgeführt wurde. Ein Nettoveräußerungswert ist nicht verlässlich ermittelbar, so dass der Nutzungswert zum Tragen kommt. Für die Ermittlung des Nutzungswertes liegt folgende Zahlungsreihe vor (alle Angaben in T€):

	2007	2008	2009	2010	2011	Fortführungswert
(Free)Cashflow	3.034	2.634	3.234	3.800	3.200	3.200

Aus Vereinfachungsgründen beträgt der gewichtete Kapitalkostensatz über die Jahre einheitlich 8%. Daraus kann unter Berücksichtigung des Fremdkapitals (Zeitwert: 20 000 T€) folgender Nutzungswert abgeleitet werden:

	2007	2008	2009	2010	2011	Fortführungswert
(Free)Cashflow	3.034	2.634	3.234	3.800	3.200	3.200
Abgezinster (Free)Cashflow	2.809	2.258	2.567	2.793	2.178	25.207 *

$$* \ 25.207 = (3.200/8\%)/(1{,}08)^6$$

Unternehmenswert:	37.813
- Marktwert des Fremdkapitals	20.000
= Nutzungswert	17.813

Für die Ermittlung der Wertminderung ist der Buchwert – in Höhe des annahmegemäß unveränderten Eigenkapitals der ZGE – dem erzielbaren Betrag, sprich dem höheren aus Nettoveräußerungspreis und Nutzungswert, gegenüberzustellen. Dementsprechend ergibt sich folgender Wertminderungsbedarf:

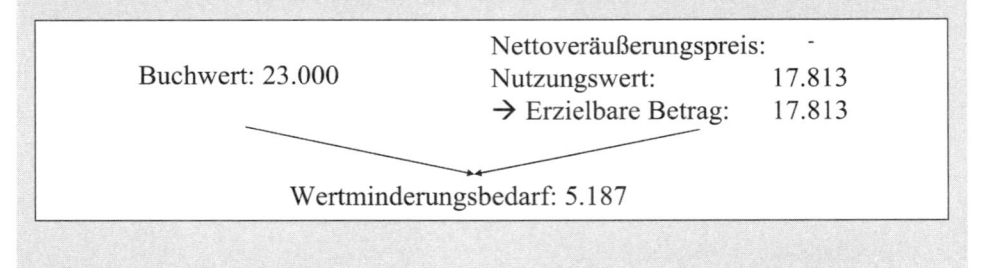

Buchwert: 23.000

Nettoveräußerungspreis: -
Nutzungswert: 17.813
→ Erzielbare Betrag: 17.813

Wertminderungsbedarf: 5.187

Der ermittelte Abschreibungsaufwand ist vollständig auf den Goodwill zu verrechnen. Im Beispielfall sinkt der bisherige Buchwert des Goodwills in Höhe von 7 000 € somit um 5 187 € und lautet nach der Wertminderung auf 1 813 €.

Als bilanzpolitische Stellschrauben für die Ermittlung des erzielbaren Betrags bieten sich zum einen die Schätzung der zukünftigen Cashflows und zum anderen der Kapitalkostensatz an. Es wird angenommen, dass der Kapitalkostensatz nicht 8%, sondern nur 7,25% beträgt und dass die Prognose der Cashflows für das Jahr 2011 und für den Fortführungswert optimistischer mit 3 600 T€ und 3 400 T€ eingeschätzt wird, wie die folgende Tabelle zeigt.

	2007	2008	2009	2010	2011	Fortführungswert
(Free)Cashflow	3.034	2.634	3.234	3.800	3.600	3.400
Abgezinster (Free)Cashflow	2.829	2.290	2.621	2.872	2.537	30.815*

* $30.815 = (3.400/7{,}25\%)/(1{,}0725)^6$

Unternehmenswert:	43.964
- Marktwert des Fremdkapitals	20.000
= Nutzungswert	23.964

Tab. 4-1: Ableitung des Nutzungswertes zur Ermittlung des Goodwill-Wertminderungsbedarfs

Werden diese Daten als Bewertungsbasis zugrunde gelegt, würde sich kein Abwertungsbedarf ergeben, da der Nutzungswert, der dem erzielbaren Betrag entspricht, höher ist als der Buchwert. Somit kann ein Abschreibungsbedarf vermieden bzw. in die Zukunft verlagert werden.

Der **ermittelte Wertminderungsbedarf ist zunächst vom Goodwill abzusetzen**. Ein eventuell verbleibender Restbetrag ist im Verhältnis der Buchwerte auf die anderen Vermögenswerte der zahlungsmittelgenerierenden Einheit zu verteilen, sofern diese in den Anwendungsbereich von IAS 36 fallen.[163] Jedoch darf

---
163 Vgl. IAS 36.104-105; Illustrative Example No. 7.

ein Vermögenswert nicht unter den höheren Betrag aus Nettoveräußerungserlös, Nutzungswert oder Null abgeschrieben werden (IAS 36.104). Wenn ein Abwertungsbedarf auf den Geschäfts- oder Firmenwert festgestellt wird, sollte das Unternehmen aus Transparenzgründen die damit verbundenen notwendigen Informationssachverhalte sofort nach Außen kommunizieren.

In den Folgejahren darf der Goodwill gem. IAS 36.124 nicht im Wert aufgeholt werden. Es besteht ein **Zuschreibungsverbot**, um zu verhindern, dass ein originärer Goodwill ausgewiesen wird. Eine Wertaufholung darf nur auf die Vermögenswerte der Einheit außer den Goodwill erfolgen; die Zuschreibung erfolgt entsprechend den Buchwerten dieser Vermögenswerte. Allerdings darf der Buchwert den niedrigeren Betrag aus erzielbarem Betrag und seinem um planmäßige Abschreibungen korrigierten Buchwert nicht überschreiten.

Bilanzpolitische Perspektive
Je nach Umfang der zahlungsmittelgenerierenden Einheit besteht ggf. die Möglichkeit, dass Wertminderungen unterbleiben können, wenn die ZGE möglichst groß gewählt wird. Einschätzungsspielräume bestehen bei der Bestimmung der Parameter für die Ermittlung des Nutzungswertes einschließlich Schätzung künftiger Cashflows und Festlegung des Diskontierungssatzes (siehe auch Kapitel 3.2.3), womit die Entscheidung über die Notwendigkeit einer Wertminderung beeinflusst werden kann.

Technische Anwendungsaspekte
Vorgehensweise beim Impairment-Test: Bestimmung der ZGE und Ermittlung der Buchwerte, Ermittlung des erzielbaren Betrages (ggf. Veräußerungspreis oder Nutzungswert der ZGE) sowie Vergleich von erzielbarem Betrag und Buchwert mit ggf. vorzunehmender außerplanmäßiger Abschreibung auf den niedrigeren erzielbaren Betrag.

4.3 Synoptische Darstellung der Goodwill-Bilanzierung

Der Goodwill wird nach IFRS als immaterieller Vermögenswert mit unbestimmbarer Nutzungsdauer interpretiert, der die verbleibende positive Residualgröße aus Anschaffungskosten des erworbenen Unternehmens und anteiligem zum fair value bewerteten Nettovermögen nach Berücksichtigung von identifizierbaren Vermögenswerten und Eventualverpflichtungen verkörpert.[164] Der Goodwill stellt dem-

---

164 Eine Ausnahme bilden erworbene Anlagen, die gem. IFRS 5 (Non-current Assets held for Sale) mit dem beizulegenden Zeitwert abzüglich Veräußerungskosten anzusetzen sind; vgl. IFRS 5.16.

entsprechend das zukünftige Ertragspotenzial sämtlicher, nicht identifizierbarer und separat ansatzfähiger immaterieller Vermögenswerte dar.

Die Ausführungen zur Goodwill-Bilanzierung haben gezeigt, dass die Höhe des Goodwills abhängig von der Kaufpreisallokation ist, insbesondere betreffend separater Aktivierung von immateriellen Werten, die beim erworbenen Unternehmen selbst erstellt wurden. Vor diesem Hintergrund wird der Goodwill als verfahrensbedingter Differenzbetrag verstanden, dessen Ausweis vermieden werden kann, „wenn ansonsten noch echte Vermögenswerte vorhanden sind".[165]

Es existieren **zahlreiche bilanzpolitische Gestaltungsspielräume**. Dies gilt z. B. für die Bestimmung der Höhe des Goodwills samt Verteilung der Aktiva und Passiva sowie Aufteilung des Goodwills auf die zahlungsmittelgenerierenden Einheiten. Die Spielräume werden sogar noch größer, wenn bspw. Vermögensposten von mehreren Berichtseinheiten gleichzeitig genutzt werden bzw. Leistungsverflechtungen existieren. In diesem Zusammenhang ist lediglich gefordert, dass die Aufteilung vernünftig und nachvollziehbar erfolgen soll und konsistent anzuwenden ist.[166]

Den tendenziell gebotenen entscheidungsrelevanten Informationen im Zusammenhang mit der Goodwill-Behandlung steht eine weitgehende **Entobjektivierung der Zuordnungs- und Bewertungsvorgaben** gegenüber.[167] Der Werthaltigkeitstest und vor allem die Bemessung der Höhe der außerplanmäßigen Abschreibung ist mit vielen Unsicherheiten behaftet. So ist das Ergebnis der Werthaltigkeitsprüfung insofern beeinflussbar, als bei hinreichend großen Berichtseinheiten **Werteinbußen** in einem Geschäftsbereich durch Wertsteigerungen in anderen Bereichen **kompensiert** werden können. Darüber hinaus werden negative Wertentwicklungen eines erworbenen Goodwills mit originärem Goodwill verrechnet, da Letzterer in die Ermittlung des fair value der ZGE einfließt, so dass ggf. keine Abschreibung zu berücksichtigen ist. Da bei der Ermittlung des fair value die zukünftig erwarteten Cashflows der betrachteten Geschäftseinheiten verglichen werden mit den ehemals erworbenen Werten, kann die Trennung zwischen originären und derivativen Geschäfts- oder Firmenwerten nicht mehr nachvollzogen werden.[168]

Außerdem bestehen bilanzpolitische Gestaltungsspielräume bei der Bestimmung des fair value, die sich sowohl auf die Aufteilung des Goodwills als auch auf die eigentliche, spätere Folgebewertung auswirken. Konkret betrifft dies bestehende Einschätzungsspielräume bei der Abgrenzung der zahlungsmittelgenerierenden Einheiten, der Prognose der bewertungsrelevanten Cashflows auf der Basis vertretbarer und vernünftiger Annahmen des Managements; dies gilt für die Bemessung der Höhe der Cashflows wie auch für die Bestimmung des Kapitalkostensatzes und die Festlegung des Prognosezeitraums.

---

165 Moxter, A.: Geschäftswertbilanzierung, 1979, S. 743.
166 Vgl. z. B. Pellens, B./Sellhorn, T.: Goodwill-Bilanzierung, 2001, S. 718–719.
167 Vgl. Hitz, J.-M./Kuhner, C.: Goodwill, 2002, S. 283.
168 Vgl. Küting, K./Weber, C.-P./Wirth, J.: Goodwillbilanzierung, 2001, S. 193; Pellens, B./Sellhorn. T.: Goodwill-Bilanzierung, 2001, S. 1685.

Zudem setzt die Durchführung der Werthaltigkeitsprüfung eine umfassende Beobachtung der relevanten Marktwertschwankungen voraus. Hierfür bilden **interne Informations- und Planungssysteme** der Berichtseinheiten die Ausgangsbasis der Berechnungen. Im Prinzip ist ein vollständiger Finanzplan zu erstellen, aus dem die Prognosen für Investitionen, Abschreibungen sowie Veränderung des working capital hervorgehen. Die Verlässlichkeit der Daten wird erhöht, wenn die Bewertung auf realen, vom Management gebilligten Budgets und Planungen basiert. Unsicherheiten sollten aus Transparenzgründen in den prognostizierten Zahlungsreihen berücksichtigt werden und nicht als Korrektur im Zinssatz untergehen.

Ferner ist zu berücksichtigen, dass durch den Wechsel von der planmäßigen Abschreibung hin zur fallweisen Abschreibung das Jahresergebnis nicht mehr regelmäßig mit den entsprechenden Abschreibungen belastet wird, sondern nur im Abschreibungsfall mit ggf. hohen Abschreibungsbeträgen. Dies war vor allem für Unternehmen mit hohen Goodwill-Volumina im Umstellungsjahr mit einem kräftigen Gewinnsprung verbunden, wie z. B. Deutsche Telekom AG. Gleichzeitig stellt sich die Frage nach der Aussagekraft des Jahresergebnisses und darauf basierender Kennzahlen, wie z. B. der Rentabilitäten oder Kurs-Gewinn-Verhältnis. Da die Höhe des ausgewiesenen operativen Cashflows von Abschreibungen nicht beeinflusst wird, könnte dieser als zusätzlicher Erfolgsindikator fungieren.[169]

Dennoch ist die mit der Neuregelung der Goodwill-Behandlung geforderte Separierung von aktivierungsfähigen immateriellen Werten zu begrüßen, da der Goodwill einen sehr heterogenen Charakter hat, was eine genaue betriebswirtschaftliche Einschätzung behindert. Die im Kaufpreis enthaltenen aktivierungsfähigen immateriellen Werte können separiert werden und der Geschäfts- oder Firmenwert kann somit realiter eine Residualgröße repräsentieren. Damit ist die Hoffnung auf eine zukünftig bessere Berichterstattung originärer immaterieller Werte verbunden. Um eine überbetrieblich vergleichbare Darstellung zu erhalten und eine **erhöhte Transparenz** für die Unternehmensführung **sicherzustellen**, ist es erforderlich, dass der Goodwill in seine ökonomischen Wertbestandteile zerlegt wird, d. h. möglichst weit gehende separate Aktivierung von immateriellen Werten.[170] Wenngleich originäre immaterielle Werte des erworbenen Unternehmens über den impairment only approach Einzug in die Konzernbilanz finden können, ist die Höhe auf den vormals aktivierten Goodwill begrenzt. Daher sind zusätzliche Informationen geboten, um die ökonomische Situation von Unternehmen besser einschätzen zu können. Dadurch könnte der „Black-Box-Charakter" des Goodwills und der immateriellen Werte insgesamt verbessert werden.[171]

---

169 Zum Cashflow als Erfolgsindikator vgl. Lachnit, L.: Cash Flow, 1975, S. 223.
170 Vgl. Hachmeister, D./Kunath, O.: Geschäfts- oder Firmenwert, 2005, S. 62.
171 Vgl. Saelzle, R./Kronner, M.: Informationsfunktion, 2004, S. 162–164 sowie die Ausführungen in Kapitel 7.

5 Ausweis und Angaben zu immateriellen Werten im Jahresabschluss

Leitfragen

- Welche Angabepflichten gibt es im Einzelnen?
- Existieren auch Ausweiswahlrechte?

Während sich der Ausweis auf die Abschlussbestandteile Erfolgsrechnung, Bilanz samt Eigenkapitalspiegel sowie Kapitalflussrechnung bezieht, betreffen die Angaben die zusätzlich im Anhang gebotenen Informationen.

Für den Ausweis von immateriellen Werten einschließlich Goodwill ist neben IAS 38, IAS 36 und IFRS 3 zusätzlich IAS 1 zu berücksichtigen. Allerdings erfolgt nach IFRS aufgrund des Substance-over-Form-Grundsatzes eine weniger starke Reglementierung der Rechenwerke. Daher ist die Mindestgliederung für die Bilanz in IAS 1.68 nicht als abschließende Aufzählung zu verstehen. Für immaterielle Vermögenswerte fordert IAS 1.68 (c) einen getrennten Ausweis als Gesamtposten. Weitere Untergliederungen werden nicht explizit genannt. Jedoch dürfen gem. IAS 1.69 zusätzliche Posten, Überschriften oder Zwischensummen ausgewiesen werden, wenn dies für das Verständnis der Vermögens- und Finanzlage förderlich ist. Dementsprechend verlangen einzelne Standards einen separaten Ausweis, wie z. B. IFRS 3.75 für den Goodwill-Buchwert. Darüber hinaus sind die dargestellten Posten der Bilanz gem. IAS 1.74 im Anhang weiter zu untergliedern bzw. zu erläutern; letztlich ist der Detaillierungsgrad gem. IAS 1.75 an Art und Funktionen sowie der Bedeutung der einzelnen Vermögenswerte auszurichten. Aus IAS 38.118 lässt sich eine Untergliederung in Gruppen ableiten. Eine Gruppe von immateriellen Werten wird definiert als eine Gesamtheit von Vermögenswerten, die hinsichtlich ihrer Art und Verwendungsweise ähnlich sind (IAS 38.72-73). Beispiele für eine separate Gruppe sind nach IAS 38.119

- Markennamen,
- Drucktitel und Verlagsrechte,
- Computersoftware,
- Lizenzen und Franchiseverträge,
- Urheberrechte, Patente und sonstige gewerblichen Schutzrechte, Nutzungs- und Betriebskonzessionen,
- Rezepte, Geheimverfahren, Modele, Entwürfe und Prototypen sowie
- in der Entwicklung befindliche immaterielle Werte.

Die Aufzählung für die Gruppen ist nicht abschließend. So kann zusätzlich wegen des Grundsatzes der Wesentlichkeit ein gesonderter Ausweis von Abschlussposten erforderlich sein. Die Vorschriften gelten unabhängig von der Unternehmensform und -größe. Für Vermögenswerte, die zum Verkauf vorgesehen und gem. IFRS 5 zu bilanzieren sind, ist ein separater Ausweis vorzunehmen (IAS 1.68A)

Die **Erfolgsrechnung** kann wahlweise nach dem Umsatz- oder Gesamtkostenverfahren erstellt werden. Ein separater Ausweis bezüglich immaterieller Werte ist für Forschungs- und Entwicklungsaufwendungen gem. IAS 38.126 gefordert. Darüber hinaus sind gem. IAS 38.118(d) Abschreibungen auf immaterielle Vermögenswerte gesondert in der Erfolgsrechnung oder im Anhang bzw. im Anlagespiegel zu benennen. Dies betrifft auch Wertminderungsaufwendungen (IAS 38.111, IAS 1.78 ff.). Zusätzlich sind als weitere selbständige Rechenwerke pflichtgemäß eine Kapitalflussrechnung und ein **Eigenkapitalspiegel** zu erstellen. Der Eigenkapitalspiegel ist in Bezug auf immaterielle Werte lediglich für erfolgsneutral verrechnete Komponenten relevant. Bei Bilanzierung nach IFRS darf eine erfolgsneutrale Neubewertung vorgenommen werden, die jedoch aufgrund des fehlenden aktiven Marktes praktisch nicht relevant ist.[172]

Die **Kapitalflussrechnung** dient primär der finanzwirtschaftlichen Beurteilung von Unternehmen, die die Veränderung eines zu definierenden Finanzmittelfonds über den Cashflow aus laufender Geschäftstätigkeit, aus Investitions- und Finanzierungstätigkeit erklärt. Die Ausgestaltung der Kapitalflussrechnung ist in IAS 7 geregelt. Ein verbindliches Gliederungsschema für den Aufbau der Kapitalflussrechnung ist nicht vorgeschrieben, allerdings finden sich einige verbindliche Angabepflichten. Ein separater Ausweis von immateriellen Werten ist nicht verpflichtend. Demzufolge gehen Investitionen in aktivierungsfähige immaterielle Werte in den Cashflow aus Investitionstätigkeit ein und sind in den Investitionsauszahlungen enthalten. In aller Regel werden Investitionsauszahlungen nicht separat für immaterielle Vermögenswerte ausgewiesen, vielmehr erfolgt häufig ein Ausweis als „Auszahlungen für immaterielles Vermögen und Sachanlagen". Einzahlungen aus dem Verkauf von immateriellen Vermögenswerten sind im Jahresergebnis enthalten oder werden zum Teil aus dem Bereich Cashflow aus laufender Geschäftstätigkeit herausgerechnet und zusammen mit „Einzahlungen aus dem Verkauf von Sachanlagen und anderen Vermögenswerten" innerhalb des Cashflows aus Investitionstätigkeit ausgewiesen. Abschreibungen auf immaterielle Werte gehen i. d. R. innerhalb des Cashflows aus laufender Geschäftstätigkeit in der Position „Abschreibungen auf Anlagevermögen" unter. Ebenso sind Ausgaben für nicht aktivierte bzw. nicht aktivierungsfähige immaterielle Potenziale implizit im Jahresergebnis enthalten.

Bei Bilanzierung nach IFRS müssen kapitalmarktorientierte Unternehmen eine **Segmentberichterstattung** aufstellen. Allerdings ist die Segmentberichterstattung nicht explizit als Bestandteil deklariert, so dass diese als Teil der weiteren erläuternden Angaben des Anhangs gilt. Ziel der Segmentberichterstattung ist es,

---

172 Vgl. Kapitel 3.2.1.2.

das Unternehmen in seiner Entwicklung besser beurteilen zu können, indem das unternehmensspezifische Chancen- und Risikoprofil offen gelegt wird.[173] Die Ausgestaltung der Segmentberichterstattung findet sich in IAS 14 bzw. IFRS 8,[174] die sich im Detail unterscheiden. Es sind keine expliziten Angaben zu **immateriellen Werten** gefordert, so dass diese im Segmentvermögen und im Segmentergebnis untergehen. Über die Pflichtangaben hinaus wird in der Praxis teilweise freiwillig eine weitere Segmentierung wesentlicher Positionen vorgenommen, wie z. B. für Forschungskosten.[175] Darüber hinaus fordert IFRS 8 Angaben zu wesentlichen Kunden, wenn mit diesen mindestens 10 % der Gesamtumsätze abgewickelt werden.

Um die zahlenmäßige Darstellung der Rechenwerke zu erläutern und zu ergänzen, ist der **Anhang** als weiterer Teil des Jahresabschlusses zum Zwecke der Darstellung der Vermögens-, Finanz- und Ertragslage des Unternehmens nötig. Während allgemein gehaltene Angabevorschriften, wie z. B. auch Hinweise auf notwendige Schätzungen im Zusammenhang mit der Abschlusserstellung sowie Informationen bezüglich angewandter neuer Rechnungslegungsstandards, im IAS 1 enthalten sind, finden sich konkrete **Angabepflichten** in den relevanten Einzelstandards IAS 38, IFRS 3 sowie IAS 36. Diese Informationspflichten umfassen insbesondere Angaben zur Bewertung, Abschreibungsmethode und Entwicklung der Buchwerte immaterieller Werte. Ebenso sind Angaben zu dem erzielbaren Betrag sowie Wertminderungen gem. IAS 36 zu machen. Im Zusammenhang mit außerplanmäßigen Abschreibungen fordert IAS 36.130 u. a. Angaben zu Ereignissen und Umständen, die die Wertminderung ausgelöst haben, sowie Angaben zur Höhe des erfassten Wertminderungsaufwands.

Die Angabepflichten in IAS 38 können nach den Kriterien allgemein und spezifisch unterteilt werden. Als **allgemeine Pflichtangaben** werden gem. IAS 38.118 zum einen getrennt für jede Gruppe und zum anderen getrennt nach selbst geschaffenen und sonstigen immateriellen Werten die im Folgenden genannten gefordert:

a) Nutzungsdauern (begrenzt oder unbestimmbar) und bei begrenzter Nutzungsdauer die angewandten Abschreibungssätze;
b) angewandte Abschreibungsmethoden;
c) Bruttobuchwert und kumulierte Abschreibung (planmäßig und außerplanmäßig) zu Beginn und zum Ende der Periode;
d) GuV-Posten, in dem die Abschreibungen erfasst sind;
e) Überleitung des Buchwertes zu Beginn und zum Ende der Periode unter gesonderter Angabe der:
  (i) Zugänge – getrennt für solche aus interner Entwicklung, Einzelerwerb oder Erwerb im Rahmen eines Unternehmenszusammenschlusses;

---

173 Vgl. z. B. Förschle, G./Kroner, M.: § 297 HGB, 2006, S. 1432–1433, Rz. 152.
174 Dieser Standard wurde im November 2006 verabschiedet und ist spätestens für Geschäftsjahre, die ab dem 01.01.2009 beginnen, zu beachten.
175 Vgl. z. B. BASF AG: Geschäftsbericht 2006, S. 122.

(ii) Vermögenswerte, die zum Verkauf anstehen oder in Dispositionsklassen enthalten sind gem. IFRS 5 und andere Abgänge;
(iii) Werterhöhungen und -verminderungen der Periode auf Grund von Neubewertungen (gem. 38.75, 37.85 f.) sowie auf Grund von erfolgsneutral verrechneten Wertminderungen oder Zuschreibungen gem. IAS 36,
(iv) in der Periode erfolgswirksam erfasste Wertminderungen gem. IAS 36;
(v) in der Periode erfolgswirksam erfasste Zuschreibungen gem. IAS 36;
(vi) jede Abschreibung der Periode;
(vii) Nettoumrechnungsdifferenzen aus der Umrechnung in die Berichtswährung; und
(viii) sonstige Buchwertänderungen der Periode.

Klarstellend fordert IAS 38.121 in Verbindung mit IAS 8 Angaben zu Art und Betrag von Schätzungsänderungen. Solche Angabenpflichten können aus Schätzungen der Nutzungsdauer, der Abschreibungsmethode oder des Restwerts bei immateriellen Vermögenswerten resultieren.

Spezifische Angabepflichten für individuelle immaterielle Vermögenswerte finden sich in IAS 38.122 und IAS 38.124. IAS 38.122 schreibt Angaben zu immateriellen Vermögenswerten mit unbestimmbarer Nutzungsdauer vor. Im Einzelnen werden folgende Angaben gefordert:

a) Angabe des Buchwertes und die Gründe für die Einschätzung seiner unbestimmbaren Nutzungsdauer und Einbeziehung der wesentlichen Faktoren;
b) Beschreibung der einzelnen Vermögenswerte sowie Ausweis von Buchwert und verbleibendem Abschreibungszeitraum für wesentliche immaterielle Vermögenswerte mit unbestimmbarer Nutzungsdauer, wie z. B. für Marken oder Lizenzen;
c) Bei Erwerb durch Zuwendung der öffentlichen Hand, die gem. IAS 38.44 mit dem beizulegenden Zeitwert angesetzt wurden sind zu nennen:
 (i) beizulegender Zeitwert, der für diese Vermögenswerte zunächst angesetzt wurde;
 (ii) Buchwert; und
 (iii) Angaben, ob die Folgebewertung nach dem Anschaffungskosten-Modell oder nach dem Neubewertungs-Modell erfolgt;
d) das Bestehen und die Buchwerte immaterieller Vermögenswerte, mit denen ein beschränktes Eigentumsrecht verbunden ist, und die Buchwerte für solche, die als Sicherheit für Verbindlichkeiten begeben sind;
e) der Betrag für vertragliche Verpflichtungen für den Erwerb immaterieller Vermögenswerte.

Außerdem sind gem. IAS 38.124 spezifische Angaben bei Anwendung der alternativ zulässigen Bewertungsmethode nach dem Neubewertungs-Modell erforderlich. Diese zusätzlichen Angaben haben den Zweck die Vergleichbarkeit mit Jahresabschlüssen zu erreichen, bei denen das Anschaffungskosten-Modell als bevorzugte Methode Anwendung findet. Zudem können die Abschlussadressaten mit Hilfe der Angaben die finanziellen Positionen und Leistung des Unternehmens besser einschätzen.[176] Zu den Angabepflichten zählen:

a) für jede Gruppe immaterieller Vermögenswerte:
   (i) der Stichtag der Neubewertung;
   (ii) der Buchwert der neu bewerteten immateriellen Vermögenswerte; und
   (iii) der Buchwert, der angesetzt worden wäre, wenn die neu bewertete Gruppe von immateriellen Vermögenswerten nach dem Anschaffungskosten-Modell in Paragraph 74 bewertet worden wäre;
b) der Betrag der sich auf immaterielle Vermögenswerte beziehenden Neubewertungsrücklage zu Beginn und zum Ende der Berichtsperiode unter Angabe der Änderungen während der Periode und jeglicher Ausschüttungsbeschränkungen an die Anteilseigner; und
c) die Methoden und wesentlichen Annahmen, die zur Schätzung des beizulegenden Zeitwertes der Vermögenswerte geführt haben.

Darüber hinaus sind gem. IAS 38.126 die als Aufwand verrechneten Forschungs- und Entwicklungskosten anzugeben. Als **Empfehlung und somit als freiwillige Angabe** kann gem. IAS 38.128 über bereits vollständig abgeschriebene immaterielle Vermögenswerte, die noch genutzt werden, berichtet werden. Zudem kann eine kurze Beschreibung wesentlicher immaterieller Vermögenswerte erfolgen, die vom Unternehmen beherrscht werden, aber aufgrund der Nichterfüllung der zusätzlichen Ansatzkriterien – Wahrscheinlichkeit des Nutzenzuflusses oder zuverlässige Bewertbarkeit – oder weil sie vor Inkrafttreten des IAS 38, d. h. vor dem 01.07.1999, geschaffen wurden und gem. IAS 9 bzw. den Regelungen des Framework nicht aktiviert werden dürfen bzw. durften.

Neben den in IAS 38 genannten Angabepflichten sind die geforderten Angaben zur Goodwill-Bilanzierung in IFRS 3 und zu Wertminderungen in IAS 36 zu beachten. Im Einzelnen werden die folgenden Angabepflichten gefordert:

---

176 Vgl. Baetge, J./Keitz; I.v.: Immaterielle Vermögenswerte, 2003, S. 51, Rz. 137.

IFRS 3.66	Angabe von Informationen zu Art und finanziellem Einfluss des Goodwills
	(a) während des Geschäftsjahres (siehe IFRS 3.67, 3.70),
	(b) nach Bilanzstichtag aber vor der Freigabe zur Veröffentlichung (siehe IFRS 3.71)
IFRS 3.67	Angaben zu jedem Unternehmenszusammenschlüssen des Geschäftsjahres (IFRS 3.66 [a]):
	(a) Name und Beschreibung des Unternehmens
	(b) Erwerbszeitpunkt
	(c) Anteil der erworbenen Eigenkapitalinstrumente mit Stimmrecht
	(d) Kosten des Zusammenschlusses und Beschreibung der entsprechenden Kosten einschl. der direkt zurechenbaren Kosten des Zusammenschlusses sowie bei Eigenkapitalinstrumenten Angabe von Anzahl und Fair Value einschließlich Grundlagen zur Ermittlung des Fair Value
	(e) Angaben zu allen Geschäftsbereichen, die nach dem Unternehmenszusammenschluss nicht weitergeführt werden
	(f) angesetzte Werte zum Erwerbszeitpunkt für jede Klasse von Vermögenswerten, Schulden und Eventualverpflichtungen sowie – falls praktisch durchführbar – ermittelter Buchwert kurz vor Unternehmenszusammenführung. Falls praktisch undurchführbar, ist diese Tatsache anzugeben sowie Erklärung dazu;
	(g) erfolgswirksam verrechneter Betrag gem. IFRS 3.56 (Überschuss der anteiligen Vermögenswerte abzüglich Schulden und Eventualverpflichtungen über die Kosten des Unternehmenszusammenschlusses) und betreffender GuV-Posten
	(h) Beschreibung der Faktoren, die zum Goodwill-Ansatz führten – Beschreibung aller Immaterialwerte, die nicht getrennt vom Goodwill angesetzt wurden und Erklärung, warum eine zuverlässige Bewertung nicht möglich war – oder eine Beschreibung der Art aller erfolgswirksam verrechneten Überschüsse gem. IFRS 3.56
	(i) betragsmäßige Angabe des anteiligen Gewinns oder Verlustes seit dem Erwerbszeitpunkt, es sei denn, die Angabe ist praktisch undurchführbar. Falls praktisch undurchführbar, ist diese Tatsache anzugeben sowie Erklärung dazu.
IFRS 3.68	Die Informationen gem. IFRS 3. 67 sind für Unternehmenszusammenschlüsse, die während der Berichtsperiode stattfanden und einzeln betrachtet unwesentlich sind, zusammengefasst anzugeben.
IFRS 3.69	Angabe, falls es sich bei der Zugangsbuchung des Goodwills um vorläufige Daten handelt, sowie Erklärung
IFRS 3.70	Angaben in Bezug auf IFRS 3.66(a), es sei denn, die Angaben sind praktisch undurchführbar:
	(a) Umsätze,
	(b) Gewinn oder Verlust
IFRS 3.71	Angaben über Auswirkungen des Goodwill nach Bilanzstichtag, aber vor der Freigabe zur Veröffentlichung des Abschlusses (IFRS 3.66 [b]) wie in IFRS 3.67 gefordert, es sei denn, die Angaben sind praktisch undurchführbar. Falls nicht praktisch durchführbar, ist diese Tatsache anzugeben sowie Erklärung dazu.
IFRS 3.72	Angaben, um den finanziellen Effekt auf Gewinn, Verlust, Fehlerkorrekturen und weitere in der Periode erfassten Anpassungen abschätzen zu können betreffend Goodwill resultierend aus laufendem Geschäftsjahr oder Vorjahr (siehe IFRS 3.73)
IFRS 3.73	Angaben zur Erfüllung der Forderungen des IFRS 3.72.
	(a) Betrag und Erläuterung von jedem in der Periode berücksichtigten Gewinn oder Verlust, der
	(i) erworbene Vermögenswerte oder übernommene Schulden aus Unternehmenszusammenführung im Geschäftsjahr oder in Vorjahren betrifft; und
	(ii) wegen Umfang, Art oder Häufigkeit eine Angabe notwendig macht, um die Erfolgsdaten des Unternehmens zu verstehen.
	(b) Falls die Zugangsbuchung des Goodwill auf vorläufigen Daten basiert, sind Betrag und Erklärung der erfassten Anpassungen der vorläufigen Werte anzugeben.
	(c) Informationen zur Korrektur von Fehlern für alle identifizierbaren Vermögenswerte, Schulden oder Eventualverpflichtungen des erworbenen Unternehmens oder Änderungen (vgl. IFRS 3.63-64).
IFRS 3.74	Angabe von Informationen zur Einschätzung der Wertänderungen des fortgeführten Goodwill-Buchwerts (siehe IFRS 3.75)
IFRS 3.75	Angaben zur Erfüllung der Forderungen des IFRS 3.74 als Überleitungsrechnung des Buchwerts zu Periodenbeginn und -ende.
	(a) Bruttobetrag und kumulierter Wertminderungsbetrag zu Beginn der Periode,
	(b) (Zugang) zusätzlich in der Periode angesetzter Goodwill (Ausnahme: Goodwill klassifiziert gem. IFRS 5 [Abgänge von längerfristigen Vermögenswerten und Darstellung aufgegebener Geschäftsbereiche]),
	(c) Anpassungen aus dem nachträglichen Ansatz von latenten Steuern gem. IFRS 3.65,
	(d) Goodwill, der gem. IFRS 5 zur Disposition steht,
	(e) Wertminderungsbetrag der Periode gem. IAS 36,
	(f) Währungsumrechnungsdifferenzen der Periode gem. IAS 21,
	(g) andere Veränderungen des Buchwerts in der Periode
	(h) Bruttobetrag und kumulierter Wertminderungsbetrag zum Ende der Periode
IFRS 3.76	Angaben über den erzielbaren Betrag (recoverable amount) und Wertminderung gem. IAS 36 – zusätzlich zu den Angaben des IFRS 3.75 (e)
IFRS 3.77	Zusätzliche Angaben zur Erfüllung der Forderung des IFRS 3.66, 72 und 74

Abb. 5-1: Angabenpflichten gemäß IFRS 3

5 Ausweis und Angaben zu immateriellen Werten im Jahresabschluss

IAS 36.126	Angabe für jede Klasse von Vermögenswerten:
	(a) Höhe der im Periodenergebnis erfaßten Wertminderung und Benneung des GuV-Postens
	(b) Höhe der im Periodenergebnis erfaßten Wertaufholung und Benneung des GuV-Postens
	(c) Betrag der in der Periode erfolgsneutral verrechneten Wertminderung bei Neubewertung von Vermögenswerten.
	(d) Betrag der in der Periode erfolgsneutral verrechneten Zuschreibung bei Neubewertung von Vermögenswerten.
IAS 36.130	Angabe für alle wesentlichen in der Periode vorgenommenen Wertminderungen oder Zuschreibungen für einzelne Vermögenswerte einschl. Goodwill oder zahlungsmittelgenerierenden Einheiten:
	(a) Ereignis und Umstände, die die Wertminderung oder Zuschreibung ausgelöst haben.
	(b) Betrag der Wertminderung oder Zuschreibung.
	(c) Bei einzelnen Vermögenswerten: - Art der Vermögenswerte und - im Falle einer Segmentberichterstattung gem. IAS 14 die Berichteinheit auf der Basis des primären Berichtsformats
	(d) Für zahlungsmittelgenerierende Einheiten: - Beschreibung der zahlungsmittelgenerierenden Einheit - Betrag der Wertminderung oder Zuschreibung je Vermögensklasse (CGU) und bei Segmentberichterstattung auch die entsprechende Berichteinheit auf der Basis des primären Berichtsformats. - Angaben falls sich die Zusammenstellung der Vermögenswerte innerhalb der zahlungsmittelgenerierenden Einheit geändert hat.
	(e) Angabe, ob als erzielbarer Betrag (recoverable amount) der Fair Value abzüglich der Verkaufskosten (= Nettoveräußerungspreis) oder der Nutzungswert (value in use) Anwendung findet.
	(f) Angaben zur Bewertungsbasis für den Nettoveräußerungspreis.
	(g) Angabe des Abzinsungssatzes bei Bewertung zum Nutzungswert.
IAS 36.131	Angabe der kumulierten Wertminderungen und Zuschreibungen, die in der Periode berücksichtigt worden sind, in der keine Informationen gem. IAS 36.130 offengelegt wurden:
	(a) die wesentlichen Klassen von Vermögenswerten, bei denen Wertminderungen und Zuschreibungen vorgenommen wurden.
	(b) Wesentliche Ereignisse und Umstände, die zu Wertminderungen oder Zuschreibungen geführt haben.
IAS 36.132	(Empfehlung zur) Angabe von Annahmen zur Bestimmung des erzielbaren Betrags
IAS 36.133	Angabe des Betrags sowie Begründung, falls ein Teil des Goodwill nicht einer zahlungsmittelgenerierenden Einheit zugeordnet wird
IAS 36.134	Angabe für jeden Buchwert des Goodwill oder immateriellen Wertes mit unbestimmbarer Nutzungsdauer, der einer zahlungsmittelgenerierenden Einheit zugeordnet wurde, sofern wesentlich
	(a) Buchwert des zugeordneten Goodwill
	(b) Buchwert des zugeordneten immateriellen Werts mit unbegrenzter Nutzungsdauer
	(c) Berechnugnsgrundlage des erzielbaren Betrags
	(d) Angaben falls der Nutzungswert als erzielbarer Betrag fungiert
	(e) Angaben falls der beizulegende Zeitwert abzgl. Veräußerungskosten als erzielbarer Betrag fungiert
	(f) Angabe falls eine für möglich gehaltene Änderung wesentlicher Annahmen zu einem erzielbaren Betrag führen würde, der unter dem Buchwert liegt
IAS 36.135	Angaben zu Buchwert des Goodwills oder immateriellen Wertes mit unbestimmbarer Nutzungsdauer, die mehreren zahlungsmittelgenerierenden Einheiten zugeordnet wurden und nicht wesentlich sind
	(a) Summe der Buchwerte des diesen Einheiten zugeordneten Goodwills
	(b) Summe der Buchwerte der diesen Einheiten zugeordneten immateriellen Werten mit unbegrenzter Nutzungsdauer
	(c) Beschreibung wesentlicher Annahmen
	(d) Beschreibung des Managementansatzes zur Bestimmung der Angaben
	(e) Angabe falls eine für möglich gehaltene Änderung wesentlicher Annahmen zu einem erzielbaren Betrag führen würde, der unter der Summe der Buchwerte liegt

Abb. 5-2: Angabepflichten gemäß IAS 36

6 Informationen zu immateriellen Potenzialen im Lagebericht

Leitfragen

- Wie lauten die Regelungen zu immateriellen Werten in der Lageberichterstattung?
- Handelt es sich um Pflichtangaben oder um Empfehlungen?
- Existieren konkrete Vorgaben zur Art der Berichterstattung oder bestehen Gestaltungsspielräume?

Der Jahresabschluss wird ergänzt im HGB um einen **Lagebericht** nach § 289 HGB für Einzelunternehmen und § 315 HGB für Konzerne. Demgegenüber enthalten die IFRS bisher noch **keinen expliziten Standard zur Lageberichterstattung**. IAS 1.9 (rev. 2003) empfiehlt lediglich über die Unternehmenslage zu berichten. Die Anforderungen sind allerdings recht vage gehalten; so heißt es lediglich, dass der Bericht u. a. einen Überblick über die Hauptfaktoren und Einflüsse der Ertragskraft einschließlich Veränderungen des Unternehmensumfeldes geben könnte. Konkret werden in IAS 1.10 Umweltberichte und Wertschöpfungsberichte als Beispiele genannt. Daher müssen nach IFRS bilanzierende Unternehmen innerhalb der EU zusätzlich zum befreienden IFRS-Abschluss einen Lagebericht erstellen und offen legen, sofern nationale Vorschriften, wie bspw. im HGB gefordert,[177] dies verlangen.

Grundsätzlich dient der Lagebericht der Informationsfunktion und soll über Sachverhalte berichten, die für die Rechnungslegungsadressaten von besonderem Interesse sind. Zusätzlich zum Jahresabschluss soll der Lagebericht entscheidungsrelevante und verlässliche Informationen zur Verfügung stellen, um Informationsasymmetrien zwischen den Rechnungslegungsadressaten und der Unternehmensleitung zu reduzieren. Bis zum Inkrafttreten der Änderungen durch das BilReG im Jahre 2005 beschränkten sich die Informationsanforderungen zu immateriellen Werten im Lagebericht lediglich auf Angaben zum Bereich der Forschung und Entwicklung. Der Berichtsumfang ist auf EU-Ebene durch die **Modernisierungs-**

---

177 Dies betrifft nur mittelgroße und große Kapitalgesellschaften (§ 264 HGB) und ihnen gleichgestellte Unternehmen (§ 264a HGB) sowie Mutterunternehmen (§§ 290ff. HGB). Darüber hinaus resultiert eine Pflicht zur Lageberichterstattung aus dem PublG sowie weiteren Spezialvorschriften; vgl. Böcking, H.-J./Müßig, A § 289 HGB, 2002, Rz. 5–9.

richtlinie erweitert worden,[178] deren Umsetzung mit entsprechender Ergänzung der §§ 289 und 315 HGB i. d. F. BilReG in deutsches Recht erfolgte und seit 2005 anzuwenden ist. Des Weiteren konkretisiert DRS 15 (Lageberichterstattung) die Lageberichtanforderungen, der ebenfalls seit 1.1.2005 zu beachten ist.[179]

Die Informationen im Lagebericht sind insofern von Bedeutung, als er gem. § 316 HGB der Prüfungspflicht unterliegt und somit eine relativ hohe Verlässlichkeit aufweisen sollte. Die aus den §§ 289 und 315 HGB resultierenden Berichtspflichten mit Bezug auf immaterielle Werte zeigt die folgende Tabelle im Überblick:

Bestandteil des Lageberichts	Berichtsinhalte
Wirtschaftsbericht	• Ausgewogene und umfassende Analyse von Geschäftsverlauf und Lage des Unternehmens unter Einbeziehung von nicht-finanziellen Leistungsindikatoren, wie z. B. Informationen über Umwelt- und Arbeitnehmerbelange; • Einschränkung im Einzelabschluss: nur für große Kapitalgesellschaften (§ 289 Abs. 3 HGB)
Integrierter Prognose- sowie Risiko- und Chancenbericht	• Beurteilung und Erläuterung der voraussichtlichen Entwicklung des Unternehmens mit seinen wesentlichen Chancen und Risiken
Forschungs- und Entwicklungsbericht	• Darstellung bedeutsamer Forschungs- und Entwicklungsprojekte bzw. -vorhaben

Tab. 6-1: Informationshinweise zu immateriellen Potenzialen gem. §§ 289 und 315 HGB i. d. F. BilReG

Vor Änderung der relevanten Vorschriften der §§ 289 und 315 HGB war für den Lagebericht lediglich eine Darstellung des Geschäftsverlaufs und der Lage des Unternehmens gefordert. Nunmehr ist entsprechend der EU-Vorgabe bei der **Darstellung des Geschäftsverlaufs** einschließlich Geschäftsergebnis und Lage des Unternehmens auch eine ausgewogene und umfassende Analyse vom Geschäftsverlauf und von der Lage des Unternehmens unter Einbeziehung von finanziellen und nicht-finanziellen Leistungsindikatoren zu präsentieren. Als **nicht-finanzielle, d. h. nicht-wertmäßige Leistungsindikatoren** werden zwar nur Umwelt- und Arbeitnehmerbelange als Beispiele genannt, dennoch handelt es sich um keine abschließende Aufzählung; vielmehr sollen grundsätzlich auch nicht in Geldeinheiten messbare Faktoren in die Lageberichterstattung einbezogen werden,[180] wie

---

178 Vgl. Richtlinie 2003/51/EG vom 18.06.2003.
179 Vgl. www.drsc.de. Dieser Standard gilt grundsätzlich nur für den Konzernabschluss; jedoch wird die Anwendung auch für Einzelabschlüsse empfohlen; vgl. DRS 15.4-5.
180 So auch Kajüter, P.: Lagebericht, 2004, S. 200; Winnefeld, R.: Bilanz-Handbuch, 2006, S. 1512, Rz. 48.

Angaben zu Kunden- und Lieferantenbeziehungen sowie Organisations- und Verfahrensprozesse.

In diesem Zusammenhang sieht DRS 15.30-36 unter der Überschrift „Konzentration auf nachhaltige Wertschaffung" vor, dass alle Ereignisse, Entscheidungen und Faktoren anzugeben und zu erläutern sind, die die weitere Wertentwicklung des Unternehmens wesentlich beeinflussen; exemplarisch wird neben den zuvor genannten Beispielen lediglich noch der Kundenstamm genannt. Eine solche umfassende Forderung qualifiziert den Lagebericht nicht mehr nur zu einer zukunfts-, sondern auch zu einer wertorientierten Berichterstattung.[181] Die Einbeziehung der nicht-finanziellen Leistungsindikatoren ist jedoch nur dann verpflichtend, wenn sie „für das Verständnis des Geschäftsverlaufs oder der Lage von Bedeutung sind" (§ 289 Abs. 3 HGB; § 315 Abs. 1 Satz 4 HGB). Da es wohl sinnvoller ist, auf die Bedeutung und weniger auf das Verständnis abzustellen, knüpft DRS 15.31 die Einbeziehung der nicht-finanziellen Leistungsindikatoren an einen wesentlichen Einfluss auf den Geschäftsverlauf oder die wirtschaftliche Unternehmenslage.

Der Prognosebericht in der bisherigen Form ist im Zuge der Änderungen durch das BilReG in einen **integrierten Prognose- sowie Risiko- und Chancenbericht** umgewandelt worden, der als Ergänzung zu den primär vergangenheitsorientierten Daten im Jahresabschluss wertvolle prospektive Informationen auch über **immaterielle Potenziale** liefern könnte, was bis dato aber kaum praktiziert wurde. Mit der Erweiterung der Lageberichterstattung spricht die EU-Vorgabe nunmehr von „Risiken und Ungewissheiten". Diese Forderung wurde in den §§ 289 Abs. 1 und 315 Abs. 1 HGB i. d. F. BilReG insofern verschärft, als nunmehr die **voraussichtliche Entwicklung des Unternehmens mit seinen wesentlichen Chancen, d. h. immaterielle Potenziale, und Risiken** zu beurteilen und zu erläutern sowie die zugrunde liegenden Annahmen anzugeben sind. Nach der neuen Vorgabe sind umfangreichere Informationen geboten, da nicht mehr nur auf Risiken „einzugehen", sondern eine Beurteilung und Erläuterung von Chancen und Risiken gefordert ist. Eine Beurteilung impliziert eine Bewertung und schließt verbale Beschreibungen in qualitativer Form ein, aus denen die Bedeutung hervorgeht, wie z. B. über Eintrittswahrscheinlichkeiten und potenzielle Auswirkungen oder aber Bildung einer Rangfolge nach Wichtigkeit der Chancen. Auch eine quantitative Bewertung sollte gegeben werden, sofern verlässlich ermittelbar, bspw. Angabe von Bandbreiten, Sensitivitäten oder weiteren Kennzahlen. Die Erläuterung umfasst eine über die Beurteilung hinausgehende Erklärung und Kommentierung und erfolgt i. d. R. in verbaler Form, z. B. Darstellung von Ursachen, Wirkungen und Interdependenzen einzelner Chancen.[182] Danach ist eine Aufzählung von Chancen nicht ausreichend, vielmehr sind die wesentlichen Chancen nunmehr in Anlehnung an DRS 5.18 ebenso wie Risiken zu bewerten und im Hinblick auf mögliche Konsequenzen zu beschreiben.

---

181 Vgl. Greinert, M.: Konzernlagebericht, 2004, S. 56–57.
182 Vgl. Kajüter, P.: Chancen und Risiken, 2004, S. 430.

In Bezug auf den Chancenbericht fordert DRS 15.80 im Rahmen der Darstellung der Unternehmenslage bei der Vermögenslage[183] explizit auch **Angaben zu selbst geschaffenen immateriellen Werten**. Dazu zählen z. B. selbst erstellte Computersoftware, Urheberrechte, Patente und sonstige gewerbliche Schutzrechte (DRS 15.113). Zudem fordert DRS 15.84 u. a. Aussagen zur Erschließung neuer Absatzmärkte und Verwendung neuer Verfahren, z. B. in Beschaffung Produktion oder Absatz. Jedoch wird (lediglich) **empfohlen über immaterielle Werte zu berichten** und Angaben in Bezug auf die strategische Ausrichtung zu erläutern: Die Berichterstattung soll unabhängig von der Bilanzierungsfähigkeit immaterieller Werte zwischen den Kategorien Humankapital, Kundenbeziehungen, Lieferantenbeziehungen, Investor- und Kapitalmarktbeziehungen, Organisations- und Verfahrensvorteile und Standortfaktoren unterscheiden.[184] Dabei sollten unter Beachtung der Wesentlichkeit vor allem Änderungen von Humankapital, Kundenbeziehungen sowie Organisations- und Verfahrensvorteile erläutert werden. Grundsätzlich ist angeregt, die Angaben möglichst in quantitativer Form, ggf. in Form von Indikatoren, zu machen, bspw. beim Humankapital zu Fluktuation, Mitarbeiterqualifikation, Weiterbildungsaufwendungen pro Mitarbeiter, Entlohnungssysteme, Vergütungsregeln, bei Kundenbeziehungen zur Kundenzufriedenheit, Kundenbindungsdauer, Anteilsquoten wesentlicher Produkte im Markt oder der Wertschöpfung pro Kunde sowie bei Organisations- und Verfahrensvorteilen Durchlaufzeit der Auftragsabwicklung und Angaben zur Produktqualität, wie Rückweisquoten pro Produkt und Gewährleistungsaufwendungen (DRS 15.115-119). Die Grenzen einer begrüßenswerten intensiven Berichterstattung über immaterielle Werte liegen in damit verbundenen möglichen nachteiligen Wirkungen aus der Offenlegung, bspw. wenn die Wahrnehmung von Chancen durch Wettbewerberreaktionen beeinträchtigt wird.[185] Sollten die Empfehlungen des DRS 15.115-119 tatsächlich in die Praxis umgesetzt werden, wäre schon ein sehr großer Schritt hin zu mehr Transparenz über immaterielle Werten getan. Gleichzeitig würde die Offenlegung dazu beitragen, die Unternehmensberichterstattung deutscher Unternehmen im internationalen Vergleich erheblich zu verbessern und deren Informationswert zu erhöhen.

Darüber hinaus fordert DRS 15.40 eine Darstellung und Erläuterung der **Forschungs- und Entwicklungsaktivitäten**; gem. den §§ 289 Abs. 2 Nr. 3 bzw. 315 Abs. 2 Nr. 3 HGB sind die getätigten Aufwendungen zu beschreiben und mit den Vorjahreswerten zu vergleichen (Input-Berichterstattung), wie z. B. Investitionen in Forschung und Entwicklung und Mitarbeiterstruktur; zudem sind die wesentlichen Ergebnisse der Forschungs- und Entwicklungsanstrengungen zu erörtern (Output-Berichterstattung). Ebenso sind Veränderungen gegenüber dem Vorjahr

---

183 Hier werden z. B. Angaben zu Investitions- und Abschreibungspolitik sowie ergänzende Angaben zu stillen Reserven/Lasten empfohlen; vgl. DRS 15.110.

184 Vgl. Arbeitskreis „Immaterielle Werte im Rechnungswesen" Arbeitskreis „Immaterielle Werte im Rechnungswesen" der Schmalenbach-Gesellschaft für Betriebswirtschaft e.V. (Hrsg.): Immaterielle Werte, 2003, S. 1233.

185 Vgl. Günther, T.: Immaterielle Werte, 2003, S. 30; Kajüter, P.: Chancen und Risiken, 2004, S. 430; Moxter, A.: Rechnungslegung, 1997, S. 722–723.

nach DRS 15.40-42 anzugeben und zu erläutern, um die Zukunftsaussichten der Gesellschaft hinsichtlich Entwicklungstätigkeit und technischer Entwicklung einschätzen zu können. In diesem Zusammenhang wird ein Mehrjahresvergleich empfohlen und die Darstellung wesentlicher Schwerpunkte, z. B. Anzahl und Art von neu angemeldeten Patenten und ähnlichen Schutzrechten sowie von neuen Produkten und Verfahren. Dabei wird die Angabe von Kennzahlen angeregt, wie z. B. Forschungsquote (Forschungsaufwendungen zu Umsatz), Forschungs- und Entwicklungsintensität (F+E-Aufwendungen zu Gesamtaufwendungen oder Umsatz) sowie Neuproduktrate (Umsatz der in den letzten drei Jahren eingeführten Produkte zum Gesamtumsatz) (DRS 15.99-102).

Insgesamt ermöglichen die Informationen über immaterielle Potenziale eine bessere Einschätzung des Unternehmenswertes, die in die wertorientierte Berichterstattung als Value Reporting einbezogen werden könnten.[186] Allerdings sind die Informationen zu immateriellen Potenzialen als „soft" einzustufen, da sie auf subjektiven Schätz-, Bewertungs- oder Prognoserechnungen oder aber Absichtsbekundungen basieren und der Wortlaut des HGB zum Inhalt des Lageberichtes große Auslegungs- und Interpretationsmöglichkeiten zulässt. Grundsätzlich wäre eine Informationspflicht anstelle der Empfehlung zumindest für kapitalmarktorientierte Unternehmen vorteilhaft. Zusätzlich könnte der Informationsnutzen durch eine Standardisierung erhöht werden. Dennoch ist der Informationswert hoch, da auch der Lagebericht gem. § 317 Abs. 2 HGB der Prüfung unterliegt. Generell besitzen die im Lagebericht gebotenen Informationen eine hohe Entscheidungsrelevanz.[187] Abzuwarten bleibt, inwieweit Unternehmen und interessierte Öffentlichkeit den Umgang mit diesem Instrument ausgestalten. Bisherige Untersuchungen deuten in Richtung einer restriktiven Informationspolitik der Unternehmen, was nicht nur auf den Risikobericht, sondern auch auf den Prognosebericht zuzutreffen scheint.[188] Außerdem existieren keine konkreten Vorgaben für den Prognosebericht, so dass bisher nur selten eine transparente und aussagekräftige Darstellung erfolgt,[189] was auch für den integrierten Prognose-, Risiko- und Chancenbericht gelten dürfte.[190]

Seit Oktober 2005 existiert ein **Diskussionspapier des IASB**, das sich dem Thema „**Management Commentary**" widmet.[191] Die Vorgaben sind in etwa vergleichbar mit denen des HGB zum Lagebericht. So sind eine Beschreibung von Geschäft und Rahmenbedingungen einschließlich Markt- und Wettbewerbsposition sowie wesentliche Einflussfaktoren aus dem rechtlichen ökonomischen und sozialen Umfeld gefordert. Zudem sind die Ziele und Strategien zu beschreiben und zu erörtern, damit Investoren im Zeitablauf den Grad der Zielerreichung beur-

---

186 Vgl. Kapitel 7.
187 Vgl. Brotte, J.: Geschäftsberichte, 1997, 13–16.
188 Vgl. Pechtl, H.: Prognosebericht, 2000, S. 141–159.
189 Vgl. z. B. Drobeck, J.: Prognosepublizität, 2001, S. 1223–1234.
190 Vgl. PricewaterhouseCoopers/Kirchhoff Consult AG (Hrsg.): Wertorientierte Berichterstattung 2006.
191 Vgl. http://www.iasb.org/Current+Projects/IASB+Projects/Management+Commentary/Management+Commentary.htm (31.07.2007).

teilen können. Auch hat eine Berichterstattung über Ressourcen, Risiken und Beziehungen zu erfolgen. Zudem sind die finanziellen und **nicht-finanziellen Indikatoren** und deren Bedeutung im Wertschöpfungsprozess darzustellen. Wenngleich der Darstellung nicht-finanzieller Kennzahlen eine zentrale Bedeutung zukommt, fehlt es an einer systematischen Darstellung möglicher Kategorien und Messmethoden.[192] Analog zum HGB bedarf es einer konkreten Ausgestaltung, die aus Vergleichbarkeitsgründen – soweit möglich – zu standardisieren ist.

---

192   Vgl. Fink, C.: Management Commentary, 2006, S. 151–152

7 Zusätzliche Informationen in Form einer wertorientierten Berichterstattung

Leitfragen

■ Welche Informationen bietet eine wertorientierte Berichterstattung bzw. ein Value Reporting?
■ Trägt das Value Reporting zu einer Verbesserung der (externen) Corporate Governance bei?
■ Inwieweit eignen sich Wissensbilanzen als Teil des Value Reporting?

In aller Regel gehen Investitionen in immaterielle Potenziale mit einer höheren Wettbewerbsfähigkeit von Unternehmen einher, so dass diese für die Einschätzung der zukünftigen Entwicklung des Unternehmens eine bedeutsame Rolle spielen. Dennoch spiegeln sich diese Investitionen nicht ausreichend in den Unternehmensbilanzen wider, da sie überwiegend als Aufwand erfasst werden (müssen). Wie insbesondere die Ausführungen zum Ansatz immaterieller Werte gezeigt haben, erfüllen viele dieser Werte nicht die Ansatzkriterien und treten in der Unternehmensbilanz nicht als Vermögensposten in Erscheinung, obwohl sie unbestreitbar zukünftiges Erfolgspotenzial verkörpern. Daher verwundert es nicht, dass die Lücke zwischen Marktwahrnehmung einer Unternehmung, z. B. über die Börsenkapitalisierung oder den Unternehmenswert, und deren Abbildung im Jahresabschluss zum Teil sehr groß geworden ist, was sich auch im Ausweis von hohen Goodwillbeträgen widerspiegelt.

Grundsätzlich finden im Rechnungswesen bspw. aus der Unternehmensumwelt resultierende Einflüsse, z. B. als Ausdruck von Verhandlungsgeschick mit Lieferanten oder Kundentreue, nur mittelbar Niederschlag, z. B. in den Umsatzerlösen. Aus diesem Grunde ist je nach Zwecksetzung eine Erweiterung der Abbildungskonzeption bzw. Bewertungsfunktion des traditionellen Rechnungswesens hin zu einer potenzialzielbezogenen Unternehmensrechnung gefordert, in der soziale und ökologische Größen, z. B. in Form von Sozial- bzw. Umweltbilanzen, ebenso Berücksichtigung finden sollten wie immaterielle Potenziale.[193] Diese erweiterte Sicht in der Abbildung von Unternehmen hat auch dazu beigetragen,

---

193 Vgl. Coenenberg, A.G.: Rechnungswesen, 1993, Sp. 3679.

dass sich die finanzielle Rechnungslegung zu einer wertorientierten Berichterstattung als adäquates Kommunikationsinstrument entwickelt hat.[194]

Bereits Mitte der 90er Jahre wurde in den USA die Weiterentwicklung des traditionellen Financial Reporting zu einem umfassenden Business Reporting vorgeschlagen, da erkannt wurde, dass das herkömmliche Financial Reporting den Informationsbedürfnissen der Jahresabschlussadressaten nicht genügt. Seitdem wird dieser Begriff als Oberbegriff für eine erweiterte Berichtskonzeption benutzt; neben den Jahresabschlusswerten werden finanzielle Prognosen, nicht-quantitative operative Informationen sowie zukunftsbezogene Informationen berücksichtigt.[195]

In diesem Zusammenhang beschreiben *Fischer/Becker*[196] die wissensorientierte Unternehmensberichterstattung als formalisierte Berichte an externe Adressaten mit Informationen über die organisatorische Wissensbasis einschließlich Angaben zu Wissensträgern und wissensbezogenen Risiken sowie über das im Unternehmen eingesetzte Wissensmanagementsystem, wobei Wissen im Sinne von immateriellen Potenzialen zu verstehen ist. Ein zusätzliches Reporting, das auch über immaterielle Potenziale berichtet, wird häufig als Value Reporting bezeichnet. Für den Begriff „**Value Reporting**" existiert bisher keine einheitliche Begriffsabgrenzung. Die unterschiedliche Nutzung von ähnlichen Begrifflichkeiten und deren Inhalt zeigt die Tabelle 7-1 im Überblick.

Müller (1998)[197]	**Shareholder Value Reporting:** Freiwillige Zusatzberichterstattung über die Wertschaffung des Unternehmens unterteilt in die drei Bereiche: Informationen über die – am Kapitalmarkt erzielte Wertschaffung (Total Return Reporting) – intern generierte Wertschaffung (Value Added Reporting) – zukünftig zu erwartende Wertschaffung (Strategic Advantage Reporting)
Labhart (1999)[198]	**Value Reporting:** Externe Berichterstattung eines Unternehmens, die geeignet ist, die Informationsasymmetrie zwischen interner und externer Sicht der wertorientierten Unternehmensführung zu reduzieren
Pellens/Hillebrandt/ Tomaszewski (2000)[199]	**Value Reporting:** Teil der Unternehmenspublizität, der sich mit der Rendite-Risiko-Prognose befasst, um entscheidungsrelevante Daten über die gesetzlichen Pflichtangaben hinaus zu vermitteln.

---

194 Vgl. z. B. AICPA (Hrsg.): Business Reporting, 1994; Fischer, T. M./Wenzel, J.: Value Reporting, 2002, S. 327–332.
195 Vgl. Noll, D./Weygandt, J.J.: Business Reporting, 1997, S. 59.
196 Vgl. Fischer, T. M./Becker, S.: Wissensorientierte Unternehmensberichterstattung, 2006, S. 28–42.
197 Vgl. Müller, M.: Shareholder Value Reporting, 1998, S. 123–154.
198 Vgl. Labhart, P.A.: Value Reporting, 1999.
199 Vgl. Pellens, B./Hillebrandt, F./Tomaszewski, C.: Value Reporting, 2000, S. 177–207.

PWC (2001)[200]	**ValueReporting:** Informationstransparenz – Berichterstattung über intern genutzte Maßstäbe
Fischer/Wenzel/ Kühn (2001, 2004)[201]	In Anlehnung an Müller (1998)
Baetge/Heumann (2006)[202]	**Value Reporting** (auch wertorientierte Unternehmensberichterstattung oder Shareholder Value Reporting genannt): Externe Berichterstattung eines Unternehmens, die dem Abbau von Informationsasymmetrien zwischen Management und Investoren dient und somit die Unternehmenswerteinschätzung durch Investoren erleichtern soll

Tab. 7-1: Inhalte des Value Reportings (exemplarische Nennung)

Übereinstimmend kann Value Reporting umschrieben werden als wertorientierte Zusatzberichterstattung über vergangene Wertschaffung sowie Informationen zur Abschätzung zukünftiger Zahlungsströme und Informationen über wertorientierte Steuerungsgrößen.[203] Wesentliches Ziel des Value Reportings ist es, zusätzlich zur traditionellen Unternehmensberichterstattung Informationen über Sachverhalte bereitzustellen, die Einfluss auf die Höhe des Unternehmenswerts haben. Auf diese Weise sollen die Informationsasymmetrien insbesondere zwischen Unternehmen und Investoren verringert werden. Letztlich soll eine **Reduzierung bzw. Schließung der Wertlücke** bzw. Wahrnehmungslücke zwischen aktuellem Börsenwert bzw. Unternehmenswert und bilanziellem Eigenkapital erreicht werden.[204] Konkret kann das Value Reporting definiert werden als „die regelmäßige, strukturierte externe Berichterstattung eines Unternehmens, die geeignet ist, die Informationsasymmetrien zwischen interner und externer Sicht des Unternehmens zu verringern und die Ermittlung des Unternehmenswerts durch die (potenziellen) Investoren zu ermöglichen bzw. zu verbessern."[205]

Ein zentraler Aspekt im Rahmen des Value Reportings sind Informationen über heute nicht bilanzierte Werte. Hierzu zählen zum einen Angaben zum Marktwert von Vermögenswerten und Schulden, um die in der Bilanz „versteckten" stillen Reserven bzw. Lasten zu benennen;[206] zum anderen umfasst das Value Reporting Angaben zu nicht bilanzierten bzw. nicht bilanzierungsfähigen immateriellen Potenzialen. Zusammen mit Angaben zu kapitalmarktorientierten Daten zur Abschätzung der Marktbewertung von Unternehmen sowie Informationen zu Strate-

---

200 Vgl. PricewaterhouseCoopers (PWC): ValueReporting, 2001.
201 Vgl. Fischer, T. M./Wenzel, J./Kühn, C.: Value Reporting, 2001, S. 1209–1216; Fischer, T. M./Wenzel, J.: Value Reporting, 2004, S. 305–314.
202 Vgl. Baetge, J./Heumann, R.: Wertorientierte Berichterstattung, 2006, S. 345–350.
203 Vgl. Ruhwedel, F/Schultze, W.: Value Reporting, 2002, S. 603–604.
204 Vgl. z. B. Haller, A./Dietrich, R.: Intellectual Capital Bericht, 2001, S. 1045.
205 Heumann, R.: Value Reporting, 2005, S. 7.
206 Vgl. Lachnit, L.: Bilanzanalyse, 2004, S. 108–163; Wulf, I.: Stille Reserven, 2001, S. 123–286.

gie und Performance einschließlich internem Steuerungssystem können zur Strukturierung des Value Reportings vier Berichtselemente unterschieden werden: Reinvermögenszeitwert, Non-financials, Zukunftserfolgswert sowie internes Steuerungs- und Anreizsystem.[207] Das Value Reporting ist allerdings nicht ausschließlich der freiwilligen Berichterstattung zuzuordnen, da vor allem seit Inkrafttreten von DRS 15 (Lageberichterstattung) einige Aspekte der wertorientierten Informationen bereits als normierte Berichterstattung gelten.

Neben dem Ziel einer Schließung der Wertlücke kommt dem Value Reporting auch als Instrument zur **Verbesserung der (externen) Corporate Governance** eine große Bedeutung zu. So ist zum einen im DCGK, Ziff. 4.1.1, festgeschrieben, dass die Leitung des Unternehmens durch den Vorstand „der Steigerung des Unternehmenswertes verpflichtet" ist; zum anderen besagt DCGK, Ziff. 6, dass der Vorstand zur Transparenz gegenüber der Öffentlichkeit angehalten ist. Aus beiden Punkten ist eine wertorientierte Berichterstattung ableitbar, um einer externen Corporate Governance gerecht zu werden.[208] Damit die wertorientierte Berichterstattung für die Rechnungslegungsadressaten eine fundierte Entscheidungsunterstützung bieten kann, sind aussagekräftige Informationen über immaterielle Potenziale unerlässlich. Wegen der mangelnden Objektivität in der Quantifizierung mit Hilfe von finanziellen quantifizierbaren Werten werden in der Praxis vielfach nicht-finanzielle Größen als Indikatoren herangezogen. Jedoch finden sich bisher nur ansatzweise Informationen in nicht-monetärer Form zu immateriellen Potenzialen.

Studien zum Value Reporting zeigen, dass Unternehmen zwar zunehmend zukunfts- und wertorientierte Informationen vermitteln. Die Ausgestaltung ist jedoch tendenziell ungeordnet und unvollständig. Zudem bestehen große Unterschiede in der Berichtsgüte.[209] Ein Mehrjahresvergleich der DAX100-Unternehmen lässt eine Zunahme im Value Reporting erkennen, so dass die Informationslücken geringer werden, die Qualität der wertorientierten Berichterstattung ist aber noch verbesserungsnötig. Einfluss auf die Qualität der wertorientierten Berichterstattung haben vor allem die verwendeten Rechnungslegungsnormen, die Indexzugehörigkeit sowie Branchenzugehörigkeit.[210]

Die Offenlegung zusätzlicher Informationen kann in Form von **Intellectual Capital Berichten** bspw. über Wissensbilanzen erfolgen, wie z. B. ARCS-Wissensbilanz[211], Guideline for Intellectual Capital Statements in Dänemark,[212] Intellectual Asset based Management Report in Japan[213] oder Wissensbilanzen – Made in Ger-

---

207 Vgl. Baetge, J./Heumann, R.: Wertorientierte Berichterstattung, 2006, S. 345–347.
208 Vgl. Böcking, H.-J./Dutzi, A.: Corporate Governance, 2003, S. 229–230.
209 Zur Untersuchung der DAX100-Unternehmen im Jahr 2000 vgl. Ruhwedel, F/Schultze, W.: Value Reporting, 2002, S. 613–628.
210 Vgl. Fischer, T. M./Wenzel, J.: Value Reporting, 2005, S. 74–122.
211 Vgl. ARCS (Austrian Research Center Seibersdorf): Wissensbilanz, 2004.
212 Vgl. The Danish Ministry of Science, Technology and Innovation: Intellectual Capital Statements, 2003.
213 Vgl. www.meti.go.jp/policy/intellectual_assets/pdf/GuidelineforIAM.pdf; http://www.meti.go.jp/english/policy/index_IPP.html (Intellectual Assets).

many mit entsprechenden Unternehmensbeispielen.[214] Diese Informationsinstrumente sind als **aussagekräftige Ergänzung der Finanzdaten und somit als zusätzliches Berichtsinstrument** innerhalb des Lageberichts zu sehen.

Im Folgenden wird die Wissensbilanz – Made in Germany als ein Berichtsinstrument vorgestellt, das gezielt über die immateriellen Potenziale eines Unternehmens – als zentrale Einflussfaktoren für den Unternehmenserfolg – berichtet.[214a] Dazu zählen bspw. Kompetenzen der Mitarbeiter, Innovations- und Prozessmanagement sowie Beziehungsmanagement zu Kunden oder Kreditgebern. Explizit handelt es sich bei Wissensbilanzen nicht um eine Verlängerung der Bilanz mit konkreten Vermögens- und Kapitalpositionen. Vielmehr werden globale Informationen über das Zukunftspotenzial von Unternehmen geliefert, indem die identifizierten immateriellen Potenziale nicht monetär, sondern lediglich skalar bewertet werden. Die Erstellung der Wissensbilanz kann über die vom BMWi zur Verfügung gestellte Toolbox erfolgen, die anwendungsorientiert aufgebaut ist (abrufbar unter: http://www.akwissensbilanz.org/toolbox.htm).

Um eine transparente Darstellung zu erreichen, erfolgt eine Unterteilung der immateriellen Potenziale in verschiedene Kategorien. In Anlehnung an *Edvinsson*[215] erfolgt eine Unterteilung in **drei Kategorien** Human-, Struktur- und Beziehungskapital.[216] Für die Erstellung einer Wissensbilanz sind zunächst die im Unternehmen vorhandenen **Erfolgsfaktoren herauszuarbeiten und zu identifizieren**, die dem Human-, Struktur- und Beziehungskapital zugeordnet werden. Die Erfolgsfaktoren werden **hinsichtlich der Kriterien Quantität, Qualität und Systematik auf einer Skala von 0–120 % bewertet**.[217] Die Systematik gilt als zentraler Bewertungsmaßstab, da hierüber letztendlich die langfristige Güte der Quantität und Qualität sichergestellt werden kann. Das Ergebnis der skalierten Bewertung, das entweder tabellarisch oder als Portfolio dargestellt werden kann, gibt Auskunft über die Stärken und Schwächen der einzelnen Erfolgsfaktoren für die im Unternehmen vorhandenen immateriellen Potenziale. Zur Erhöhung des Informationswertes sollten Indikatoren – jeweils unterteilt für die relevanten Einflussfaktoren – genannt werden.

Die Wissensbilanzierung als Element des Value Reportings ist eine wertvolle Ergänzung für die Unternehmensberichterstattung. Die Informationen über immaterielle Potenziale unterstützen auch die externe Kommunikation über den Geschäftserfolg, verbessern nicht zuletzt das Rating von Unternehmen nach Basel II und somit die Möglichkeit zur Kapitalbeschaffung insbesondere für mittelständi-

---

214   Vgl. BMWA (Hrsg.): Wissensbilanz, 2005.
214a Vgl. ausführlich Alwert, K.: Wissensbilanzen, 2006; Mertins, K./Alwert, K./Heisig, P. (Hrsg.): Wissensbilanzen, 2005
215   Vgl. Edvinsson, L./Malone, M.: Intellectual Capital, 1997, S. 34.
216   Vgl. Bornemann, M. u. a.: Wissensbilanzen, 2005, S. 47.
217   Vgl. Arbeitskreis Wissensbilanz am Fraunhofer Institut Produktionsanlagen und Konstruktionstechnik (Hrsg.): Wissensbilanz, 2005, S. 17–22.

sche Unternehmen.[218] Die bisherigen Erfahrungen mit der Wissensbilanzierung in Deutschland zeigen eine gute Resonanz.[219]

Allerdings existieren zur Berichterstattung über immaterielle Potenziale – anders als bei der finanziellen Berichterstattung – keine verbindlichen Vorgaben oder sog. *good-practice*-Regeln, die einen allgemein akzeptierten Rahmen ermöglichen. Daher setzt die Berichterstattung über immaterielle Potenziale gewisse Anforderungen im Sinne von „Grundsätzen ordnungsmäßiger Berichterstattung über immaterielle Potenziale" voraus;[220] Es ist ratsam, diese als Ergänzung von DRS 15 – z. B. in Form einer standardisierten Checkliste – zumindest branchenspezifisch zu konkretisieren. Ein solches *reporting* würde einen hohen Verbindlichkeitscharakter aufweisen und müsste – wie auch der Lagebericht – Prüfungsbestandteil sein, um eine willkürliche Auslegung von relevanten Informationen zu verhindern.

---

218 Vgl. Kivikas, M./Pfeifer, G./Wulf, I.: Wissensbilanzen 2006, S. 2461–2465.
219 Vgl. http://www.akwissensbilanz.org/Infoservice/Wissensbilanzen.htm.
220 Vgl. Baetge, J./Heumann, R.: Value Reporting, 2006, S. 42–43.

8 Empirische Analyse der IFRS-Rechnungslegung über immaterielle Vermögenswerte

Leitfragen

- Inwieweit erfolgt ein Ansatz selbst erstellter immaterieller Werte?
- Inwieweit wird eine Trennung im Ausweis zwischen selbst erstellen und erworbenen immateriellen Werten vorgenommen?
- Wie differenziert erfolgt ein Ausweis von erworbenen immateriellen Werten?
- Wie konkret sind die Anhangangaben zu Ansatz und Bewertung von immateriellen Werten einschließlich Goodwill?

8.1 Datengrundlage der Analyse

Im Mittelpunkt der nachfolgenden Untersuchung stehen alle kapitalmarktorientierten Unternehmen, die ihre **Konzernabschlüsse nach IFRS erstellen** und zum 19.03.2007 den Indizes **DAX, MDAX oder SDAX** angehörten. Dies sind insgesamt 130 Unternehmen. Von diesen Unternehmen machten insgesamt sieben DAX-Unternehmen (DaimlerChrysler AG, Deutsche Bank AG, E.ON AG, Fresenius Medical Care AG, Infineon Technologies AG, SAP AG sowie Siemens AG) und ein MDAX-Unternehmen (Fresenius AG) von der Ausnahmeregelung der IAS-Verordnung Gebrauch (§ 313a HGB). Sie nutzten die gebotene Übergangsfrist, die für in Nicht-EU-Ländern notierte Gesellschaften mit einer Rechnungslegung nach international anerkannten Normen, wie z. B. US-GAAP, gilt, und erstellten ihren Konzernabschluss noch nach US-GAAP. Für diese Gesellschaften muss ein IFRS-Konzernabschluss erst für Geschäftsjahre erstellt werden, die am oder nach dem 01.01.2007 begonnen haben bzw. beginnen. Bspw. beginnt bei der Siemens AG das Geschäftsjahr im Oktober, so dass erstmals der Jahresabschluss für das Geschäftsjahr 2007, beginnend ab 01.10.2007, nach IFRS zu erstellen ist. Somit basiert die vorliegende Untersuchung auf einer **Datenbasis von insgesamt 122 Unternehmen** – davon sind 23 im DAX, 49 im MDAX und 50 im SDAX gelistet.

Bei der Deutschen Börse AG erfolgt eine Zuordnung der Unternehmen in insgesamt 18 Branchenindizes, sog. Prime Sectors.[221] Allerdings ist für die nachfolgende Untersuchung eine **Clusterbildung für die Branchen** vorgenommen worden, um die Aussagekraft der branchenspezifischen Ergebnisse zu erhöhen. Dabei wurden anhand von Eigenschaften, wie ähnliche Produkte, die verschiedenen Prime Sectors zu insgesamt sieben Cluster zusammengefasst.[222] Die folgende Tabelle zeigt die Datenbasis im Überblick:

Prime Sector	Cluster	DAX	MDAX	SDAX	Anzahl der Unternehmen	Relativer Anteil
Automobile	ATL	6	2	5	13	10,66%
Transport & Logistics						
Basic Resources	BCU	1	5	4	10	8,20%
Construction						
Utilities						
Chemicals	CPH	4	8	4	16	13,11%
Pharma & Healthcare						
Financial Services	FBI	6	11	15	32	26,23%
Banks						
Insurance						
Industrial	IND	2	13	13	28	22,95%
Media	MTST	1	2	3	6	4,92%
Technology						
Software						
Telecommunication						
Retail	RCF	3	8	6	17	13,93%
Consumer						
Food & Beverages						

Tab. 8-1: Datengrundlage der Untersuchung nach Branche und Börsensegment

Gemessen an der Anzahl der Unternehmen stellen die Financial Services, Banks und Insurance des Clusters FBI mit 32 Unternehmen (26,23%) die größte Branche dar, gefolgt von der Industrie mit 28 Unternehmen (22,95%), während die Media, Technology, Software und Telecommunication des Clusters MTST mit nur 6 Unternehmen (4,92%) vertreten ist. Erfolgt jedoch eine Berücksichtigung der Börsenkapitalisierung gestaltet sich die „Stärke" der repräsentativen Unternehmen wie in Tab. 8-2 abgebildet.

---

221 Vgl. Gewichtungstabellen der DAX, MDAX und SDAX-Unternehmen unter http://deutsche-boerse.com/dbag/dispatch/de/kir/gdb_navigation/info_center/20_Statistics/30_Weighting_Related_Values (10.08.2007).
222 So auch Hager, S./Hitz, J.-M.: Immaterielle Vermögenswerte, 2007, S. 206.

	Börsenkapitalisierung (absolut) Mio. €	Anteil an der Börsenkapitalisierung	Börsenkapitalisierung			
			Minimum	Maximum	Mittelwert	Median
DAX	409.410	78,72%	3.293	66.880	17.800	12.907
MDAX	93.884	18,05%	515	6.299	1.916	1.570
SDAX	16.816	3,23%	107	923	336	290
ATL	79.188	15,23%	164	17.747	6.091	3.413
BCU	51.646	9,93%	200	38.853	5.165	1.329
CPH	95.851	18,43%	194	37.039	5.991	1.407
FBI	163.481	31,43%	124	66.880	5.109	864
IND	45.609	8,77%	107	14.008	1.629	683
MTST	42.387	8,15%	217	38.568	7.065	619
RCF	41.947	8,07%	131	7.794	2.016	1.538
ATL = Automobile Transport & Logistics; BCU = Basic Resources, Construction, Utilities; CPH = Chemicals, Pharma & Healthcare; FBI = Financial Services, Banks, Insurance; IND = Industries; MTST = Media, Technology, Software, Telecomunication; RCF = Retail, Consumer, Food & Beverages						

Tab. 8-2: Datengrundlage der Unternehmen nach Börsenkapitalisierung (29.12.2006)

Erwartungsgemäß besitzen die 23 DAX Unternehmen zusammen mit 409 410 Mio. € (78,72%) eine deutlich höhere Börsenkapitalisierung als die 49 MDAX- und 50 SDAX-Unternehmen zusammen. In der Branchenclusterung verfügen die Financial Services, Banks und Insurance als FBI zusammengefasst mit einem Anteil von gut 30% über die höchste Börsenkapitalisierung – gefolgt von den beiden Clustern CPH (Chemicals, Pharma & Healthcare) und ATL (Automobile, Transportation & Logistics). Die Verteilung der Börsenkapitalisierung innerhalb der betrachteten Gruppen, DAX-Indizes sowie Branchencluster, zeigt zum Teil eine sehr breite Streuung, wie z. B. bei dem Cluster der FBI und CPH; demgegenüber ist bei dem Cluster RCF nur eine geringe Streuung zu konstatieren.

In der Unterscheidung nach DAX-Indizes sowie Branchencluster wird im Folgenden für die betrachteten Unternehmen zunächst die Bedeutung immaterieller Werte im Jahresabschluss – zum einen gemessen an der Markt-/Buchwertrelation und zum anderen gemessen an der Bilanzsumme und am ausgewiesenen Eigenkapital – untersucht.

8.2 Bedeutung immaterieller Werte in der Unternehmenspraxis

Um einen ersten Eindruck über die Bedeutung von immateriellen Werten eines Unternehmens zu erhalten, bietet sich die Markt-/ Buchwertrelation als einfachste Methode zur **Wertableitung der nicht aktivierten immateriellen Potenziale** an. Als Marktwert kann bei börsennotierten Unternehmen die Marktkapitalisierung herangezogen werden; der Buchwert entspricht dem Nettovermögen bzw. dem Eigenkapital. Dieser Ansatz beruht auf der Annahme, dass alle Werte, die nicht in der Bilanz, aber im Marktwert enthalten sind, immaterielle Potenziale darstellen. Das Ergebnis zeigt zu welchem Vielfachen das Eigenkapital bewertet wird. Für die vorliegende Datenbasis ergeben sich folgende Markt-/ Buchwertrelationen:

	Markt-/Buchwertrelation			
	Minimum	Maximum	Mittelwert	Median
DAX	0,47	6,28	1,77	1,34
MDAX	0,09	22,59	2,48	1,66
SDAX	0,16	8,59	1,95	1,48
ATL	0,47	2,89	1,46	1,58
BCU	0,16	2,89	1,41	1,26
CPH	0,46	5,25	1,72	1,54
FBI	0,23	7,68	2,17	1,32
IND	0,09	22,59	2,83	1,70
MTST	0,83	3,85	1,92	1,71
RCF	0,79	6,00	2,11	1,50

ATL = Automobile Transport & Logistics; BCU = Basic Resources, Construction, Utilities; CPH = Chemicals, Pharma & Healthcare; FBI = Financial Services, Banks, Insurance; IND = Industries; MTST = Media, Technology, Software, Telecomunication; RCF = Retail, Consumer, Food & Beverages

Tab. 8-3: Markt-/Buchwertrelation nach DAX-Indizes und Branchen

Die Ergebnisse zeigen im Fall der DAX-Indizes, dass bei den 49 untersuchten MDAX-Unternehmen der Median der Markt-/Buchwertrelation im Vergleich zu den Unternehmen von DAX und SDAX am höchsten ist; auch der maximale Wert liegt deutlich über dem der anderen beiden DAX-Indizes. Während bei den MDAX-Unternehmen die Streuung auch sehr breit ist, ist diese bei den DAX-Unternehmen am geringsten. Der niedrigste absolute Wert mit 0,09 wurde für die EADS AG im MDAX und der höchste absolute Wert mit 22,59 für die IWKA AG im MDAX ermittelt. Im Branchenvergleich liegt der Mittelwert zwischen 1,41 und 2,83; in der Industrie ist die Streuung der Werte am größten. Als weitere Branchencluster mit einem hohen Vielfachen des Eigenkapitals gemessen an der Marktkapitalisierung sind FBI und RCF zu nennen; auch hier sind die Streuungen vergleichsweise hoch.

Während über die Markt-/ Buchwertrelation die Bedeutung von nicht aktivierten immateriellen Potenzialen ausgedrückt werden kann, zeigt die Betrachtung der ausgewiesenen immateriellen Werte an der Bilanzsumme bzw. am Eigenkapital den **Stellenwert von aktivierten immateriellen Werten** in der Unternehmensbilanz auf – unabhängig davon, ob diese käuflich erworben oder selbst erstellt wurden.[223] Da der Geschäfts- oder Firmenwert in Konzernbilanzen oftmals von hoher Bedeutung ist, wird neben dem Gesamtausweis der immateriellen Werte der Geschäfts- oder Firmenwert separat von den sonstigen immateriellen Werten betrachtet. Die folgende Tabelle zeigt die aktivierten immateriellen Werte der DAX-Indizes und Branchen unterteilt nach den zwei Gruppen, Geschäfts- oder Firmenwert und sonstige immaterielle Werte:

	Anzahl der Unternehmen mit Ansatz immaterieller Werte	Anteil der Unternehmen mit Ansatz immaterieller Werte	Immaterielle Werte	Immaterielle Werte, davon:	
				Geschäfts- oder Firmenwert	sonstige immaterielle Werte
			(Angaben in Mio. €)		
DAX (23)	23	100,00%	192.577	104.020	88.557
MDAX (49)	48	97,96%	31.628	25.495	6.133
SDAX (50)	45	90,00%	4.209	3.084	1.125
ATL (13)	13	100,00%	34.251	17.476	16.775
BCU (10)	10	100,00%	16.764	13.711	3.053
CPH (16)	16	100,00%	48.371	22.859	25.512
FBI (32)	26	81,25%	24.444	20.458	3.986
IND (28)	28	100,00%	25.126	20.956	4.170
MTST (6)	6	100,00%	59.596	21.785	37.811
RCF (17)	17	100,00%	19.862	15.353	4.509
ATL = Automobile Transport & Logistics; BCU = Basic Resources, Construction, Utilities; CPH = Chemicals, Pharma & Healthcare; FBI = Financial Services, Banks, Insurance; IND = Industries; MTST = Media, Technology, Software, Telecomunication; RCF = Retail, Consumer, Food & Beverages					

Tab. 8-4: Höhe der aktivierten immateriellen Werte

Zunächst fällt auf, dass **sechs Unternehmen keine immateriellen Werte separat in der Unternehmensbilanz** ausweisen. Diese entfallen mit einem Unternehmen auf den MDAX und mit 5 Unternehmen auf den SDAX, während in der Branchenbetrachtung alle Unternehmen dem Cluster FBI angehören. Hinsichtlich der Ausweishöhe sind beträchtliche Unterschiede festzustellen. So sind mit großem Abstand die aufsummierten Werte bei den 23 DAX-Unternehmen am höchsten; die Höhe beträgt insgesamt 192 577 Mio. €. Bei der Branchenbetrachtung sind hohe Werte in den beiden Clustern MTST (59 596 Mio. €) und CPH (48 371 Mio. €) zu verzeichnen. Zu beachten ist hierbei, dass innerhalb der MTST allein auf die Deutsche Telekom AG ein Wert von 58 014 Mio. € entfällt; innerhalb der CPH entfällt auf die Bayer AG mit 24 034 Mio. € der höchste Betrag. Während bei den Unternehmen nach DAX-Indexierung der ausgewiesene Geschäfts- oder Firmenwert höher ist als die sonstigen immateriellen Werte, gilt dies nicht in der Branchenbetrachtung. Hier ist in dem Cluster MTST der Ausweis des Geschäfts- oder Firmen-

---

223 Die Unterscheidung zwischen käuflich erworbenen und selbst erstellten immateriellen Werten erfolgt in Kapitel 8.3.1.

8 Empirische Analyse der IFRS-Rechnungslegung über immaterielle Vermögenswerte

wertes deutlich niedriger und beim Cluster CPH nur etwas niedriger als der der sonstigen immateriellen Werte.

Zur Beurteilung des Stellenwertes von immateriellen Werten innerhalb der Unternehmensbilanz wird die Höhe der ausgewiesenen immateriellen Werte in Relation zur Bilanzsumme und zum Eigenkapital betrachtet. Das Ergebnis sowie die Streuung in der Ausweishöhe von Geschäfts- oder Firmenwerten und sonstigen immateriellen Werten zeigt die folgende Tab. 8-5.

		Anteil immaterieller Werte an der Bilanzsumme	Anteil immaterieller Werte am Eigenkapital	Immaterielle Werte	Immaterielle Werte, davon:		Anteil Geschäfts- oder Firmenwert am Eigenkapital
					Geschäfts- oder Firmenwert	sonstige immaterielle Werte	
				(Angaben in Mio. €)			
DAX (23)	Minimum	0,04%	2,00%	69	20	49	0,35%
	Mittelwert	14,91%	66,29%	8.373	4.523	3.850	41,99%
	Maximum	44,57%	188,25%	58.014	20.955	37.059	114,63%
MDAX (49)	Minimum	0,00%	0,00%	0	0	0	0,00%
	Mittelwert	12,97%	44,31%	659	607	128	30,19%
	Maximum	70,47%	211,74%	10.855	9.565	1.290	122,96%
	Anzahl	-	-	48	42	48	-
SDAX (50)	Minimum	0,00%	0,00%	0	0	0	0,00%
	Mittelwert	12,38%	38,46%	94	81	27	34,36%
	Maximum	65,37%	217,82%	978	765	213	170,38%
	Anzahl	-	-	45	38	42	-
ATL (13)	Minimum	1,49%	5,64%	23	0	5	0,00%
	Mittelwert	8,81%	42,45%	2.635	1.456	1.290	33,20%
	Maximum	32,53%	136,75%	14.652	11.303	6.998	114,63%
	Anzahl	-	-	13	12	13	-
BCU (10)	Minimum	0,26%	0,52%	4	0	0	0,00%
	Mittelwert	6,09%	27,94%	1.676	1.714	339	26,75%
	Maximum	15,94%	110,88%	14.901	12.318	2.583	91,66%
	Anzahl	-	-	10	8	9	-
CPH (16)	Minimum	0,49%	1,02%	16	6	1	0,38%
	Mittelwert	18,66%	60,80%	3.023	1.429	1.594	36,19%
	Maximum	44,09%	188,25%	24.034	8.227	15.807	135,90%
	Anzahl	-	-	16	16	16	-
FBI (32)	Minimum	0,00%	0,00%	0	0	0	0,00%
	Mittelwert	3,05%	19,31%	940	930	166	16,98%
	Maximum	31,33%	138,92%	12.935	12.007	1.055	129,56%
	Anzahl	-	-	26	22	24	-
IND (28)	Minimum	0,68%	0,94%	1	0	1	0,00%
	Mittelwert	16,78%	63,13%	897	873	149	53,76%
	Maximum	65,37%	217,82%	10.855	9.565	1.290	170,38%
	Anzahl	-	-	28	24	28	-
MTST (6)	Minimum	16,98%	26,47%	53	45	8	21,71%
	Mittelwert	39,06%	89,78%	9.933	3.631	6.302	48,48%
	Maximum	70,47%	149,45%	58.014	20.955	37.059	87,85%
	Anzahl	-	-	6	6	6	-
RCF (17)	Minimum	0,86%	1,68%	5	0	5	0,00%
	Mittelwert	16,38%	47,91%	1.168	1.024	265	40,33%
	Maximum	49,04%	112,91%	5.487	4.379	1.705	95,98%
	Anzahl	-	-	17	15	17	-

ATL = Automobile Transport & Logistics; BCU = Basic Resources, Construction, Utilities;
CPH = Chemicals, Pharma & Healthcare; FBI = Financial Services, Banks, Insurance;
IND = Industries; MTST = Media, Technology, Software, Telecomunication;
RCF = Retail, Consumer, Food & Beverages

Tab. 8-5: Höhe der aktivierten immateriellen Werte in Relation zu Bilanzsumme und Eigenkapital

Der Anteil immaterieller Werte an Bilanzsumme und Eigenkapital ist bei den DAX-Unternehmen zumindest gemessen am Eigenkapital deutlich höher als der der anderen beiden DAX-Indizes. Bei der Branchenbetrachtung ist der Mittelwert beim Cluster MTST am höchsten.

In der differenzierten Betrachtung der ausgewiesenen immateriellen Werte nach Geschäfts- oder Firmenwert und sonstigen immateriellen Werten fällt zunächst auf, dass insgesamt **19 Unternehmen keinen Geschäfts- oder Firmenwert separat ausweisen** – davon 7 MDAX- und 12 SDAX-Unternehmen. Insgesamt 9 Unternehmen weisen keine sonstigen immateriellen Werte aus, wovon 8 Unternehmen zum SDAX und ein Unternehmen zum MDAX gehören. Die Branchenbetrachtung führt zu dem Ergebnis, dass alle Unternehmen der Cluster CPH und MTST immaterielle Werte und einen Geschäfts- oder Firmenwert ausweisen. Demgegenüber ist der Nicht-Ausweis eines Geschäfts- oder Firmenwertes im Cluster FBI mit 10 von 32 Unternehmen relativ hoch.

Die Dominanz des Geschäfts- oder Firmenwertes im Vergleich zu den sonstigen immateriellen Werten spiegelt sich auch in den Zahlen wider. Der Anteil des Geschäfts- oder Firmenwertes am Eigenkapital ist bei allen DAX-Indizes im Maximum über 100%; der Mittelwert ist bei den 23 DAX-Unternehmen mit gut 40% relativ hoch. Gemessen am Anteil des Eigenkapitals kommt dem Geschäfts- oder Firmenwert bei Betrachtung des Mittelwertes vor allem in den Clustern IND und MTST eine hohe Bedeutung zu.

Inwieweit hinsichtlich des Ansatzes der sonstigen immateriellen Werte darüber hinaus eine weitere Differenzierung vorgenommen wird, zeigt das folgende Kapitel.

8.3 Ansatz von immateriellen Werten im Jahresabschluss und relevante Anhangangaben

8.3.1 Trennung hinsichtlich selbst erstellter und erworbener immaterieller Werte

Die Analyse der Jahresabschlüsse der nach IFRS bilanzierenden Unternehmen hat hinsichtlich **der Trennung von selbst erstellten und erworbenen immateriellen Werten** gezeigt, dass teilweise trennscharf zwischen selbst erstellten und erworbenen immateriellen Werte unterschieden wird; teilweise ist diese Unterscheidung jedoch nicht eindeutig erkennbar bzw. kann nicht quantitativ abgegrenzt werden. So ist bspw. im Jahresabschluss der **SGL Carbon AG** wie folgt zu lesen:[224]

„Zur Verbesserung der Darstellung haben wir die aktivierten Entwicklungskosten, außer Kosten der Entwicklung zur Software (SGL-ONE), in eine gesonderte Gruppe separiert. Gewerbliche Schutzrechte, Software und ähnliche Rechte bestehen im Wesentlichen aus erworbener und selbst erstellter EDV-Software."

---

224 SGL Carbon AG: Geschäftsbericht 2006, S. 93.

Da keine konkreten quantitativen Angaben vorliegen, ist es nicht möglich, die Höhe der selbst erstellten immateriellen Werte abzuleiten. Eine nur geringe Verbesserung in der Information bezüglich selbst erstellter und käuflich erworbener immaterieller Werte liegt bei der **techem AG** vor, wie der folgende Ausschnitt aus dem Geschäftsbericht zeigt.[225]

TEUR	Software, Lizenzen und sonstige immaterielle Vermögenswerte	Geschäfts- oder Firmenwert	Unfertige Software in Entwicklung	Summe
Buchwerte				
Buchwert immaterielle Vermögenswerte 30.9.2005	69 674	113 240	7 286	**190 200**
Buchwert immaterielle Vermögenswerte 30.9.2006	99 503	129 841	3 255	**232 599**
	Im Geschäftsjahr 2005/2006 wurde die Techem Services GmbH in „zur Veräußerung gehaltene langfristige Vermögenswerte" umgegliedert (vgl. Anmerkung 22).			
	Die selbst geschaffenen immateriellen Vermögenswerte zum 30. September 2006 betrugen 6 975 TEUR (Zugänge 2005/2006: 2 460 TEUR; Abschreibungen in 2005/2006: 1 325 TEUR; kumulierte historische Anschaffungskosten 9 392 TEUR).			
	Die selbst geschaffenen immateriellen Vermögenswerte zum 30. September 2005 hatten 5 840 TEUR (Zugänge 2004/2005: 4 368 TEUR; Abschreibungen in 2004/2005: 608 TEUR; kumulierte historische Anschaffungskosten: 6 932 TEUR) betragen.			

Abb. 8-1: Differenzierte Angaben zu immateriellen Werten hinsichtlich selbst erstellter immaterieller Werte (techem AG)

In diesem Fall ist keine genaue Zuordnung solcher immateriellen Werte möglich, die selbst erstellt sind und solchen, die käuflich erworben wurden. Der Gesamtbetrag der selbst geschaffenen immateriellen Vermögenswerte ist mit 6 975 TEUR benannt; es kann nur vermutet werden, dass sich dieser Betrag zum einen auf die unfertige Software in Entwicklung und auf die darüber hinaus ausgewiesene Software innerhalb der Position „Software, Lizenzen und sonstige immaterielle Vermögenswerte" verteilt.

Wesentlich hilfreicher sind die im Geschäftsbericht der **Deutschen Postbank AG** gebotenen Informationen, wie der folgende Ausschnitt zeigt.[226]

---

225 Entnommen aus: techem AG: Geschäftsbericht 2006, S. 78.
226 Entnommen aus: Deutsche Postbank AG: Geschäftsbericht 2006, S. 150.

8.3 Ansatz von immateriellen Werten im Jahresabschluss und relevante Anhangangaben

	31.12.2006 Mio €	31.12.2005 Mio €
Selbst erstellte immaterielle Vermögenswerte, selbst erstellte Software	55	16
Erworbene Software, Konzessionen, gewerbliche Schutzrechte	721	121
Erworbene Geschäfts- oder Firmenwerte	1 626	51
Geleistete Anzahlungen auf immaterielle Vermögenswerte und in der Entwicklung befindliche immaterielle Vermögenswerte	103	35
Gesamt	2 505	223
In der Position „Erworbene Software, Konzessionen, gewerbliche Schutzrechte" sind die im Rahmen der Kaufpreisallokation aktivierte Marke BHW in Höhe von 319 Mio. €, Kundenbeziehungen in Höhe von 166 Mio. € und vorteilhafte Verträge in Höhe von 72 Mio. € enthalten.		

Abb. 8-2: Differenzierte Angaben zu immateriellen Werten hinsichtlich selbst erstellter immaterieller Werte (Deutsche Postbank AG)

Der Ausweis hätte noch verbessert werden können, wenn die benannte Unterposition „Geleistete Anzahlung auf immaterielle Vermögenswerte und in der Entwicklung befindliche immaterielle Vermögenswerte" ebenso trennscharf abgrenzbar wäre wie die ersten beiden ausgewiesenen Unterpositionen. Eindeutig ist der Ausweis – als Ausschnitt des Anlagespiegels – dagegen im Fall der **BASF AG**.[227]

Vertriebs- und ähnliche Rechte	Produktrechte, Lizenzen und Trademarks	Know-how, Patente und Produktionstechnologie	Geschäfts- oder Firmenwerte	Selbstgeschaffenes immterielles Vermögen	Sonstige Rechte und Werte*
*inclusive Lizenzen an solchen Rechten und Werten					

Abb. 8-3: Differenzierte Angaben zu immateriellen Werten hinsichtlich selbst erstellter immaterieller Werte (BASF AG)

Einzig der undifferenzierte Ausweis der sonstigen Rechte und Werte ist nicht zufrieden stellend, da hierunter auch Emissionsrechte subsumiert werden, ohne dass eine quantitative Nennung erfolgt. Dennoch ist dieser Buchwert mit insgesamt 513,7 Mio. € noch deutlich höher als die separat ausgewiesenen selbstgeschaffenen immateriellen Vermögenswerte mit einem Buchwert von nur 66 Mio. €.

Als nicht ganz zufriedenstellend ist der Ausweis der **Deutschen Telekom AG** zu beurteilen. Hier werden zwar separat von Anzahlungen und Goodwill in einer gesonderten Spalte selbst erstellte immaterielle Werte und erworbene immaterielle

---

227 BASF AG: Geschäftsbericht 2006, S. 130.

Werte ausgewiesen. Während Letztere weiter unterteilt werden in „erworbene Konzessionen, gewerbliche Schutzrechte und ähnliche Rechte und Werte", „UMTS-Lizenzen", „GSM-Lizenzen", „FCC-Lizenzen" sowie „übrige erworbene immaterielle Vermögenswerte", erfolgt weder für die Unterposition „übrige erworbene immaterielle Vermögenswerte" noch für die selbst erstellten immateriellen Werte eine Nennung von Unterpositionen. Aus den Angaben zu Bilanzierungsvorschriften kann nur abgeleitet werden, dass es sich bei den selbst erstellten immateriellen Werten um Entwicklungskosten handeln könnte. Allerdings erfolgt kein konkreter Hinweis, dass es Software sein könnte.[228]

Als **vorbildlich sind die Angaben im Jahresabschluss der Commerzbank AG zu werten**, die wie folgt über die Zusammensetzung der sonstigen immateriellen Anlagewerte informiert:[229]

	31.12.2006 Mio. €
Geschäfts- oder Firmenwerte	1.287
Sonstige immaterielle Anlagewerte	393
Gesamt	1.680

Von den Sonstigen immateriellen Anlagewerten entfallen 224 Mio. Euro (Vorjahr: 208 Mio. Euro) auf aktivierte Software, 74 Mio. Euro auf erworbene Kundenbeziehungen und 95 Mio. Euro auf den Markennamen „Eurohypo".

Abb. 8-4: Angaben über die Zusammensetzung der sonstigen immateriellen Werte (Commerzbank AG)

Positiv hervorzuheben sind auch die Angaben bei der **Volkswagen AG**, da hier konkret jeweils über den Anteil an Forschungs- und Entwicklungskosten informiert wird, der als Aufwand verrechnet und der Teil, der aktiviert wurde. So heißt es zum einen, dass von den im Jahr 2006 insgesamt angefallenen Forschungs- und Entwicklungskosten 1 478 Mio. € die Aktivierungskriterien nach IFRS erfüllen. Zum anderen werden – wie folgt – die Beträge genannt, die erfolgswirksam verrechnet wurden.[230]

Mio. €	2006
Forschungs- und nicht aktivierte Entwicklungskosten	2.762
Abschreibungen auf Entwicklungskosten	1.826
Aufwandswirksam verrechnete Forschungs- und Entwicklungskosten	4.588

Abb. 8-5: Angaben über nicht aktivierte Forschungs- und Entwicklungskosten (Volkswagen AG)

---

228 Vgl. Deutsche Telekom AG: Geschäftsbericht 2006 S. 125 und 148.
229 Commerzbank AG: Geschäftsbericht 2006, S. 149.
230 Volkswagen AG: Geschäftsbericht 2006, S. 150.

Im Zusammenhang mit der Angabe zu als Aufwand verrechneten Forschungs- und Entwicklungskosten (IAS 38.126-127) kommt es auch vor, dass – wie im Fall der **Deutschen Telekom AG** – hierüber lediglich im Lagebericht informiert wird,[231] ohne hierauf im Anhang zu verweisen. Dieser Vorgehensweise sollte **nicht gefolgt werden**. Zumindest sollte im Anhang auf diese Angaben über einen Querverweis hingewiesen werden. Besser ist es, wenn diese Angaben entweder innerhalb der Erläuterung der Bilanzierungsvorschriften oder – falls Entwicklungskosten aktiviert wurden – innerhalb der Erläuterung der immateriellen Werte platziert werden.

Nachdem als erste Übersicht die Ausweisgepflogenheiten hinsichtlich der Trennung nach selbst erstellten und erworbenen immateriellen Werten aufgezeigt wurden, widmet sich das folgende Kapitel der in der Praxis üblicherweise vorzufindenden differenzierten Nennung von immateriellen Werten. Hierbei ist zu berücksichtigen, dass nur solche immateriellen Werte als selbst erstellt klassifiziert wurden, die im Geschäftsbericht separat quantitativ benannt wurden.

8.3.2 Differenzierte Nennung hinsichtlich erworbener immaterieller Werte

Die Durchsicht der Geschäftsberichte hat gezeigt, dass eine breite Palette an aktivierten immateriellen Werten als ergänzende Information im Anhang benannt wird. Auffallend ist zunächst, dass sich eine Vielzahl von Unternehmen an das **handelsrechtliche Gliederungsschema orientiert**, wie die folgende Tabelle 8-6 – ohne Auflistung des Geschäfts- oder Firmenwertes,[232] zeigt.

Ein separater Ausweis immaterieller Werte als „Patente, Lizenzen, Konzessionen und ähnliche Rechte" ist nach wie vor in vielen Jahresabschlüssen der nach IFRS bilanzierenden Unternehmen vorzufinden – der größte Anteil ist im MDAX vertreten. Bei Betrachtung der Branchen ist auffällig, dass der relative Anteil der Unternehmen im Cluster FBI sehr gering ist, während der relative Anteil ansonsten überwiegend bei nahezu 50% liegt. Ein jeweils separater Ausweis von Patenten, Lizenzen und Rechten wird unternehmensübergreifend relativ selten durchführt, allerdings ist die betragsmäßige Nennung im Vergleich zu der klassischen Gruppenbenennung gemäß Handelsrecht häufig deutlich höher. Hinsichtlich der Ausweishöhe sticht insbesondere der Betrag über 31 955 Mio. € bei Lizenzen (Deutsche Telekom AG) heraus. Jedoch ist diese Ausweisgepflogenheit nicht immer – wie zu erwarten gewesen wäre – auf den Grundsatz der Wesentlichkeit der separaten quantitativen Benennung zurück zu führen. So weist die Deutsche Telekom AG 3 569 Mio. € als übrige erworbene immaterielle Werte aus und es erfolgt keine konkrete Aufschlüsselung des Betrages.

---

231 Vgl. Deutsche Telekom AG: Geschäftsbericht 2006, S. 96.
232 Vgl. Kapitel 8.2.

8 Empirische Analyse der IFRS-Rechnungslegung über immaterielle Vermögenswerte

		Patente, Lizenzen, Konzessionen, ähnliche Rechte	Patente	Lizenzen	Rechte	geleistete Anzahlungen	Übrige / sonstige immaterielle Werte
DAX (23)	Mio. €	2.793	11.981	31.955	3.531	527	8.124
	Anzahl	8	2	1	2	10	7
MDAX (49)	Mio. €	1.307	0	0	58	201	824
	Anzahl	22	0	0	3	18	14
SDAX (50)	Mio. €	239	3	99	75	10	190
	Anzahl	18	1	2	3	6	9
ATL (13)	Mio. €	185	0	0	70	186	971
	Anzahl	6	0	0	1	5	4
BCU (10)	Mio. €	826	0	0	0	46	0
	Anzahl	6	0	0	0	4	0
CPH (16)	Mio. €	1.115	11.981	97	3.531	105	3.277
	Anzahl	8	2	1	2	5	3
FBI (32)	Mio. €	37	0	0	3	136	447
	Anzahl	4	0	0	1	5	9
IND (28)	Mio. €	774	3	2	15	67	677
	Anzahl	13	1	1	3	6	6
MTST (6)	Mio. €	755	0	31.955	0	135	3.682
	Anzahl	4	0	1	0	4	3
RCF (17)	Mio. €	647	0	0	45	63	84
	Anzahl	7	0	0	1	5	5

ATL = Automobile Transport & Logistics; BCU = Basic Resources, Construction, Utilities;
CPH = Chemicals, Pharma & Healthcare; FBI = Financial Services, Banks, Insurance;
IND = Industries; MTST = Media, Technology, Software, Telecomunication;
RCF = Retail, Consumer, Food & Beverages

Tab. 8-6: Differenzierung der immateriellen Werte in Anlehnung an das handelsrechtliche Gliederungsschema

Darüber hinaus erfolgt in vielen Fällen ein Ausweis von Software. Allerdings wird die **Software in unterschiedlichsten Konstellationen** ausgewiesen, wie die folgende Tabelle 8-7 – in diesem Fall der Vollständigkeit halber mit Berücksichtigung selbst erstellter Software – zeigt.

Die nicht zufriedenstellende Ausweisgepflogenheit der Unternehmenspraxis wird im Falle der Software deutlich. Ein gravierendes Problem ist darin zu sehen, dass häufig nicht erkennbar ist, ob es sich um selbst erstellte oder um erworbene Software handelt. Eine Betrachtung der DAX-Indizes lässt erkennen, dass aus externer Sicht bei den 23 DAX-Unternehmen mit zusammen 9 Unternehmen überwiegend eine Trennung zwischen erworbener Software und selbst erstellter Software vorgenommen werden kann; bei nur 5 Unternehmen ist keine eindeutige Zuordnung möglich. Demgegenüber kann bei den MDAX- und SDAX-Unternehmen oftmals keine eindeutige Zuordnung vorgenommen werden. Dies kann möglicherweise mit dem Grundsatz der Wesentlichkeit in Zusammenhang stehen. In der Auswertung der Branchen ist erkennbar, dass das Cluster FBI als vorbildliche

8.3 Ansatz von immateriellen Werten im Jahresabschluss und relevante Anhangangaben

		Software, Patente, Lizenzen, Konzessionen, ähnliche Rechte	Software	Software und Sonstige	erworbene Software	Selbst erstellte Software
DAX	Mio. €	430	353	19	53	1.099
(23)	Anzahl	3	1	1	2	7
MDAX	Mio. €	212	55	0	18	52
(49)	Anzahl	7	4	0	2	4
SDAX	Mio. €	31	21	0	63	31
(50)	Anzahl	8	4	0	5	3
ATL (13)	Mio. €	24	11	0	2	657
	Anzahl	2	1	0	1	4
BCU (10)	Mio. €	41	0	0	0	0
	Anzahl	3	0	0	0	0
CPH (16)	Mio. €	34	18	19	0	50
	Anzahl	3	1	1	0	1
FBI (32)	Mio. €	165	363	0	107	446
	Anzahl	2	3	0	5	7
IND (28)	Mio. €	151	36	0	24	29
	Anzahl	5	3	0	3	2
MTST (6)	Mio. €	0	0	0	0	0
	Anzahl	0	0	0	0	0
RCF (17)	Mio. €	258	1	0	0	0
	Anzahl	3	1	0	0	0
ATL = Automobile Transport & Logistics; BCU = Basic Resources, Construction, Utilities; CPH = Chemicals, Pharma & Healthcare; FBI = Financial Services, Banks, Insurance; IND = Industries; MTST = Media, Technology, Software, Telecomunication; RCF = Retail, Consumer, Food & Beverages							

Tab. 8-7: Differenzierung der immateriellen Werte hinsichtlich Software

Branche gilt, da hier relativ häufig eine Trennung zwischen selbst erstellter und erworbener Software erkennbar ist, wohingegen es beim Cluster CPH, RCF sowie IND umgekehrt ist.

Bei den Unternehmen des Clusters MTST ist keine Software separat benannt worden. Anzumerken ist, dass im Geschäftsbericht der Deutschen Telekom AG hier nur ein Hinweis auf eigene Entwicklungen erfolgt, so dass dieser Wert den aktivierten Entwicklungskosten zugeordnet wurde. Ein Blick auf die Ausweishöhe macht deutlich, dass bezogen auf die DAX-Indizes die Untenehmen mit relativ hohem Ausweis von Software alle zu den DAX-Unternehmen gehören; hierbei handelt es sich um die Deutsche Post AG (603 Mio. €) und Münchener Rück AG (353 Mio. €). Demgegenüber sind die Beträge der MDAX- und SDAX-Unternehmen gering.

Als ein **positives Beispiel für die Trennung im Ausweis von selbst erstellter und erworbener Software ist die comdirect bank AG** zu nennen. In prägnanter Weise werden die immateriellen Werte mit einem Buchwert über 19 763 T€ unterteilt in selbst erstellte Software (6 853 T€), erworbene Software (2 359 T€) sowie erworbene Kundenbeziehungen (10 551 T€).[233] Ebenso erfolgt bei der **Sixt AG** der folgende aussagekräftige Hinweis.[234]

> Die immateriellen Vermögenswerte beinhalten selbst erstellte Software in Höhe von TEUR 2 392 (Vj. TEUR 669) sowie erworbene Software in Höhe von TEUR 1 744 (Vj. TEUR 1 478). Ferner enthält der Posten Anzahlungen auf Software über TEUR 327 (Vj. TEUR 1 013) und sonstige immaterielle Vermögenswerte.

Darüber hinaus sind neben den zuvor genannten separat benannten Unterpositionen der erworbenen immateriellen Werte zahlreiche weitere Unterpositionen vorzufinden, die **i. d. R. aus Unternehmenszusammenschlüssen** resultieren, wie die Tabelle 8-8 zeigt.

Zusätzlich zu den handelsrechtlichen Ausweisvorschriften für immaterielle Werte gem. § 266 HGB werden neben der Sammelposition „erworbene immaterielle Werte" **am häufigsten Markennamen/-rechte und Kundenbeziehungen/-stamm als separate Posten** betragsmäßig genannt. Die in obiger Tabelle darüber hinaus genannten Einzelpositionen werden i. d. R. nur vereinzelt benannt. Anzumerken ist, dass **eine Zuordnung zu den einzelnen Unterpositionen der immateriellen Werte nicht immer eindeutig möglich** ist. So gibt die BASF AG bezogen auf das Jahr 2005 an, dass in den sonstigen Rechten und Werten (in Tab. 8-6 bei Rechte enthalten) unter Umbuchungen die unentgeltliche Zuteilung von Emissionsrechten enthalten sind;[235] da aber keine quantitativen Angaben vorliegen; kann aus externer Sicht auch keine ordnungsgemäße Zuordnung zu den Emissionsrechten erfolgen.

Es fällt auf, dass bei den DAX-Unternehmen am häufigsten über einen separaten Ansatz immaterieller Werte mit quantitativer Nennung informiert wird; bei den Branchenclustern sind es ATL, FBI und IND.

Als Beispiel für eine **sehr informative Berichterstattung** sind die Angaben zu **Kundenbeziehungen** bei der **techem AG** zu nennen, da hier der Gesamtwert einzelnen Unternehmen zugeordnet wird.[236]

---

233 Vgl. comdirect bank AG: Geschäftsbericht 2006 S. 104.
234 Sixt AG: Geschäftsbericht 2006, S. 90.
235 Vgl. BASF AG: Geschäftsbericht 2006, S. 131.
236 Entnommen aus: techem AG: Geschäftsbericht 2006, S. 79.

8.3 Ansatz von immateriellen Werten im Jahresabschluss und relevante Anhangangaben

		Marken-namen/ -rechte	Kundenbe-ziehungen/ -stamm	Erworbene immaterielle Werte	Waren-zeichen	erworbene Versiche-rungs-bestände	vorteil-hafte Verträge	Emissions-rechte	Entwicklungs-kosten aus Akquisitionen	Marken- und sonstige Rechte	Transport-/ Leasing-verträge	Pro-gramm-werte	Rezep-turen	Panel und Panelauf-baukosten	Stu-dien	Produkt-know-how
DAX (23)	Mio. €	2.996	2.143	2.837	3.162	562	72	0	1.276	1.705	399	0	0	0	0	0
	Anzahl	5	4	2	1	1	1	0	1	1	1	0	0	0	0	0
MDAX (49)	Mio. €	374	251	362	11	97	0	10	0	0	0	626	350	0	0	32
	Anzahl	2	2	4	1	1	0	1	0	0	0	1	1	0	0	1
SDAX (50)	Mio. €	76	70	6	0	0	2	0	0	0	0	0	0	10	72	0
	Anzahl	4	5	1	0	0	1	0	0	0	0	0	0	1	1	0
ATL (13)	Mio. €	2	101	2.837	0	0	0	0	0	0	399	0	0	0	0	0
	Anzahl	1	2	2	0	0	0	0	0	0	1	0	0	0	0	0
BCU (10)	Mio. €	0	1.807	61	0	0	0	0	0	0	0	0	0	0	0	0
	Anzahl	0	1	1	0	0	0	0	0	0	0	0	0	0	0	0
CPH (16)	Mio. €	454	0	0	3.173	0	0	10	1.276	0	0	0	350	0	0	0
	Anzahl	2	0	0	2	0	0	1	1	0	0	0	1	0	0	0
FBI (32)	Mio. €	1.131	256	111	0	659	72	0	0	0	0	0	0	0	0	0
	Anzahl	3	4	2	0	2	1	0	0	0	0	0	0	0	0	0
IND (28)	Mio. €	67	92	21	0	0	2	0	0	0	0	626	0	10	72	32
	Anzahl	2	2	1	0	0	1	0	0	0	0	1	0	1	1	1
MTST (6)	Mio. €	331	200	0	0	0	0	0	0	0	0	0	0	0	0	0
	Anzahl	1	1	0	0	0	0	0	0	0	0	0	0	0	0	0
RCF (17)	Mio. €	1.461	8	175	0	0	0	0	0	1.705	0	0	0	0	0	0
	Anzahl	2	1	1	0	0	0	0	0	1	0	0	0	0	0	0

ATL = Automobile Transport & Logistics; BCU = Basic Resources, Construction, Utilities; CPH = Chemicals, Pharma & Healthcare; FBI = Financial Services, Banks, Insurance; IND = Industries; MTST = Media, Technology, Software, Telecomunication; RCF = Retail, Consumer, Food & Beverages

Tab. 8-8: Differenzierung erworbener immaterieller Werte über die handelsrechtlichen Nennungen hinaus

TEUR	Buchwert zum 30.9.2006
Heimer Concept GmbH	28 593
Techem Danmark A/S	11 080
Bautec Energiemanagement GmbH	10 956
Gesamt	**50 629**

Abb. 8-6: Angaben zu Kundenbeziehungen (techem AG)

Die Ergebnisse zeigen, dass trotz der exemplarischen Gruppennennung gem. IAS 38.119 die **Berichterstattung über die aktivierten, erworbenen immateriellen Werte aus externer Sicht in vielen Fällen nicht zufriedenstellend** ist, da es kein einheitliches Vorgehen hinsichtlich der Unternennung von immateriellen Werten gibt. Wenngleich es auch positive Beispiele gibt, bedeutet dies für eine externe Analyse ein erhebliches Problem, das leider nur über eine pragmatische Vorgehensweise gelöst und somit nur als grobe Annäherung betrachtet werden kann. Als **gutes Beispiel** ist die **MTU Aero Engines Holding** zu nennen, die den Gesamtbetrag der immateriellen Werte vollständig positionsbezogen auf folgende Posten aufteilt: Programmwerte, programmunabhängige Technologien, Kundenbeziehungen, Nutzungsrechte und Lizenzen sowie Firmenwerte.[237] Auch die Informationen der **GfK AG** sind als **gute Berichterstattung** zu werten, die identifizierte immaterielle Werte aus der Kaufpreisallokation separat benennt.[238]

	31.12.2005	31.12.2006
Aufgedeckte stille Reserven aus der Kaufpreisallokation:		
Studien	90 914	72 251
Kundenstämme	41 087	40 681
Marken	44 352	38 709
Panels	4 990	4 102
Verträge	3 287	2 285
Auftragsbestand	1 734	925
Software	29 779	37 625
Panelaufbaukosten	3 003	8 593
Übrige immaterielle Vermögenswerte	6 047	7 757
Sonstige immaterielle Vermögenswerte	**225 193**	**212 928**
Der Posten Software enthält selbst erstellte Software in Höhe von 22 224 TEUR (2005 13 022 TEUR).		

Abb. 8-7: Angaben über identifizierte immaterielle Werte aus der Kaufpreisallokation (GfK AG)

---

237 Vgl. MTU Aero Engines Holding: Geschäftsbericht 2006, S. 81.
238 Entnommen aus: GfK AG: Geschäftsbericht 2006, S. 115.

8.3 Ansatz von immateriellen Werten im Jahresabschluss und relevante Anhangangaben

Auch die Curanum AG berichtet zufriedenstellend hinsichtlich der Veränderungen der immateriellen Vermögenswerte, die aus Unternehmenserwerben resultieren, wie der folgende Ausschnitt aus dem Geschäftsbericht zeigt.[239]

	Geschäfts- oder Firmenwert T€	Software/ Lizenzen/ ähnliche Rechte T€	Geleistete Anzahlungen T€	2006 Gesamt T€
Anschaffungs-/Herstellungskosten				
1. September 2006	0	64	0	64
Zugänge	10.019	929	0	10.948
Abgänge	0	-12	0	-12
31. Dezember 2006	10.019	981	0	11.000
Kumulierte Abschreibungen und Wertminderungen				
1. September 2006	0	41	0	41
Abschreibung für das Jahr	0	159	0	159
Abgänge	0	-12	0	-12
31. Dezember 2006	0	188	0	188
Nettobuchwert	10.019	793	0	10.812
davon aus Erst-/ Folgekonsolidierung	10.019	771	0	10.790

Abb. 8-8: Angaben über Veränderungen der immateriellen Werte (Curanum AG)

8.3.3 Selbst erstellte immaterielle Werte und deren Bedeutung

Die Untersuchung der Datenbasis hat gezeigt, dass als selbst erstellte immaterielle Werte am **häufigsten Entwicklungskosten und Software** angesetzt werden. Dennoch wird bei vielen Unternehmen häufig keine Aktivierung vorgenommen, insbesondere im CPH-Cluster. So begründet die **Bayer AG** die Nicht-Aktivierung von Entwicklungskosten wie folgt:[240]

> Alle Forschungsaufwendungen werden bei Entstehung als Aufwand gebucht. Da Entwicklungsprojekte behördlichen Genehmigungsverfahren und anderen Unwägbarkeiten unterliegen, sind die Bedingungen für eine Aktivierung der vor der Genehmigung im Hinblick auf interne Forschungs- und Entwicklungstätigkeiten entstandenen Entwicklungskosten in der Regel nicht erfüllt. Die betreffenden Kosten werden ebenfalls bei Entstehung als Aufwand gebucht.

Auch erfolgt im RCF-Cluster nur selten eine Aktivierung von Entwicklungskosten. Als Begründung heißt es bei der **Adidas AG** hierzu:[241]

> Die Lebensdauer von Produkten in der Sportartikelbranche ist kurz. Daher werden Kosten für Forschung und Entwicklung innerhalb des adidas Konzerns zum Zeitpunkt der Entstehung als Aufwand erfasst und nicht aktiviert.

---

239 Entnommen aus: Curanum AG: Geschäftsbericht 2006, S. 110.
240 Bayer AG: Geschäftsbericht 2006, S. 123.
241 Adidas AG: Geschäftsbericht 2006, S. 70.

Im Einzelnen finden sich in den Jahresabschlüssen der Unternehmen neben der zuvor erwähnten selbst erstellten Software (siehe Tab. 8-7) folgende unterschiedliche **Unterpositionen für selbst erstellte immaterielle Werte** (Tab. 8-9).

		selbsterstellte immterielle Werte	aktivierte Entwicklungskosten	Selbst erstellte Software	Panelaufbaukosten
DAX (23)	Mio. €	21	12.519	1.099	0
	Anzahl	2	6	7	0
MDAX (49)	Mio. €	10	1.236	52	0
	Anzahl	3	9	4	0
SDAX (50)	Mio. €	14	112	31	3
	Anzahl	1	12	3	1
ATL (13)	Mio. €	5	11.325	657	0
	Anzahl	1	5	4	0
BCU (10)	Mio. €	0	272	0	0
	Anzahl	0	3	0	0
CPH (16)	Mio. €	19	2	50	0
	Anzahl	2	1	1	0
FBI (32)	Mio. €	0	7	446	0
	Anzahl	0	2	7	0
IND (28)	Mio. €	6	1.461	29	3
	Anzahl	1	12	2	1
MTST (6)	Mio. €	15	738	0	0
	Anzahl	2	2	0	0
RCF (17)	Mio. €	0	62	0	0
	Anzahl	0	2	0	0
ATL = Automobile Transport & Logistics; BCU = Basic Resources, Construction, CPH = Chemicals, Pharma & Healthcare; FBI = Financial Services, Banks, IND = Industries; MTST = Media, Technology, Software, Telecomunication; RCF = Retail, Consumer, Food & Beverages					

Tab. 8-9: Differenzierung selbst erstellter immaterieller Werte

Als selbst erstellte immaterielle Werte werden i. d. R. aktivierte Entwicklungskosten und Software als separate Posten ausgewiesen bzw. quantitativ benannt. Zusätzlich erfolgt ein separater Ausweis als Sammelposten „selbst erstellte immaterielle Werte", so dass nicht erkennbar ist, um welche Positionen es sich im Einzelnen wertmäßig handelt. Dieser Posten wird von insgesamt 6 aller 122 untersuchten Unternehmen benutzt und ist hinsichtlich der Werthöhe vernachlässigend gering.

Bei Betrachtung der gesamten Datenbasis fällt auf, dass – bezogen auf alle Unternehmen – deutlich häufiger **Entwicklungskosten** im Vergleich zu Ausgaben für selbst erstellte Software separat ausgewiesen werden. Auffallend ist, dass die betragsmäßigen höchsten Nennungen innerhalb der 23 DAX-Unternehmen zu verzeichnen sind. Von den 12 519 Mio. € Entwicklungskosten entfällt bereits ein großer Teil auf Volkswagen AG mit 6 300 Mio. € und BMW AG mit 4 810 Mio. €; der Restbetrag verteilt sich auf die weiteren vier Unternehmen. Eine Software-Aktivierung erfolgt bei insgesamt 7 der 23 DAX-Unternehmen und wird überwiegend bei den Unternehmen Deutsche Post AG (603 Mio. €), Commerzbank (224 Mio. €) sowie Deutsche Börse AG (115 Mio. €) praktiziert. Diese Verteilung spiegelt sich auch in der Nennung der Branche wider. Während in den Branchenclustern ATL und IND eine vergleichsweise hohe Anzahl von Unternehmen eine Aktivierung vornimmt und auch relativ hohe Werte zu verzeichnen sind, werden im Branchencluster **CPH kaum Ausgaben für Entwicklungskosten** aktiviert, die im Unternehmen selbst durchgeführt werden. **Selbst erstellte Software** wird überwiegend von Unternehmen der **Cluster ATL und FBI** aktiviert. Als Unternehmen mit einem relativ hohen Wertansatz sind insbesondere die Deutsche Post AG (603 Mio. €) sowie die Commerzbank AG (224 Mio. €) zu nennen. Die Position „Panelaufbaukosten" wurde von der GfK AG separat benannt. Den Angaben ist leider nur abzuleiten, dass es sich bei einem Anteil von ca. 3 Mio. € um selbst erstellte Maßnahmen handelt.

Der Behandlung von selbst erstellen immateriellen Werten kommt im Rahmen der IFRS-Bilanzierung bezüglich der bestehenden Einschätzungsspielräume ein hoher Stellenwert zu. Daher wird im Folgenden untersucht, wie die **Bedeutung ihrer Aktivierung betragsmäßig einzuschätzen ist**. Da als selbst erstellte immaterielle Werte überwiegend Ausgaben für Entwicklungskosten und Software separat ausgewiesen werden, **konzentrieren sich die Ausführungen nur auf die Unternehmen mit aktivierten Entwicklungskosten und/oder aktivierter selbst erstellter Software**. Interessant ist die Aktivierungsquote, die die im Geschäftsjahr aktivierten Entwicklungskosten und Software-Ausgaben zu den gesamten Kosten für Forschung und Entwicklung in Relation setzt. Auf dieser Basis ergeben sich folgende Aktivierungsquoten (vgl. Tab. 8-10).

Hohe Aktivierungsquoten sind im FBI- und MTST-Cluster zu verzeichnen, gefolgt vom ATL-Cluster. Auffallend ist, dass insbesondere im FBI-Cluster fast ausschließlich Software aktiviert wird. Die Werte im MTST-Cluster werden von der Deutschen Telekom AG bestimmt. Hierbei ist zu berücksichtigen, dass im Jahresabschluss zu den Entwicklungskosten (736 Mio. €) keine konkreten Informationen vorliegen, so dass diese nicht der Software, sondern den Entwicklungskosten zugeordnet wurden.

Bei Unternehmen, die eine Aktivierung von Entwicklungskosten vornehmen, findet sich häufig die entsprechende Begründung in Anlehnung an IAS 38.57. So wird bspw. bei der RWE AG der Ansatz wie folgt begründet.[242]

---

[242] RWE AG: Geschäftsbericht 2006, S. 151.

8 Empirische Analyse der IFRS-Rechnungslegung über immaterielle Vermögenswerte

	absoluter Betrag aktivierter Entwicklungskosten	absoluter Betrag aktivierter Software	F+E als Aufwand verrechnet	Aktivierungsquote
	(Angaben in Mio. €, soweit nicht anders benannt)			
DAX (23)	12.519	1.099	12.833	51,48%
MDAX (49)	1.236	52	4.652	21,69%
SDAX (50)	112	31	624	18,72%
Summe:	13.868	1.183	18.109	
ATL (13)	11.325	657	7.928	60,18%
BCU (10)	272	0	360	43,04%
CPH (16)	2	50	5.222	0,99%
FBI (32)	7	446	114	79,90%
IND (28)	1.461	29	3.768	28,34%
MTST (6)	738	0	200	78,68%
RCF (17)	62	0	517	10,71%
Summe:	13.868	1.183	18.109	
ATL = Automobile Transport & Logistics; BCU = Basic Resources, Construction, Utilities; CPH = Chemicals, Pharma & Healthcare; FBI = Financial Services, Banks, Insurance; IND = Industries; MTST = Media, Technology, Software, Telecomunication; RCF = Retail, Consumer, Food & Beverages				

Tab. 8-10: Aktivierungsquote von Entwicklungskosten und Software

> Entwicklungsausgaben werden aktiviert, wenn ein neu entwickeltes Produkt oder Verfahren eindeutig abgegrenzt werden kann, technisch realisierbar ist und entweder die eigene Nutzung oder die Vermarktung vorgesehen ist. Weiterhin setzt die Aktivierung voraus, dass den Entwicklungsausgaben mit hinreichender Wahrscheinlichkeit künftige Finanzmittelzuflüsse gegenüberstehen werden. [...] Forschungsausgaben werden in der Periode ihrer Entstehung als Aufwand erfasst.

Eine stark eingeschränkte Aktivierung von Entwicklungskosten erfolgt bei der **Symrise AG** aus folgendem Grund:[243]

> Mit der Ausnahme, dass Entwicklungskosten in geringem Umfang aktiviert werden, werden ansonsten keine selbst geschaffenen immateriellen Vermögenswerte aktiviert, sondern alle damit im Zusammenhang stehenden Kosten im Zeitpunkt ihres Entstehens in der Gewinn- und Verlustrechnung erfasst.
>
> Forschungs- und Entwicklungskosten werden als Aufwand in der Periode erfasst, in der sie angefallen sind. Symrise aktiviert in geringem Umfang Entwicklungskoten für Projekte im Bereich Kosmetische Wirkstoffe, da sich in diesem Bereich die Werthaltigkeit verhältnismäßig zuverlässig aus Kundenbestellungen und Marktstudien ableiten lässt und die anderen Ansatzkriterien erfüllt werden.

---

243   Symrise AG: Geschäftsbericht 2006, S. 83.

8.4 Bewertung von immateriellen Werten und relevante Anhangangaben

8.4.1 Trennung zwischen begrenzter und unbestimmbarer Nutzungsdauer

Bei der Durchsicht der Geschäftsberichte ist aufgefallen, dass eine **Trennung zwischen solchen immateriellen Werten mit begrenzter und solchen mit unbestimmbarer Nutzungsdauer** oftmals nur rudimentär erfolgt. Häufig gehen diese Angaben in den Bilanzierungsvorschriften als verbale Erläuterung ein, ohne dass eine konkrete Zuordnung bzw. quantitative Nennung der betreffenden Positionen vorgenommen wurde. Das folgende Beispiel der **Symrise AG** ist in diesem Zusammenhang als **Best Practice** zu nennen, wie der folgende Ausschnitt aus dem Anlagespiegel im Geschäftsbericht zeigt.[244]

Geschäfts- oder Firmenwert	Rezepturen[1] mit begrenzter Nutzungsdauer	Rezepturen[1] mit unbestimmter Nutzungsdauer	Andere imm. Vermögenswerte[2] mit begrenzter Nutzungsdauer	Andere imm. Vermögenswerte[3] mit unbestimmter Nutzungsdauer	Anzahlungen
1) Rezepturen bestehen aus Produktionsrezepturen und Produktions-Know-how					
2) Software, Konzessionen und Patente					
3) Warenzeichen.					

Abb. 8-9: Differenzierte Angaben zu immateriellen Werte hinsichtlich Bestimmbarkeit der Nutzungsdauer (Symrise AG)

Diese Unterteilung ist insofern wichtig, als daran entsprechende Bewertungsfolgen geknüpft sind. Dies wird auch in den hilfreichen Erläuterungen der **Deutschen Telekom AG** deutlich, deren im Folgenden genannten Informationen noch um quantitative Angaben ergänzt werden.[245]

Immaterielle Vermögenswerte (ohne Goodwill) mit bestimmbarer Nutzungsdauer, einschließlich der UMTS-Lizenzen, werden mit ihren Anschaffungskosten bewertet und planmäßig über die jeweilige Nutzungsdauer linear abgeschrieben. Derartige Vermögenswerte sind im Wert gemindert, wenn der erzielbare Betrag – der höhere Wert aus beizulegendem Zeitwert abzüglich Veräußerungskosten und Nutzungswert des Vermögenswertes – niedriger ist als der Buchwert. Immaterielle Vermögenswerte mit unbestimmbarer Nutzungsdauer (US-Mobilfunklizenzen, so genannte FCC-Lizenzen) werden zu Anschaffungskosten bewertet. Sie werden nicht planmäßig abgeschrieben, sondern werden

---

244 Entnommen aus: Symrise AG: Geschäftsbericht 2006, S. 102.
245 Deutsche Telekom AG: Geschäftsbericht 2006, S. 125.

jährlich und zusätzlich immer dann, wenn Anzeichen für eine Wertminderung vorliegen, auf ihre Werthaltigkeit untersucht und, sofern notwendig, auf den erzielbaren Betrag abgeschrieben.

Darüber hinaus ist die Nutzungsdauer eines immateriellen Vermögenswertes mit unbestimmbarer Nutzungsdauer einmal jährlich dahingehend zu prüfen, ob die Annahme einer unbestimmbaren Nutzungsdauer weiterhin gerechtfertigt ist. Eine solche Erklärung erfolgt bspw. bei der Symrise AG. Außerdem wird darauf hingewiesen, dass die Einschätzung auf prospektiver Basis geändert wird, falls die Umgruppierung erforderlich ist.[246] Konkrete Angaben dieser Art finden sich allerdings nicht sehr häufig in Geschäftsberichten.

8.4.2 Anschaffungs- und Herstellungskosten

Die Informationen zu den Anschaffungs- oder Herstellungskosten fallen i. d. R. kurz aus. Als ein gutes Beispiel sei die **Lufthansa AG** erwähnt, die wie folgt über Anschaffungs- und Herstellungskosten informiert:[247]

> Sonstige immaterielle Vermögenswerte (außer Geschäfts- oder Firmenwerten): Erworbene immaterielle Vermögenswerte werden zu Anschaffungskosten, selbst erstellte immaterielle Vermögenswerte [...] werden mit ihren Herstellungskosten aktiviert [...]. Die Herstellungskosten umfassen dabei alle direkt zurechenbaren Kosten sowie angemessene Teile der fertigungsbezogenen Gemeinkosten. Finanzierungskosten werden nicht aktiviert.

In einigen Fällen werden die Anschaffungskosten noch etwas konkretisiert, wie z. B. bei der **Symrise AG**. Dort heißt es wie folgt:[248]

> Die Anschaffungskosten eines immateriellen Vermögenswertes, der bei einem Unternehmenszusammenschluss erworben wurde, entsprechen seinem beizulegenden Zeitwert zum Erwerbszeitpunkt.

In Bezug auf Informationen zu **Fremdkapitalzinsen** ist die **BASF AG** als positives Beispiel zu nennen. Hier wird explizit angeführt, dass die Finanzierungskosten aktiviert werden, soweit sie nicht von untergeordneter Bedeutung sind und auf den Zeitraum der Herstellung entfallen.[249] Auch wenn Fremdkapitalzinsen nicht aktiviert werden, wird zum Teil über diesen Sachverhalt informiert. Hierzu schreibt die **Deutsche Telekom AG** wie folgt:[250]

---

246   Vgl. Symrise AG: Geschäftsbericht 2006, S. 83.
247   Lufthansa AG: Geschäftsbericht 2006, S. 121.
248   Symrise AG: Geschäftsbericht 2006, S. 82.
249   Vgl. BASF AG: Geschäftsbericht 2006, S. 108.
250   Deutsche Telekom AG: Geschäftsbericht 2006, S. 125.

8.4 Bewertung von immateriellen Werten und relevante Anhangangaben

Forschungsausgaben und Fremdkapitalkosten werden nicht aktiviert, sondern werden im Entstehungszeitpunkt verursachungsgemäß als Aufwand erfasst.

Als ein Beispiel für die **Best Practice** ist die **GfK AG** zu nennen. Hier finden sich zu den Herstellungskosten folgende aussagekräftige Informationen:[251]

Bei Panelaufbaukosten handelt es sich um aktivierte Entwicklungskosten für den Aufbau eines neuen Panels oder die Erweiterung eines bestehenden Panels. Panelaufbaukosten, die aktiviert werden, beinhalten unter anderem:

- Ausgaben für Material und Dienstleistungen, die beim Panelaufbau genutzt oder verbraucht werden
- Löhne und Gehälter sowie andere mit der Beschäftigung verbundene Aufwendungen für die Mitarbeiter, die am Panelaufbau direkt beteiligt sind
- Gemeinkosten, die beim Panelaufbau notwendigerweise anfallen und diesem auf vernünftiger und stetiger Basis aufgrund einer Kostenstellen- und Kostenträgerrechnung zugeordnet werden können.

Nicht aktivierungsfähig sind die Kosten der Vorbereitungs- und der Anwendungsphase sowie Erhaltungskosten für laufende Panels. Diese werden aufwandswirksam erfasst.

Ebenso vermitteln die gebotenen Informationen bei der **Deutschen Börse AG** einen **positiven Gesamteindruck**. Hier sind folgende Angaben zu finden:[252]

Forschungskosten werden als laufender Aufwand in der Periode ihrer Entstehung gebucht. Entwicklungskosten werden zu Herstellungskosten aktiviert, sofern sie die in IAS 38 aufgeführten Ansatzkriterien erfüllen. Diese Entwicklungskosten enthalten direkt zurechenbare Kosten für Arbeitnehmer, bezogene Dienstleistungen (externe Berater) und Arbeitsplatzumgebung, inklusive anteilige indirekte Kosten, die der Vorbereitung zur Nutzung des Vermögenswertes direkt zugeordnet werden können, wie die Kosten der Softwareentwicklungsinfrastruktur. Zinsaufwendungen werden nicht in die Herstellungskosten einbezogen. Aktivierte Entwicklungskosten werden ab dem Zeitpunkt der Nutzung über die voraussichtliche Nutzungsdauer, die grundsätzlich fünf Jahre beträgt, abgeschrieben.

---

251 GfK AG: Geschäftsbericht 2006, S. 107.
252 Entnommen aus: Deutsche Börse AG: Geschäftsbericht 2006, S. 131.

8.4.3 Planmäßige Abschreibung

Nach erstmaligem Ansatz werden bei immateriellen Vermögenswerten mit begrenzter Nutzungsdauer die Anschaffungs- oder Herstellungskosten um kumulierte Abschreibungen und ggf. anfallende Wertminderungsaufwendungen reduziert. Als wichtige Informationen sind in diesem Zusammenhang Hinweise zur Bestimmung der Nutzungsdauer, Nutzungsdauern für die verschiedenen Arten von immateriellen Werten, Angaben zur Prüfung der Nutzungsdauern und Abschreibungsmethode sowie daraus resultierende Anpassungen wie auch separater Ausweis von Abschreibungen der Periode und der kumulierten Abschreibungen zu nennen. Angaben zum Neubewertungs-Modell werden nicht betrachtet, da alle untersuchten Unternehmen das Anschaffungskosten-Modell anwenden.

In Bezug auf die **Bestimmung der Nutzungsdauer** sind die Angaben oftmals sehr allgemein gehalten. So findet sich bspw. bei der **Symrise AG** der Hinweis, dass die Nutzungsdauern der Rezepturen mit bestimmter Nutzungsdauer anhand von typischen Lebenszyklen ermittelt wurden.[253] Bei Vorliegen von Rechten erfolgt zum Teil der Hinweis, dass die jeweilige Nutzungsdauer sich anhand der Laufzeit des zu Grunde liegenden Vertrags und dem voraussichtlichen Verbrauch des Nutzungspotenzials des immateriellen Vermögenswerts bemisst.[254]

Konkret findet sich bei der **Deutschen Telekom AG** der Hinweis, dass die planmäßige **Abschreibung von „Mobilfunklizenzen" beginnt**, sobald das zugehörige Netz betriebsbereit ist. Die Nutzungsdauern von Mobilfunklizenzen werden auf der Grundlage verschiedener Faktoren festgelegt, u. a. der Laufzeit der von der jeweiligen nationalen Regulierungsbehörde gewährten Lizenzen, der Verfügbarkeit und der erwarteten Kosten für die Erneuerung der Lizenzen sowie der Entwicklung künftiger Technologien."[255]

Als ein Best **Practice-Beispiel** für die **Angaben von Nutzungsdauer** ist die **Demag Cranes AG** zu nennen, die über die durchschnittlichen Nutzungsdauern wie folgt informiert:[256]

	Durchschnittliche Nutzungsdauer
Auftrags- und Produktionsbestand	1 Jahr
Patente, Lizenzen und ähnliche Rechte	5 Jahre
Aktivierte Entwicklungsprojekte	5 Jahre
Markenzeichen	unbegrenzt
Software	3 Jahre
Dienstleistungsverträge	6 Jahre

Abb. 8-10: Angaben zu Nutzungsdauern immaterieller Vermögenswerte (Demag AG)

---

253 Vgl. Symrise AG: Geschäftsbericht 2006, S. 83.
254 Vgl. BASF AG: Geschäftsbericht 2006, S. 108.
255 Deutsche Telekom AG: Geschäftsbericht 2006, S. 125.
256 Demag Cranes AG: Geschäftsbericht 2006, S. 97.

8.4 Bewertung von immateriellen Werten und relevante Anhangangaben

Positiv hervorzuheben sind auch die Angaben der **Deutsche Börse AG**, wo als Zwei-Jahres-Vergleich über die Restnutzungsdauern der wichtigsten Softwareanwendungen informiert wird, wie der folgende kleine Ausschnitt zeigt:[257]

Am 31. Dezember 2006 weisen die wichtigsten Softwareanwendungen die nachstehenden Buchwerte bzw. Restabschreibungszeiträume auf:				
	Buchwert zum		**Restabschreibungsdauer zum**	
	31.12.2006 Mio. €	31.12.2005 Mio. €	31.12.2006 Jahre	31.12.2005 Jahre
Xetra				
Equity Central Counterparty	6,3	11,4	1,3	2,3
Eurex				
Eurex Release 8.0	7,9	10,0	3,9	4,9
Eurex Release 9.0	4,4	0	4,9	–
Eurex Release 6.0	3,3	7,4	0,8	1,8
Eurex Release 7.0	3,0	4,1	2,8	3,8
Eurex Release 6.1	2,8	4,3	1,8	2,8
Eurex Release 5.0	0,5	6,1	0,2	1,2

Abb. 8-11 Angaben zu Restnutzungsdauern (Deutsche Börse AG)

Eine weitere wichtige Information im Rahmen der Bewertung immaterieller Werte ist die **Prüfung der Nutzungsdauern und Abschreibungsmethode**. Diesbezüglich findet sich häufig der Hinweis, dass die Nutzungsdauern und die Abschreibungsmethode mindestens an jedem Jahresabschlussstichtag auf ihre Angemessenheit überprüft und ggf. prospektiv angepasst werden. Zudem wird vielfach darauf hingewiesen, dass entsprechende Änderungen gem. IAS 8 als Änderungen von Schätzungen erfasst werden, wenn die Erwartungen von den bisherigen Schätzungen abwichen. So informiert z. B. die **Cewe Color Holding AG** darüber, dass sich über die planmäßige Abschreibung hinaus zusätzliche Abschreibungen in Höhe von 610 T€ durch die Verkürzung der Restlaufzeiten für eine in Kürze abzulösende selbsterstellte Software und die in der Gruppe genutzte ERP-Software ergaben.[258] Konkreter sind dagegen die Angaben bei der **SGL Carbon AG**, die wie folgt lauten:[259]

---

257 Entnommen aus: Deutsche Börse AG: Geschäftsbericht 2006, S. 156.
258 Vgl. Cewe Color Holding AG: Geschäftsbericht 2006, S. 68.
259 SGL Carbon AG: Geschäftsbericht 2006, S. 92.

> Die Nutzungsdauer der aktivierten SGL-ONE-Projektkosten (Restbuchwert 14,1 Mio. €, 2005 15,6 Mio. €) wurde in 2006 von 7 auf 10 Jahre bis zum April 2014 neu geschätzt, womit sich die Abschreibungen in 2006 um 0,8 Mio. € verringert haben mit einem entsprechenden positiven Ergebniseffekt.

Im Zusammenhang mit Abschreibungen stellt sich zudem die Frage, wie die **Informationen hinsichtlich der Erfassung der Abschreibungen** erfolgen. Diesbezüglich ist ein unterschiedliches Vorgehen zu konstatieren, was sicherlich mit dem Ausmaß an aktivierten immateriellen Werten in Verbindung steht. Bspw. informiert die **techem AG in knapper Weise** darüber, dass die Abschreibungen auf immaterielle Vermögenswerte im Wesentlichen in dem Posten Umsatzkosten der Gewinn- und Verlustrechnung ausgewiesen sind.[260] Als ein **Best-Practice-Beispiel** ist die **Demag Cranes AG** zu nennen, die wie folgt über die Zuordnung der Abschreibungen zu Posten der Gewinn- und Verlustrechnung informiert:[261]:

> Die Abschreibungen und der Wertminderungsaufwand sind in den folgenden Posten der Gewinn- und Verlustrechnung (2005/2006) enthalten:
>
> | | | |
> |---|---|---|
> | – | Herstellungskosten der zur Erzielung der Umsatzerlöse erbrachten Leistungen | – 7 750 T€ |
> | – | Forschungs- und Entwicklungskosten | – 1 194 T€ |
> | – | Vertriebs- und allgemeine Verwaltungskosten | – 3 578 T€ |
> | = | Summe Abschreibungen/Wertminderungen | –12 522 T€ |

Als **Gesamteindruck für die Berichterstattung über die bei Anwendung des Anschaffungskosten-Modells** notwendigen Informationen ist zum einen **Volkswagen AG** hervorzuheben. Die gebotenen Informationen lauten wie folgt:[262]

> Entgeltlich erworbene immaterielle Vermögenswerte werden zu Anschaffungskosten aktiviert und planmäßig linear über ihre wirtschaftliche Nutzungsdauer abgeschrieben. Hierbei handelt es sich insbesondere um Software, die über drei Jahre abgeschrieben wird.
>
> Forschungskosten sind gemäß IAS 38 als laufender Aufwand ausgewiesen. Entwicklungskosten für künftige Serienprodukte und andere selbst erstellte immaterielle Vermögenswerte haben wir mit ihren Anschaffungs- oder Herstellungskosten aktiviert, sofern die Herstellung dieser Produkte dem Volkswagen Konzern wahrscheinlich einen wirtschaftlichen Nutzen bringen wird. Falls die Voraussetzungen für eine Aktivierung nicht gegeben sind, werden die Aufwendungen im Jahr ihrer Entstehung ergebniswirksam verrechnet.
>
> Aktivierte Entwicklungskosten umfassen alle dem Entwicklungsprozess direkt zurechenbaren Einzel- und Gemeinkosten. Finanzierungskosten werden nicht aktiviert. Die Abschreibung erfolgt linear ab dem Produktionsbeginn über

---

260 Vgl. techem AG: Geschäftsbericht 2006, S. 78.
261 Demag Cranes AG: Geschäftsbericht 2006, S. 111. Zur Präsentation der Informationen differenziert nach planmäßiger Abschreibung und Wertminderung vgl. Kapitel 8.4.4.
262 Volkswagen AG: Geschäftsbericht 2006, S. 130.

die vorgesehene Laufzeit der entwickelten Modelle beziehungsweise Aggregate, die im Allgemeinen zwischen fünf und zehn Jahren liegt.
Die Abschreibungen des Geschäftsjahres haben wir den entsprechenden Funktionsbereichen zugeordnet.

Zum anderen sind die prägnanten Informationen bei der **Symrise AG** als gut zu werten. Die Symrise AG berichtet wie folgt:[263]

Nach erstmaligem Ansatz der Entwicklungskosten wird das Anschaffungskosten-Modell angewandt, nach dem der Vermögenswert zu Herstellungskosten abzüglich kumulierter linearer Abschreibungen und Wertminderungen anzusetzen ist. Die aktivierten Entwicklungskosten werden über den Zeitraum der erwarteten zukünftigen Umsatzerlöse abgeschrieben, die mit dem jeweiligen Projekt in Verbindung stehen.

8.4.4 Außerplanmäßige Abschreibung

Für die außerplanmäßige Abschreibung wurden die Geschäftsberichte sowohl hinsichtlich Hinweisen zu Wertminderungen von Vermögenswerten mit begrenzter und unbestimmbarer Nutzungsdauer als auch die gebotenen Informationen zu den gebildeten zahlungsmittelgenerierenden Einheiten untersucht. Außerdem wurden die Angaben zur Vorgehensweise der außerplanmäßigen Abschreibung einschließlich Informationen zu den verwendeten Parametern sowie die Informationen über Wertminderungsbeträge, über Negativanzeigen und über ggf. vorzunehmende Zuschreibungen analysiert.

Die **Erläuterungen zu Wertminderungen bei der Bilanzierung von immateriellen Werten mit unbestimmbarer Nutzungsdauer sowie bei aktivierten Entwicklungskosten** sind bei der **Symrise AG** als gutes Beispiel zu nennen, die hierüber wie folgt berichtet:[264]

Der Konzern hat Rezepturen und Handelsmarken mit unbestimmbarer Nutzungsdauer aktiviert, bei denen der Zeitraum, über den diese Vermögenswerte künftige Cashflows generieren, nicht vorhersehbar ist, so dass kein typischer Lebenszyklus angenommen werden kann. Folglich wird für diese Rezepturen und Handelsmarken jährlich untersucht, ob der Buchwert nicht den erzielbaren Betrag übersteigt. Diese Untersuchung erfolgt mindestens einmal jährlich unabhängig vom Vorliegen von Wertminderungsindikatoren.
[...]

---

263 Symrise AG: Geschäftsbericht 2006, S. 83.
264 Symrise AG: Geschäftsbericht 2006, S. 83.

8 Empirische Analyse der IFRS-Rechnungslegung über immaterielle Vermögenswerte

> Der aktivierte Betrag der Entwicklungskosten wird einmal jährlich auf Wertminderungen überprüft, wenn der Vermögenswert noch nicht genutzt wird, oder wenn unterjährig Indikatoren für eine Wertminderung vorliegen.

Die Durchführung des sog. Impairment-Test erfolgt i. d. R. auf **Ebene der zahlungsmittelgenerierenden Einheiten**. Gem. IAS 36.80 ist diese Einheit maximal auf die Segmentebene gem. IAS 14 bzw. IFRS 8 begrenzt. Während es diesbezüglich z. B. bei der BASF AG lautet, dass die zahlungsmittelgenerierenden Einheiten grundsätzlich die Geschäftseinheiten sind,[265] wird diese **Grenze in Ausnahmefällen auch überschritten und als zahlungsmittelgenerierende Einheit die Konzernebene** festgelegt, wie z. B. bei Premiere AG und Air Berlin AG. Bei der **Premiere AG** ist diesbezüglich folgender Satz zu lesen:[266]

> Zur Durchführung des Werthaltigkeitstests des Goodwill und des Markenzeichens wird der Konzern als eine einzige zahlungsmittelgenerierende Einheit („cash generating unit") betrachtet.
> [...]
> Die Geschäftsaktivitäten der Premiere AG und ihrer Tochtergesellschaften konzentrieren sich auf den Betrieb des Abonnementfernsehprogramms in Deutschland und Österreich. Innerhalb dieses Bereiches existieren keine unterschiedlichen Geschäftstätigkeiten oder nationalen Unterschiede, die abweichende Chancen- und Risikoprofile aufweisen. Daraus ableitend können im Konzern keine verschiedenen Segmente identifiziert werden.

In der Regel erfolgt allerdings die Bildung der Ebene der zahlungsgenerierenden Einheiten auf Segmentebene. Gemäß IAS 36 ist mindestens einmal jährlich oder bei Vorliegen bestimmter Indikatoren auch unterjährig eine Werthaltigkeitsprüfung vorzunehmen. Über das **Vorgehen der Werthaltigkeitsprüfung**, insbesondere die Bestimmung des erzielbaren Betrages als der höhere Wert aus Nettoveräußerungspreis und Nutzungswert wird in unterschiedlichem Ausmaß berichtet. Als Beispiel für eine **gute Berichterstattung** ist die **Bayer AG** zu nennen, wo folgende Angaben zu finden sind:[267]

> Geschäfts- oder Firmenwerte sowie immaterielle Vermögenswerte mit unbestimmbarer Nutzungsdauer müssen einmal jährlich einer Werthaltigkeitsprüfung unterzogen werden. Gemäß IAS 36 (Impairment of Assets) werden Wertminderungen anhand von Vergleichen mit den diskontierten erwarteten zukünftigen Cashflows der betreffenden Vermögenswerte ermittelt. Können diesen Vermögenswerten keine eigenen zukünftigen Finanzmittelflüsse zugeordnet werden, werden die Wertminderungen anhand der diskontierten Finanz-

---

265 Vgl. BASF AG: Geschäftsbericht 2006, S. 108.
266 Premiere AG: Geschäftsbericht 2006, S. 83 und 87.
267 Entnommen aus: Bayer AG: Geschäftsbericht 2006, S. 122.

mittelflüsse der entsprechenden zahlungsmittelgenerierenden Einheit geprüft. Die Berechnung des Barwerts der geschätzten künftigen Cashflows beruht auf wesentlichen Annahmen, vor allem über künftige Verkaufspreise bzw. -mengen und Kosten. Die Abzinsung beruht zudem auf Annahmen und Schätzungen über geschäftsspezifische Kapitalkosten, die ihrerseits wiederum von Länderrisiken, Kreditrisiken sowie zusätzlichen Risiken, die aus der Volatilität des jeweiligen Geschäfts resultieren, abhängen. Der Barwert der künftigen Cashflows misst den Nutzungswert eines Vermögenswerts, d. h. seinen Wert auf Basis seiner fortlaufenden Nutzung und seines Abgangs am Ende der Nutzungsdauer.

Als hervorragend sind die gebotenen Informationen der **Symrise AG** zu werten, die wie folgt in prägnanter Weise über die wesentlichen Parameter der Werthaltigkeitsprüfung informieren:[268]

> Im Folgenden wird jede maßgebliche Annahme beschrieben, auf deren Grundlage die Geschäftsführung die zukünftigen Cashflows projiziert, um die Werthaltigkeitsprüfung des Geschäfts- oder Firmenwerts, der Rezepturen und Warenzeichen vorzunehmen.
>
> Für die Bestimmung des beizulegenden Zeitwerts abzüglich der damit verbundenen Veräußerungskosten ist die Ertragswertmethode (DCF) angewandt worden, bei der die frei verfügbaren Cashflows mit den gewichteten Kapitalkosten (WACC) abgezinst werden.
>
> Die verfügbaren Cashflows sind auf Basis der Konzernfinanzplanung für 2007 und der Konzerngeschäftspläne 2008 und 2009 ermittelt worden, Aufgrund der Tatsache, dass die im Rahmen des Projektes „Fit for Growth" umgesetzten Restrukturierungs- und Optimierungsmaßnahmen zwar bereits in 2006 zu signifikanten Kosteneinsparungen führten, aber im Berichtsjahr noch nicht ganz abgeschlossen waren, wurde in der Planung unterstellt, dass das Maßnahmenpaket erst in 2007 und 2008 umfänglich wirkt und sein gesamtes Kosteneinsparungspotenzial zeigt. Weitere Einzelheiten über die zugrunde liegenden Annahmen werden im Lagebericht erläutert.
>
> Der Konzern hat bei den Cashflows je nach Sparte mit unterschiedlich hohen Wachstumsraten von 2006 bis 2009 gerechnet. Die angenommene durchschnittliche Wachstumsrate des operativen Cashflows beträgt 20% für die Jahre bis 2009. Das angenommene durchschnittliche Umsatzwachstum beträgt 6% für die Jahre bis 2009, danach nur noch 0,5%.
>
> Die gewichteten Kapitalkosten (WACC) setzen sich zusammen aus einem risikolosen Zinssatz in Höhe von 4,5%, der aus langfristigen Bundesanleihen abgeleitet ist, sowie einer Markrisikoprämie in Höhe von 4,5% und einer Länderrisikoprämie in Höhe von 0,6%. Der Unlevered Beta-Faktor liegt bei 0,70, der levered Beta-Faktor bei 0,77. Die geschätzten Eigenkapitalkosten liegen bei 8,43%, die Fremdkapitalkosten bei 6,5%.

---

268 Entnommen aus: Symrise AG: Geschäftsbericht 2006, S. 104.

> Die mit den oben beschriebenen Annahmen durchgeführte Werthaltigkeitsprüfung zum 30. September 2006 ergab weder beim Geschäfts- oder Firmenwert noch bei den Rezepturen einen Wertminderungsbedarf. Der erzielbare Betrag ist in beiden Geschäftsbereichen signifikant höher als der Buchwert, so dass nur eine geringe Sensitivität gegenüber einer Abweichung von den zugrunde liegenden Annahmen besteht.

Abb. 8-12: Angaben zu Parametern der Werthaltigkeitsprüfung (Symrise AG)

Im obigen Beispiel führte die Werthaltigkeitsprüfung zu keinem Wertminderungsbedarf. Wenn eine **Wertminderung** zu berücksichtigen ist, wird hierüber zum Teil in verbaler Form im Rahmen der Informationen zu immateriellen Werten berichtet; häufig findet sich die quantitative Angabe nur im Anlagespiegel. Wenn der Grund für eine früher durchgeführte Wertminderung entfallen ist, erfolgt eine **Zuschreibung** maximal auf die fortgeführten Anschaffungs- oder Herstellungskosten. Hierüber wird in entsprechender Weise berichtet; die **quantitativen Angaben** erfolgen ebenso wie die der Wertminderung innerhalb der verbalen Erläuterungen und/oder im Anlagespiegel. Die **Demag Cranes AG** schreibt bspw. in verbaler Form unter der Überschrift Wertberichtigungen bei immateriellen Vermögenswerten und Wertkaufholungen, dass im Geschäftsjahr 2005/2006 Wertminderungen in Höhe von 184 T€ aufgelöst wurden (Vorjahr: 3 710 T€).[269] Als Beispiel für eine aussagekräftige Berichterstattung im Anlagespiegel ist die **Bayer AG** zu nennen, die tabellarisch wie folgt innerhalb der Ermittlung der kumulierten Abschreibungen zwischen Abschreibungen, außerplanmäßige Abschreibungen und Wertaufholungen informiert:[270]

Abschreibungen 31.12.2005
Konzernkreisänderungen
Abgänge
Umgliederungen in das kurzfristige Vermögen
Abschreibungen 2006
davon außerplanmäßig
Werterholungen
Umbuchungen
Währungsänderungen
Abschreibungen 31.12.2006

Abb. 8-13: Differenzierte Ermittlung der kumulierten Abschreibungen (Bayer AG)

Eine gute Berichterstattung betreffend Informationen zu außerplanmäßigen Abschreibungen als **Gesamteindruck** erfolgt bei der **GfK AG in Bezug Angaben**

---

269 Vgl. Demag Cranes AG: Geschäftsbericht 2006, S. 111.
270 Bayer AG: Geschäftsbericht 2006, S. 153.

zur Höhe der Wertminderungen und Erfassung in Posten der Gewinn- und Verlustrechnung, die folgende Angaben umfassen:[271]

	2005	2006
Umsatzkosten	18 112	24 636
Vertriebs- und allgemeine Verwaltungskosten	851	917
Sonstige betriebliche Anwendungen	7 641	5 632
Gesamt	**26 604**	**31 185**

Der Wertminderungsaufwand beträgt 5 632 TEUR (2005: 7 641 TEUR). Er betrifft mit 3 176 TEUR ein Impairment (Wertminderung) auf Marken. Darüber hinaus sind 2 327 TEUR Impairments (Wertminderungen) auf Studien enthalten. In beiden Fällen war die Wertminderung notwendig, da die im Rahmen von Unternehmensakquisitionen erworbenen Marken und Studien durch die Marke GfK und GfK-Produkte ersetzt werden. Zur Einschätzung der Werthaltigkeit wurde jeweils der höhere der beiden Beträge aus beizulegendem Zeitwert abzüglich der Veräußerungskosten und Nutzungswert ermittelt und mit dem Buchwert verglichen. Der Wertminderungsaufwand wird in der Gewinn- und Verlustrechnung in den sonstigen betrieblichen Aufwendungen ausgewiesen.

Abb. 8-14: Angaben zur Höhe der Wertminderung und zur Erfassung in GuV-Posten (GfK AG)

Die **EM.TV AG** informiert prägnant über die **wesentlichen Parameter der Werthaltigkeitsprüfung sowie vorzunehmender Wertminderungen** und bietet hierzu die folgende vorbildliche Berichterstattung:[272]

Die immateriellen Vermögenswerte werden entweder mit dem Buchwert oder dem erzielbaren Betrag, der dem höheren Wert aus beizulegendem Zeitwert abzüglich Veräußerungskosten und Nutzungswert entspricht, angesetzt. Der Nutzungswert wird im Rahmen eines „impairment test" mittels einer „Discounted Cash-Flow-Methode" ermittelt. Dieser Methode lag im Geschäftsjahr ein einheitlicher Diskontierungszinssatz von 6 Prozent zugrunde. Die Ermittlung dieses Zinssatzes erfolgte nach der Sicherheitsäquivalenzmethode.

Der zukünftige Nutzungswert der Filmrechte wird von einer Vielzahl von Auswertungsformen beeinflusst. Maßgeblich ist dabei das Wachstum der Werbeeinnahmen der Fernsehsender. Das Unternehmen schätzt, belegt durch externe Studien, das jährliche Wachstumspotential ein. Diese Annahmen liegen den Impairment-Betrachtungen zugrunde. Sollte sich das Wachstum um einen Prozentpunkt verändern, würde sich nach diesem Modell eine Wertänderung des Nutzungswertes von rund 2,5 Prozent ergeben.

---

271 Entnommen aus: GfK AG: Geschäftsbericht 2006, S. 115.
272 Entnommen aus: EM.TV AG: Geschäftsbericht 2006, S. 94.

> Aus dem „impairment test" ergaben sich im aktuellen Berichtszeitraum Wertminderungen von 2 041 TEUR (Vj. 0 TEUR), da sich die erwarteten Erlöse für einzelne Filmrechte gegenüber dem Vorjahr geändert haben.

Abb. 8-15: Angaben zu wesentlichen Parametern der Werthaltigkeitsprüfung sowie vorzunehmender Wertminderungen (EM.TV AG)

8.5 Goodwill und relevante Anhangangaben

Im Rahmen der Goodwill-Bilanzierung konzentriert sich die Analyse der Geschäftsberichte zum einen auf die Angaben zur Kaufpreisallokation, zur Ableitung der Höhe des Goodwill und zur Zuordnung des Goodwill auf die zahlungsmittelgenerierenden Einheiten. Zum anderen wurde die Berichterstattung der Unternehmen hinsichtlich Angaben zu den Parametern sowie hinsichtlich Informationen zu Sensitivitäten bei der Ermittlung des Nutzungswertes untersucht.

Festzustellen ist, dass über die **Kaufpreisallokation** sehr ausführlich berichtet wird, wie z. B. bei BASF AG. Falls die Kaufpreisallokation auf vorläufige Werte basiert, sind im Anhang, wie z. B. bei Curanum AG, die Angaben gem. IAS 3.69 gemacht worden. An dieser Stellen soll jedoch nur der Aspekt der immateriellen Werte fokussiert werden. Als Beispiel für eine übersichtliche Berichterstattung ist die **MLP AG** zu erwähnen, die über das Ergebnis der Neubewertung und der Ableitung des Geschäfts- und Firmenwertes u. a. wie folgt berichtet:[273]

Erworbenes Reinvermögen – Alle Angaben in T€	Buchwert vor dem Kauf	Anpassung	Beizulegender Zeitwert
Immaterielle Vermögenswerte	804	35 789	36 593
Sachanlagen	1 042	–	1 042
Finanzanlagen	2 234	–	2 234
Forderungen aus dem Bankgeschäft	1 211	–	1 211
Forderungen und sonstige Vermögenswerte	12 840	–	12 840
Zahlungsmittel	9 481	–	9 481
Rückstellungen	–850	–	–850
Verbindlichkeiten	–15 759	–	–15 759
Passive latente Steuerabgrenzung	–127	–13 364	–13 491
Gesamtreinvermögen, netto	10 876	22 425	33 301
Anteiliges Reinvermögen, netto		100%	33 301
Geschäfts- oder Firmenwert			118 951
Gesamtkaufpreis			152 252

Abb. 8-16: Angaben über das Ergebnis der Kaufpreisallokation (MLP AG)

---
273 Entnommen aus: MLP AG: Geschäftsbericht 2006, S. 157.

8.5 Goodwill und relevante Anhangangaben

Trotz der positiven Darstellung fehlt es aber an genauen Angaben bezüglich der identifizierten immateriellen Vermögenswerte. Daher sind die Ausführungen der **Curanum AG** als besser zu werten, da hier darüber informiert wird, dass die immateriellen Werte Wettbewerbsverbot und Auftragsbestand umfassen.[274] Als Beispiel für eine vorbildliche Berichterstattung ist die **K+S AG** aufgrund der vorgenommenen quantitativen Zuordnung der identifizierten immateriellen Werte zu nennen, wie der folgende Ausschnitt zeigt:[275]

> Bei den immateriellen Vermögenswerten betreffen die Anpassungen mit 30 250 T€ Hafenkonzessionen, die eine kostengünstige Verschiffung des aus der Lagerstätte in Chile gewonnenen Salzes ermöglichen. Daneben wurden im Rahmen der Neubewertung Marken mit 3 272 T€ sowie vorteilhafte Verträge und Kundenbeziehungen mit insgesamt 5 011 T€ angesetzt. Aus der Gegenüberstellung der Anschaffungskosten des Erwerbs und des neu bewerteten Nettovermögens resultiert ein Goodwill in Höhe von 92 265 T€. Der Goodwill repräsentiert nicht separat aktivierungsfähige immaterielle Werte, wie z. B. den Mitarbeiterstamm oder den Flaggenschutz für die eingesetzten Schiffe, der als nicht vom Unternehmen separierbares gesetzliches Schutzrecht nicht verlässlich bewertet werden kann. Außerdem umfasst der Goodwill Vorteile aus künftigen Synergien durch Integration der SPL in die K+S Gruppe sowie aus erwarteten Erweiterungen des Geschäfts der SPL. Die Höhe des Goodwills wird wesentlich durch die Bildung passiver latenter Steuern im Rahmen der Neubewertung der Vermögenswerte und Schulden beeinflusst.

Hinsichtlich der **Zuordnung des Geschäfts- oder Firmenwertes auf die zahlungsmittelgenerierenden Einheiten** (ZGE) liegen in den Geschäftsberichten unterschiedlich differenzierte Informationen vor. Zunächst ist festzustellen, dass bezüglich der Größe der ZGE lediglich darauf hingewiesen wird, dass es sich hierbei um die Tochterunternehmen handelt.[276] Zum Teil erfolgt die Erläuterung, dass die Geschäfts- oder Firmenwerte entsprechend der internen Berichterstattung zugewiesen werden.[277] Darüber hinaus findet sich manchmal auch eine Auflistung der verschiedenen Gesellschaften, wie z. B. bei der **Metro AG** auf die 30 SB-Warenhäuser in verschiedenen Ländern.[278] Als gute Information finden sich vielfach quantitative Angaben über die Zuordnung des Goodwills auf die entsprechenden Segmente, wie z. B. bei der **Deutschen Telekom AG**:[279]

---

274 Vgl. Curanum AG: Geschäftsbericht 2006, S. 98.
275 K+S AG: Geschäftsbericht 2006, S. 144.
276 Vgl. techem AG: Geschäftsbericht 2006, S. 80.
277 Vgl. ARQUES Industries AG: Geschäftsbericht 2006, S. 145.
278 Vgl. Metro AG: Geschäftsbericht 2006, S. 129.
279 Entnommen aus: Deutsche Telekom AG: Geschäftsbericht 2006, S. 149.

in Mio. €	31.12.2006	31.12.2005
T-Mobile USA	3.833	4.325
T-Systems International - Enterprise Services	4.434	4.196
T-Mobile UK	2.954	2.886
PTC	1.721	0
T-Mobile Austria	1.377	717
T-Mobile Netherlands	1.144	1.144
Übrige	5.442	5.107
Gesamt	20.905	18.375

Abb. 8-17: Angaben über die Zuordnung des Goodwills auf Segmente (Deutsche Telekom AG)

Als eine vorbildliche Berichterstattung ist die **Bayer AG** zu nennen. Die Bayer AG weist tabellarisch die Restbuchwerte der Geschäfts- oder Firmenwerte für die einzelnen Berichtssegmente differenziert als Anlagespiegel aus.[280]

Der **Impairment-Test ist mindestens einmal jährlich durchzuführen**; ein **konkretes Datum** hierfür wird nur in seltenen Fällen erwähnt. Sehr informativ sind die Angaben bei der **techem AG** zu werten, die wie folgt berichtet:[281]

> Geschäfts- oder Firmenwerte werden in Übereinstimmung mit IFRS 3/IAS 36 jährlich zum 1. Oktober eines Geschäftsjahres, innerhalb von drei Monaten, einer Werthaltigkeitsprüfung (so genannter „Impairment Test") unterzogen.
>
> Sofern es unterjährig neue Erkenntnisse gibt, die auf eine mögliche Wertminderung einer CGU hinweisen, wird ein weiterer „Impairment Test" für diese CGU durchgeführt.

Die in Geschäftsberichten vorzufindenden Angaben über die **Parameter bei der Ermittlung des Nutzungswertes** sind unterschiedlich informativ. Als wenig aussagekräftig sind die folgenden Angaben der **EM.TV AG** zu beurteilen:[282]

> Im Rahmen der Werthaltigkeitsprüfung des Geschäfts- oder Firmenwertes wurden zukünftige Cash-Flows auf Grundlage einer detaillierten 5-jährigen Ergebnisplanungsrechnung betrachtet. Zur Errechnung des Barwertes wurde ein Diskontierungszinssatz von 12 Prozent (Vj. 12 Prozent) herangezogen. Dieser Zinssatz wurde mit Hilfe der Risikozuschlagsmethode ermittelt.
>
> Der zukünftige Cash-Flow ist bei den Sportgesellschaften modelltheoretisch durch die Entwicklung des Werbemarktes beeinflusst; bei DSF Deutsches SportFernsehen insbesondere auch durch die Entwicklung der Zuschauermarkt-

---

280 Vgl. Bayer AG: Geschäftsbericht 2006, S. 154.
281 techem AG: Geschäftsbericht 2006, S. 80.
282 EM.TV AG: Geschäftsbericht 2006, S. 95.

anteile. Das über dem Detailplanungszeitraum hinausgehende Wachstum wurde mit 0 Prozent festgelegt. Sollte sich das Wachstum um einen Prozentpunkt ändern, würde das eine Wertveränderung von rund fünf Prozent, die jedoch keine Wertminderung zur Folge hätte, nach sich ziehen.

Demgegenüber werden in zahlreichen anderen Geschäftsberichten deutlich mehr Informationen geboten. So informiert die Bayer AG bspw. über die angewandten Zinssätze je Segment bzw. zahlungsmittelgenerierender Einheit.[283] Als **gelungene Berichterstattung** ist das folgende Beispiel der **SGL Carbon AG** zu werten, die auch **Angaben über den Beta-Faktor** bietet:[284]

Der Werthaltigkeitstest für Geschäftswerte wurde auf der Grundlage abgezinster, zukünftig zu erwartender Cashflows vorgenommen. Gemäß IAS 36 erfolgt die Ermittlung des Nutzungswerts auf Basis einer Fünfjahresplanung der Cash Generating Unit (zahlungsmittelgenerierende Einheit). Diese Cash Generating Units entsprechen den Segmenten, da diese die niedrigste Ebene innerhalb des Konzerns sind, auf der der Geschäftswert für interne Managementzwecke überwacht wird. Diese Planung basiert auf internen Annahmen, die mit externen Informationen abgeglichen werden, und enthält für jedes Planjahr und je Geschäftsfeld unter anderem eine Absatz- und Umsatzplanung mit einem stabilen Wachstum in den nächsten Jahren und einer entsprechenden Kostenentwicklung sowie einer daraus entwickelten Projektion der Betriebsergebnisse und Cashflows. Dabei werden Umsatz- und Ergebnisentwicklung auf Produkt- bzw. Produktgruppenebene geplant und auf Geschäftsfeldebene aggregiert. Nach dem fünften Planjahr wird eine jährliche Steigerung des Free-Cashflow für die etablierten Geschäftsfelder (CG und S) von 1,0% und für SGL T von 3,0% unterstellt. Die Wachstumsrate für CG und S spiegelt den langfristigen durchschnittlichen Wachstumstrend dieser Geschäfte wider. Bei SGL T, wo eine Vielzahl von Produkten erst am Anfang des Produktlebenszyklus anzusiedeln sind, ist zukünftig von einem durchschnittlichen höheren Wachstum auszugehen. Die zukünftigen Cashflows wurden mit einem Zinssatz vor Steuern von 12,3% abgezinst. Bei der Bestimmung des Zinssatzes vor Steuern wurden SGL-spezifische Parameter berücksichtigt (ein Risikoaufschlag von 4,25% zu risikolosen Zinssätzen von 10-jährigen Anleihen, ein angepasstes 60-Monats-Beta von 1,26 sowie die Finanzierungsstruktur der Gesellschaft).

Abb. 8-18: Angaben über Parameter für den Goodwill-Impairment Tests (SGL Carbon AG)

---

283 Vgl. Bayer AG: Geschäftsbericht 2006, S. 120.
284 Entnommen aus: SGL Carbon AG: Geschäftsbericht 2006, S. 83.

Eine gute Darstellung der **Parameter zur Ermittlung des Nutzungswertes** ist im Geschäftsbericht der **Lufthansa AG** wie in Abb. 8-19 als Tabellenform zu finden:[285]

	Lufthansa AG und Regionalpartner (Segment: Passagierbeförderung)	LSG Sky Chefs USA-Gruppe (Segment: Catering)	LSG Sky Chefs Korea (Segment: Catering)
Buchwert Firmenwert	249 Mio. €	277 Mio. €	63 Mio. €
Außerplanmäßige Abschreibung	-	-	-
Umsatzwachstum p.a. Planungszeitraum	2,5 % bis 5,6 %	-1,6 % bis 2,0 %	0 % bis 4,8 %
EBITDA-Marge Planungszeitraum	9,6 % bis 10,2 %	4,7 % bis 9,8 %	19,0 % bis 20,1 %
Investitionsquote Planungszeitraum	5,4 % bis 8,9 %	1,50%	0,2 % bis 1,0 %
Dauer des Planungszeitraums	3 Jahre	5 Jahre	3 Jahre
Umsatzwachstum p.a. nach Ende des Planungszeitraums	2,5%	2,0%	4,8%
EBITDA-Marge nach Ende des Planungszeitraums	10,2%	9,8%	20,1%
Investitionsquote nach Ende des Planungszeitraums	7,7%	1,5%	0,2%
Diskontierungssatz	9,1%	9,1%	9,1%

Abb. 8-19: Angaben über Parameter zur Ermittlung des Nutzungswertes (Lufthansa AG)

Darüber hinaus werden in unterschiedlichstem Ausmaß Informationen über **Sensitivitäten im Rahmen der Werthaltigkeitsprüfung** geboten. Eine gute tabellarische Darstellung bietet z.B. die Münchener Rück AG.[286] Eine gelungene Berichterstattung in verbaler Form sind die Angaben im Jahresabschluss der **Bayer AG**, die wie folgt lauten:[287]

> Die nachfolgenden Sensitivitätsangaben dienen der Verdeutlichung des potentiellen Ausmaßes einer Wertminderung des Bayer-Konzerns auf Segment-Ebene. Wäre der tatsächliche Barwert der künftigen Cashflows zehn Prozent niedriger als der angenommene Barwert, würde dies für den Nettobuchwert des Geschäfts- oder Firmenwerts im Segment Crop Protection eine Wertminderung um 146 Mio. € bedeuten. Ferner wären die Restbuchwerte im Segment Systems um 42 Mio. € zu mindern. Schwerpunkt unserer Analyse sind die Segmente Crop Protection und Systems, da diese unseres Erachtens die einzigen Seg-

---

285 Entnommen aus: Lufthansa AG: Geschäftsbericht 2006, S. 132.
286 Vgl. Münchener Rück AG: Geschäftsbericht 2006, S. 166.
287 Bayer AG: Geschäftsbericht 2006, S. 122.

mente sind, in denen eine Wertminderung des Geschäfts- oder Firmenwerts und sonstiger immaterieller Vermögenswerte unter den oben genannten Annahmen nach vernünftigem Ermessen wesentliche nachteilige Auswirkungen auf die Geschäftsergebnisse der jeweiligen Segmente haben könnte. Würden die im Rahmen des Werthaltigkeitstests verwendeten durchschnittlichen gewichteten Kapitalkosten um zehn Prozent erhöht, ergäbe sich ein Wertminderungsbedarf in Höhe von 85 Mio. € für das Segment Crop Protection sowie in Höhe von 34 Mio. € für das Segment Systems. Bei der Quantifizierung unserer Sensitivitätsanalyse haben wir eine Minderung um zehn Prozent angenommen, da eine negative Veränderung bis zu dieser Höhe unseres Erachtens nach vernünftigem Ermessen möglich ist. Wir halten größere Veränderungen aufgrund unserer Erfahrungen in den Segmenten Crop Protection und Systems nach vernünftigem Ermessen nicht für wahrscheinlich.

Weiterhin sind die Informationen der ThyssenKrupp AG zu nennen, die über anstehende Abschreibungsbedarfe auf sog. kritische Geschäfts- oder Firmenwerte in übersichtlicher Form als Tabelle berichtet.[288]

Als **Gesamteindruck** können die gebotenen Informationen der **TUI AG** mit sehr gut bezeichnet werden. Es wird eine prägnante Beschreibung der wesentlichen Parameter wie auch der Sensitivitäten vorgenommen; die ermittelten Abschreibungsbedarfe werden in Tabellenform übersichtlich dargestellt.[289] Ein gutes Beispiel für die **Goodwill-Berichterstattung über vorgenommene Abschreibungsbedarfe** in prägnanter Form sind die Angaben der **ARQUES Industries AG**:[290]

Der Goodwill der ddp-Gruppe beläuft sich zum Bilanzstichtag auf TEUR 1 364 (Vorjahr: TEUR 1 333). Der ausgewiesene Goodwill repräsentiert die erwarteten positiven Entwicklungen in einem attraktiven Bildmarkt. Die ddp-Gruppe stellt die zahlungsmittelgenerierende Einheit im Sinne von IAS 36 dar, welcher der Goodwill zugewiesen wurde. Der beizulegende Zeitwert der ddp-Gruppe wurde auf Basis eines DCF-Modells ermittelt. Die Berechnung erfolgte auf einer 5-Jahres-Planung für den Cash Flow. Der angewendete Diskontierungssatz vor Steuern belief sich auf 9,34%. Der Wachstumsabschlag nach der vorliegenden Detailplanung wurde mit 1,5% festgesetzt. Die Berechnung ergab keinen Abschreibungsbedarf für den ausgewiesenen Goodwill, da der Nutzungswert über den Restbuchwerten liegt.

Bei einem im laufenden Geschäftsjahr entstandenen Goodwill in der Sommer-Gruppe zeigte sich, dass in der zahlungsmittelgenerierenden Einheit, welcher der Goodwill zugeordnet wurde, die Werthaltigkeit des Goodwills auf Basis der aktuellen Situation nicht belegt werden konnte. Die führte zu einem Wertminderungsaufwand in Höhe von TEUR 231.

---

288 Vgl. ThyssenKrupp AG: Geschäftsbericht 2006, S. 153.
289 Vgl. TUI AG: Geschäftsbericht 2006, S. 176–177.
290 ARQUES Industries AG: Geschäftsbericht 2006, S. 145–146.

Darüber hinaus können die folgenden Ausführungen der **Thiel Logistik AG** als insgesamt positive Darstellung für eine relativ kurze Goodwill-Berichterstattung genannt werden.[291]

	Firmenwert				
Angaben in Tausend €	01.01.2006	Zugänge	Außerplanmäßige Abschreibungen	Abgänge	31.12.2006
Anschaffungs-/ Herstellungskosten	284.180	1.230	-	-47	285.363
Kumulierte außerplanmäßige Abschreibungen	-6.856	-	-	-	-6.856
Buchwert	277.324	1.230	-	-47	278.507

Die Überprüfung der Werthaltigkeit des Firmenwertes im Geschäftsjahr 2006 führte nicht zu einer außerplanmäßigen Abschreibung des Firmenwertes.
Im Geschäftsjahr 2005 wurden außerplanmäßige Abschreibungen auf den Firmenwert in Höhe von 6 856 TEUR vorgenommen. Davon entfielen 5 000 TEUR auf die zahlungsmittelgenerierende Einheit Microlog-Südkraft und 1 856 TEUR auf die zahlungsmittelgenerierende Einheit Thiel Furniture.
Werthaltigkeitsprüfung des Firmenwerts
Die im Rahmen von Unternehmenszusammenschlüssen erworbenen Firmenwerte wurden zur Überprüfung der Werthaltigkeit den folgenden zahlungsmittelgenerierenden Einheiten zugeordnet:

- Thiel FashionLifestyle
- Thiel Freshnet
- Thiel Furniture
- Thiel Media
- Air & Ocean
- Quehenberger
- Delacher
- Microlog-Südkraft

Der erzielbare Betrag der zahlungsmittelgenerierenden Einheiten wird auf Basis der Berechnung eines Nutzungswerts unter Verwendung von Cashflow-Prognosen ermittelt, die auf von der Unternehmensleitung für einen Zeitraum von fünf Jahren genehmigten Finanzplänen basieren. Der für die Cashflow-Prognosen verwendete Abzinsungssatz beträgt zwischen 7,7% und 7,8% (2005: 7,7% und 7,9%) für den Fünfjahreszeitraum. Cashflows nach dem Zeitraum von fünf Jahren werden unter Verwendung einer Wachstumsrate von 1% bis 2% (2005: 2%) extrapoliert.

---

291   Entnommen aus: Thiel Logistik AG: Geschäftsbericht 2006, S. 100–101.

Der Buchwert des Firmenwerts wurde wie folgt auf die zahlungsmittelgenerierenden Einheiten verteilt:

Angaben in Tausend €	31.12.2006	31.12.2005
Thiel FashionLifestyle	40.551	39.080
Thiel Freshnet	714	71
Thiel Furniture	12.344	11.977
Thiel Media	25.498	25.498
Air & Ocean	32.981	34.332
Quehenberger	62.788	62.835
Delacher	55.478	55.478
Microlog-Südkraft	48.153	48.053
Firmenwert	278.507	277.324

Im Folgenden werden die Grundannahmen für die Berechnung des Nutzungswerts der zahlungsmittelgenerierenden Einheiten zum 31. Dezember 2006 und 2005 erläutert, auf deren Basis die Unternehmensleitung ihre Cashflow-Prognosen zur Überprüfung der Werthaltigkeit des Firmenwerts erstellt hat:

- Geplante Umsatzwachstumsraten – Zur Bestimmung der geplanten Umsatzwachstumsraten werden die in der jeweiligen Branche erwarteten Wachstumsraten zugrunde gelegt
- Geplante operative Gewinnmargen – Zur Bestimmung der geplanten operativen Gewinnmargen werden die im unmittelbar vorhergehenden Geschäftsjahr erzielten Gewinnmargen herangezogen, erhöht um die erwartete Effizienzsteigerung.

Abb. 8-20: Angaben zur Goodwill-Bilanzierung (Thiel Logistik AG)

9 Schlussbemerkungen

Die Bilanzierung von immateriellen Werten nach IFRS bedeutet vor allem für die Unternehmenspraxis eine große Herausforderung, da mit der Bilanzierung nach IFRS eine Schwerpunktverlagerung der Bilanzierungsgrundsätze einhergeht. Dem Vorsichtsprinzip mit Betonung der Verlässlichkeit wird kein hoher Stellenwert beigemessen. Vielmehr strebt die informations- und kapitalmarktorientierte IFRS-Rechnungslegung mit dem Ziel der Präsentation entscheidungsnützlicher Informationen ein ausgewogenes Verhältnis von Relevanz und Verlässlichkeit an. In diesem Zusammenhang existieren im Vergleich zur HGB-Bilanzierung erweiterte Ansatzkonzeptionen und eine Ausrichtung auf die Bewertung zum fair value. Darüber hinaus stellt der Wechsel von der planmäßigen Abschreibung auf den impairment only approach für die Bilanzierung des Goodwills und andere immaterielle Werte mit unbestimmbarer Nutzungsdauer eine große Herausforderung dar und ist zudem mit umfangreichen Anhangangaben verbunden.

Die Analyse von 122 börsennotierten deutschen Unternehmen hat gezeigt, dass den immateriellen Werten und insbesondere dem Goodwill eine hohe wertmäßige Bedeutung in der Bilanz zukommt. Während die Bewertung von immateriellen Werten zum fair value in der Praxis bedeutungslos ist, kommt der Goodwill-Bilanzierung eine hohe Praxisrelevanz zu. Als nicht zufriedenstellend sind die Abgrenzungen zwischen selbst erstellten und erworbenen immateriellen Werten, aber auch zwischen immateriellen Werten mit begrenzter und unbestimmbarer Nutzungsdauer zu beurteilen, da in vielen Fällen keine quantitative Wertableitung möglich ist. Zudem erfolgt nicht immer eine eindeutige quantitative Benennung von Unterpositionen der aktivierten immateriellen Werte, was zum Teil mit dem Grundsatz der Wesentlichkeit begründet ist. Dies führt aus externer Sicht insbesondere zu Problemen bei Unternehmensvergleichen. Positiv hervorzuheben sind dennoch zahlreiche Unternehmensbeispiele mit einer guten Berichterstattung über immaterielle Vermögenswerte in Bilanz, Erfolgsrechnung und Anhang.

Literaturverzeichnis

AICPA (Hrsg.) [Business Reporting, 1994]: Improving Business Reporting – A Customer Focus: Meeting the Information Needs of Investors and Creditors, Comprehensive Report of the Special Committee on Financial Reporting, New York 1994.

Alwert, K. [Wissensbilanzen, 2006]: Wissensbilanzen für mittelständische Organisationen, Berlin 2006.

Ammann, H./Müller, S. [IFRS, 2006]: IFRS-International Financial Reporting Standards, Bilanzierungs-, Steuerungs- und Analysemöglichkeiten, 2. Aufl., Herne/Berlin 2006.

Arbeitskreis „Immaterielle Werte im Rechnungswesen" der Schmalenbach-Gesellschaft für Betriebswirtschaft e.V. [Immaterielle Werte, 2003]: Freiwillige externe Berichterstattung über immaterielle Werte, in: DB 2003, S. 1233–1237.

Arbeitskreis „Immaterielle Werte im Rechnungswesen" der Schmalenbach-Gesellschaft für Betriebswirtschaft e.V. [Immaterielle Werte, 2001]: Kategorisierung und bilanzielle Erfassung immaterieller Werte, in: DB 2001, S. 989–995.

Arbeitskreis Wissensbilanz am Fraunhofer Institut Produktionsanlagen und Konstruktionstechnik (Hrsg.) [Wissensbilanz, 2005]: Wissensbilanz – Made in Germany, Wissensbilanz-Toolbox, Lastenheft Version 5.0, Berlin 2005.

Baetge, J./Heumann, R. [Value Reporting, 2006]: Value Reporting in Konzernlageberichten, in: IRZ 2006, S. 39–47.

Baetge, J./Heumann, R. [Wertorientierte Berichterstattung, 2006]: Wertorientierte Berichterstattung, in: DB 2006, S. 345–350.

Baetge, J./Keitz, I.v. [Immaterielle Vermögenswerte, 2003]: IAS 38 Immaterielle Vermögenswerte (Intangibel Assets), in: Baetge, J. et al. (Hrsg.): Rechnungslegung nach International Accounting Standards (IAS): Kommentar auf der Grundlage des deutschen Bilanzrechts, 2. Aufl., Stuttgart 2003, 1–68.

Baetge, J./Kümmel, J. [Unternehmensbewertung, 2003]: Unternehmensbewertung in der externen Rechnungslegung, in: Richter, F. u. a. (Hrsg.): Kapitalgeberansprüche, Marktwertorientierung und Unternehmenswert, Festschrift für Jochen Drukarczyk, München 2003, S. 2–17.

Bartels, P./Jonas, M. [§ 27 Wertminderungen, 2006]: § 27 Wertminderungen, in: Bohl, W./Riese, J./Schlüter, J. (Hrsg.): Beck'sches IFRS-Handbuch, 2. Aufl., München/Wien/Bern 2006, S. 739–774.

Beyhs, O. [Impairment of Assets, 2002]: Impairment of Assets nach International Accounting Standards, Frankfurt a. M. 2002.

Bundesministerium für Wirtschaft und Arbeit (BMWA) (Hrsg.) [Wissenbilanz, 2005]: Wissensbilanz – Made in Germany. Leitfaden, Dokumentation 536, 2. Aufl., Berlin 2005.

Böcking, H.-J./Dutzi, A. [Corporate Governance, 2003]: Corporate Governance und Value Reporting, in: Seicht, G. (Hrsg.): Jahrbuch für Controlling und Rechnungswesen 2003, Wien 2003, S. 213–239.

Böcking, H.-J./Müßig, A. [§ 289 HGB, 2002]: Kommentierung zu § 289 HGB (Lagebericht), in: Baetge, J./Kirsch, H.-J./Thiele, S. (Hrsg.): Bilanzrecht-Kommentar, Bonn 2002, S. 1–16.

Bornemann, M. u. a. [Wissensbilanzen, 2005]: Wissensbilanzen – „Made in Germany". Ein Praxisbericht aus dem Mittelstand, in: Mertins, K./Alwert, K./ Heisig, P. (Hrsg.): Wissensbilanzen. Intellektuelles Kapital erfolgreich nutzen und entwickeln, Berlin/Heidelberg/New York 2005; S. 41–53.

Brockhoff, K. [Forschung und Entwicklung, 1999]: Forschung und Entwicklung: Planung und Kontrolle, 5. Aufl., München 1999.

Brotte, J. [Geschäftsberichte, 1997]: US-amerikanische und deutsche Geschäftsberichte – Notwendigkeit, Regulierung und Praxis jahresabschlussergänzender Informationen, Wiesbaden 1997.

Brücks, M./Widerhold, P. [IFRS 3, 2004]: IFRS 3 Business Combinations, in: KoR 2004, S. 177–185.

Buchholz, R. [Internationale Rechnungslegung, 2001]: Internationale Rechnungslegung: Die Vorschriften nach IAS, HGB und US-GAAP im Vergleich, Bielefeld 2001.

Coenenberg, A. G. [Jahresabschluss, 2005]: Jahresabschluss und Jahresabschlussanalyse, 20. Aufl., Stuttgart 2005.

Coenenberg, A.G. [Rechnungswesen, 1993]: Rechnungswesen und Unternehmensrechnung, in: Wittmann, W., u. a. (Hrsg.): Handwörterbuch der Betriebswirtschaft, Teilband 3, Stuttgart 1993, Sp. 3677–3696.

Dawo, S. [Immaterielle Güter, 2003]: Immaterielle Güter in der Rechnungslegung nach HGB, IAS/IFRS und US-GAAP, Herne/Berlin 2003.

Drobeck, J. [Prognosepublizität, 2001]: Die Prognosepublizität im Prospekt über öffentlich angebotene Kapitalanlagen und deren Beurteilung nach IDW S 4, in: WPg 2001, S. 1223–1234.

Eberle, R. [Goodwill, 2002]: Neue Standards zur Bilanzierung von Goodwill, in: Der Schweizer Treuhänder 2002, S. 184–190.

Edvinsson, L./Malone, M. [Intellectual Capital, 1997]: Intellectual Capital – realising your company's true value by finding its hidden brainpower, New York 1997.

Euler, R. [Paradigmenwechsel, 2002]: Paradigmenwechsel im handelsrechtlichen Einzelabschluss: Von den GoB zu den IAS?, in: BB 2002, S. 857–881.

Fink, C. [Management Commentary, 2006]: Management Commentary: Eine Diskussionsgrundlage zur internationalen Lageberichterstattung, in: KoR 2006, S. 141–152.

Fischer, T.M./Becker, S. [Wissensorientierte Unternehmensberichterstattung, 2006]: Externe wissensorientierte Unternehmensberichterstattung, in: KoR 2006, S. 28–42.

Fischer, T.M./Wenzel, J./Kühn, C. [Value Reporting, 2001]: Value Reporting – Wertorientierte Berichterstattung in den Nemax 50-Unternehmen, in: DB 2001, S. 1209–1216.

Fischer, T.M./Wenzel, J. [Value Reporting, 2002]: Value Reporting, in: DBW 2002, S. 327–332.

Fischer, T.M./Wenzel, J. [Value Reporting, 2004]: Publizität von Werttreibern im Value Reporting, in: Controlling 2004, S. 305–314.

Fischer, T.M./Wenzel, J. [Value Reporting, 2005]: Value Reporting – Ergebnisse einer empirischen Studie von börsennotierten deutschen Unternehmen, 2005, S. 1–144; abrufbar unter: http://www.controlling.wiso.uni-erlangen.de/ 05_Forschung/Auswertungsberichte/ Fischer_Wenzel_Value-Reporting_Auswertungsbericht.pdf (31.07.2007).

Förschle, G./Kroner, M. [§ 297 HGB, 2006]: Kommentierung zu § 297 HGB, in: Ellrott, H./Förschle, G./Hoyos, M./Winkeljohann, N. (Hrsg.): Beck'scher Bilanz-Kommentar, 6. Aufl., München 2006, S. 1414–1451.

Freidank, C.-C./Steinmeyer, V. [Lageberichterstattung, 2005]: Fortentwicklung der Lageberichterstattung nach dem BilReG aus betriebswirtschaftlicher Sicht, in: BB 2005, S. 2312–2517.

Fülbier, R. U./Honold, D./Klar, A. [Immaterielle Werte, 2000]: Bilanzierung immaterieller Vermögenswerte. Möglichkeiten und Grenzen der Bilanzierung nach US-GAAP und IAS bei Biotechnologieunternehmen, in: Recht der Internationalen Wirtschaft, 2000, S. 833–844.

Greinert, M. [Konzernlagebericht, 2004]: Weitergehende Anforderungen an den Konzernlagebericht durch E-DRS 20 sowie das Bilanzrechtsreformgesetz, in: KoR 2004, S. 51–60.

Günther, T. [Immaterielle Werte, 2003]: Immaterielle Werte und andere weiche Faktoren in der Unternehmensberichterstattung – eine Bestandsaufnahme, Studie in Zusammenarbeit mit PricewaterhouseCoopers und TU Dresden, 2003, S. 1–35.

Hachmeister, D. [Kapitalkosten, 2006]: Diskontierung unsicherer Zahlungsströme: Methodische Anmerkungen zur Bestimmung risikoangepasster Kapitalkosten, in: ZfCM 2006, S. 142–149.

Hachmeister, D./Kunath, O. [Geschäfts- oder Firmenwert, 2005]: Die Bilanzierung des Geschäfts- oder Firmenwerts im Übergang auf IFRS 3, in: KoR 2005, S. 62–75.

Hager, S./Hitz, J.-M. [Immaterielle Vermögenswerte, 2007]: Immaterielle Vermögenswerte in der Bilanzierung und Berichterstattung – eine empirische Bestandsaufnahme für die Geschäftsberichte deutscher IFRS-Bilanzierer 2005, in: KoR 2007, S. 205–218.

Haller, A./Dietrich, R. [Intellectual Capital Bericht, 2001]: Intellectual Capital Bericht als Teil des Lageberichts, in: DB 2001, S. 1045–1052.

Hayn, S. [Immaterielle Vermögenswerte, 1996]: Die Bilanzierung immaterieller Vermögenswerte im internationalen Vergleich, in: Zeitschrift für internationales Steuerrecht 1996, S. 354–360.

Hepers, L. [Intangible Assets, 2005]: Entscheidungsnützlichkeit der Bilanzierung von Intangible Assets in den IFRS, Lohmar 2005.

Heumann, R. [Value Reporting, 2005]: Value Reporting in IFRS-Abschlüssen und Lageberichten, Düsseldorf 2005.

Heyd, R./Lutz-Ingold, M. [Immaterielle Vermögenswerte, 2005]: Immaterielle Vermögenswerte und Goodwill nach IFRS, Stuttgart 2005.

Hitz, J.-M./Kuhner, C. [Goodwill, 2002]: Die Neuregelung zur Bilanzierung des drivativen Goodwill nach SFAS 141 und 142 auf dem Prüfstand, in: WPg 2002, S. 273–287.

Hitz, J.-M./Kuhner, C. [SFAC 7, 2000]: Erweiterung des US-amerikanischen conceptual framework um Grundsätze der Barwertermittlung – Inhalt und Bedeutung des Statement of Financial Accounting Concepts No. 7, in: WPg 2000, S. 889–902.

Hoffmann, W.-D. [§ 11 Außerplanmäßige Abschreibungen, 2007]: § 11 Außerplanmäßige Abschreibungen, in: Lüdenbach, N./ Hoffmann, W.-D. (Hrsg.): IFRS Kommentar, Freiburg u. a. 2007, S. 405–477.

Hoffmann, W.-D. [§ 13 Immaterielle Vermögenswerte, 2007]: § 13 Immaterielle Vermögenswerte des Anlagevermögens, in: Lüdenbach, N./ Hoffmann, W.-D. (Hrsg.): IFRS Kommentar, Freiburg u. a. 2007, S. 507–569.

Hoffmann, W.-D. [§ 8 Anschaffungs- und Herstellungskosten, 2007]: § 8 Anschaffungs- und Herstellungskosten, in: Lüdenbach, N./ Hoffmann, W.-D. (Hrsg.): IFRS Kommentar, Freiburg u. a. 2007, S. 321–380.

Hoffmann, W.-D. [ERP-Software, 2006]: ERP-Software, in: PiR 2006, S. 181–182.

Hoffmann, W.-D./Lüdenbach, N. [§ 42 Evaluierung von mineralischen Vorkommen, 2007]: § 42 Erkundung und Evaluierung von mineralischen Vorkommen, in: Lüdenbach, N./ Hoffmann, W.-D. (Hrsg.): IFRS Kommentar, Freiburg u. a. 2007, S. 2055–2067.

Hoffmann, W.-D./Lüdenbach, N. [Emissionsrechte, 2006]: Die Bilanzierung von Treibhaus-Emissionsrechten im Rechtsvergleich, in: DB 2006, S. 57–62.

Homberg, A./Elter, V./Rothenburger, M. [Spielervermögen, 2004]: Bilanzierung von Humankapital nach IFRS am Beispiel des Spielervermögens im Profisport, in: KoR 2004, S. 249–263.

Hommel, M./Benkel, M./Wich, S. [IFRS 3, 2004]: IFRS 3 Business Combinations: Neue Unwägbarkeiten im Jahresabschluss, in: BB 2004, S. 1267–1273.

Hommel, M./Wolf, S. [Emissionshandel, 2005,]: IFRIC 3: Bilanzierung von Emissionsrechten nach IFRS – mehr Schadstoffe im Jahresabschluss, in: BB 2005, S. 315–321.

Hommel, M. [Goodwillbilanzierung, 2001]: Neue Goodwillbilanzierung – das FASB auf dem Weg zur entopjektivierten Bilanz?, in: BB 2001, S. 1943–1949.

Hüttche, T. [Qualitative Auswertung, 2005]: Typologische Bilanzanalyse: Qualitative Auswertung von IFRS-Abschlüssen, in: KoR 2005, S. 318–323.

Kählert, J.P. [Immaterielle Güter, 1995]: Die Abbildung immaterieller Güter im handelsrechtlichen Jahresabschluß, München 1995.

Kajüter, P. [Chancen und Risiken, 2004]: Berichterstattung über Chancen und Risiken im Lagebericht, in: BB 2004, S. 427–433.

Kajüter, P. [Lagebericht, 2004]: Der Lagebericht als Instrument einer kapitalmarktorientierten Rechnungslegung, in: BB 2004, S. 197–203.

Keitz, I.v. [Immaterielle Güter, 1997]: Immaterielle Güter in der internationalen Rechnungslegung: Grundsatz für den Ansatz von immateriellen Gütern in Deutschland im Vergleich zu den Grundsätzen in den USA und nach IASC, Düsseldorf 1997.

Kivikas, M./Pfeifer, G./Wulf, I. [Wissensbilanzen, 2006]: Wissensbilanzen als Wettbewerbsfaktor für KMU, in: BB 2006, S. 2461–2465.

Krolle, S./Schmitt, G./Schwetzler, B. [Multiplikatorverfahren, 2005]: Multiplikatorverfahren in der Unternehmensbewertung, Stuttgart 2005.

Kuhner, C. [Immaterielle Vermögensgegenstände, 2007]: Die immateriellen Vermögensgegenstände und -werte des Anlagevermögens, in: Wysocki, K./ Schulze-Osterloh, J./Hennrichs, J./Kuhner, C. (Hrgs.): Handbuch des Jahresabschlusses, 40. Lief., Feb. 2007, S. 1–129.

Kuhner, C./Maltry, H. [Unternehmensbewertung, 2006]: Unternehmensbewertung, Berlin 2006.

Kunath, O. [Immaterielle Werte, 2005]: Kaufpreisallokation: Bilanzierung erworbener immaterieller Vermögenswerte nach IFRS 3 (2004)/IAS 38 (rev. 2004) und ED IFRS 3 (amend. 2005), in: ZfCM, Sonderheft, 3/2005, S. 107–120.

Küting, K./Ulrich, A. [Immaterielle Vermögensgegenstände, 2001] Abbildung und Steuerung immaterieller Vermögensgegenstände (Teil I und II), in: DStR 2001, S. 953–960 sowie S. 1000–1004.

Küting, K./Weber, C.-P./Wirth, J. [Goodwillbilanzierung, 2001]: Die neue Goodwillbilanzierung nach SFAS 142 – Ist der Weg frei für eine neue Akquisitionswelle? – in: KoR 2001, S. 185–198.

Küting, K./Wirth, J. [IFRS 3, 2004]: Bilanzierung von Unternehmenszusammenschlüssen nach IFRS 3, in: KoR 2004, S. 167–177.

Labhart, P.A. [Value Reporting, 1999]: Value Reporting, Zürich 1999.

Lachnit, L. [Bilanzanalyse, 2004]: Bilanzanalyse, Wiesbaden 2004.

Lachnit, L. [Cash Flow, 1975]: Die betriebswirtschaftliche Kennzahl Cash Flow, in: WiSt 1975, S. 218–224.

Lachnit, L./Müller, S. [Geschäfts- oder Firmenwert, 2003]: Bilanzanalytische Behandlung von Geschäfts- oder Firmenwerten, in: KoR 2003, S. 540–550.

Lev, B. [Intangibles, 2001]: Intangibles. Management, Measurement and Reporting, Washington D.C. 2001.

Lienau, A./Zülch, H. [Value in use, 2006]: Die Ermittlung des value in use nach IFRS, in: KoR S. 319–329.

Lüdenbach, N. [§ 31 Unternehmenszusammenschlüsse, 2007]: § 31 Unternehmenszusammenschlüsse, in: Lüdenbach, N./ Hoffmann, W.-D. (Hrsg.): IFRS Kommentar, Freiburg u. a. 2007, S. 1559–1718.

Mertins, K./Alwert, K./Heisig, P. (Hrsg.) [Wissensbilanzen, 2005]: Wissensbilanzen, Intellektuelles Kapital erfolgreich nutzen und entwickeln, Berlin/Heidelberg 2005.

Moxter, A. [Rechnungslegung, 1997]: Die Vorschriften zur Rechnungslegung und Abschlußprüfung im Referentenentwurf eines Gesetzes zur Kontrolle und Transparenz im Unternehmensbereich, in: BB 1997, S. 722–730.

Moxter, A. [Immaterielle Anlagewerte, 1979]: Immaterielle Anlagewerte im neuen Bilanzrecht, in: BB 1979, S. 1102–1109.

Moxter, A. [Geschäftswertbilanzierung, 1979]: Die Geschäftswertbilanzierung in der Rechtsprechung des Bundesfinanzhofs und nach EG-Bilanzrecht, in: BB 1979, S. 741–747.

Müller, M. [Shareholder Value Reporting, 1998]: Shareholder Value Reporting – ein Konzept wertorientierter Kapitalmarktinformation, in: Müller, M./Leven, F.-J. (Hrsg.): Shareholder Value Reporting, Wien 1998, S. 123–154.

Müller, S. [Management-Rechnungswesen, 2003]: Konvergentes Management-Rechnungswesen, Wiesbaden 2003.

Nebe, A./Elprana, K. [Subscriber Acquisition Costs, 2006]: Bilanzierung von Subscriber Acquisition Costs im IFRS-Abschluss von Internetunternehmen, in: KoR 2006, S. 477–487.

Noll, D./Weygandt, J.J. [Business Reporting, 1997]: Business Reporting: What Comes Next?, in: Journal of Accounting 1997, S. 59–62.

Pechtl, H. [Prognosebericht, 2000]: Die Prognosekraft des Prognoseberichts. Eine empirische Untersuchung am Beispiel deutscher Aktiengesellschaften, in: zfbf 2000, S. 141–159.

Pellens, B./Fülbier, R. U. [Immaterielle Werte, 2000]: Ansätze zur Erfassung immaterieller Werte in der kapitalmarktorientierten Rechnungslegung, in: Baetge, J. (Hrsg.): Zur Rechnungslegung nach International Accounting Standards (IAS): Düsseldorf 2000, S. 35–77.

Pellens, B./Fülbier, R. U./Gassen, J. [Internationale Rechnungslegung, 2006]: Internationale Rechnungslegung, 6. Aufl., Stuttgart 2006.

Pellens, B./Sellhorn. T. [Goodwill-Bilanzierung, 2001]: Goodwill-Bilanzierung nach SFAS 141 und 142 für deutsche Unternehmen, in: DB 2001, S. 1681–1689.

Pellens, B./Sellhorn, T. [Neue Goodwill-Bilanzierung, 2001]: Neue Goodwill-Bilanzierung nach US-GAAP, in: DB 2001, S. 718–719.

Pellens, B/Hillebrandt, F./Tomaszewski, C. [Value Reporting, 2000]: Value Reporting – Eine empirische Analyse der DAX-Unternehmen, in: Wagenhofer, A./Hrebicek, G. (Hrsg.): Wertorientiertes Management, Stuttgart 2000, S. 177–207.

PricewaterhouseCoopers (PWC)/Kirchhoff Consult AG (Hrsg.) [Wertorientierte Berichterstattung 2006]: Wertorientierte Berichterstattung 2006 im DAX – Trends und Best Practices, o.O. 2006.

Reuleaux, S. [Immaterielle Wirtschaftsgüter, 1987]: Immaterielle Wirtschaftsgüter: Begriff, Arten und Darstellung im Jahresabschluß, Wiesbaden 1987.

Riese, J. [§ 41 Wertbestimmung mineralischer Vorkommen, 2006]: § 41 Exploration und Wertbestimmung mineralischer Vorkommen, in: Bohl, W./Riese, J./ Schlüter, J. (Hrsg.): Beck'sches IFRS-Handbuch, 2. Aufl., München/Wien/ Bern 2006, S. 1097–1105.

Rogler, S. [Emissionsrechte, 2005]: Bilanzierung von CO_2-Emissoinsrechten, in: KoR 2005, S. 255–263.

Ruhwedel, F/Schultze, W. [Value Reporting, 2002]: Value Reporting: Theoretische Konzeption und Umsetzung bei den DAX 100-Unternehmen, in: zfbf 2002, S. 602–632.

Rütte, M. von/Hoenes, R.C. [Rechnungslegung, 1995]: Rechnungslegung immaterieller Werte, Bamberg 1995.

Saelzle, R./Kronner, M. [Informationsfunktion, 2004]: Die Informationsfunktion des Jahresabschlusses – dargestellt am sog. „impairment-only-Ansatz", in: IDW (Hrsg.): Wirtschaftsprüfung und Zeitgeist – Prof. Dr. Dr. h. c. mult. Adolf Moxter zum 75. Geburtstag, WPg, Sonderheft 2004, S. 154–165.

Scheinpflug, P. [§ 4 Immaterielle Vermögenswerte, 2006]: § 4 Immaterielle Vermögenswerte, in: Bohl, W./Riese, J./Schlüter, J. (Hrsg.): Beck'sches IFRS-Handbuch, 2. Aufl., München/Wien/Bern 2006, S. 97–128.

Schildbach, T. [Zeitwertbilanzierung, 1998]: Zeitwertbilanzierung in den USA und nach IAS, in: BFuP 1998, S. 580–592.

Sellhorn, T. [Goodwill Impairment, 2004]: Goodwill Impairment – An Empirical Investigation of Write-Offs under SFAS 142, Frankfurt a. M. u. a. 2004.

Senger, T./Brune, J. W./Elprana, K. [§ 33 Vollkonsolidierung, 2006]: § 33 Vollkonsolidierung, in: Bohl, W./Riese, J./Schlüter, J. (Hrsg.): Beck'sches IFRS-Handbuch, 2. Aufl., München/Wien/Bern 2006, S. 859–942.

Siener, F. [Kapitalflußrechnungen, 1998]: Kapitalflußrechnung von Industrieunternehmen, in: Wysocki, K. v. (Hrsg.): Kapitalflußrechnung, Stuttgart 1998, S. 35–98.

Stewart, T.A. [Intellectual Capital, 1997]: Intellectual Capital, London 1997.

The Danish Ministry of Science, Technology and Innovation [Intellectual Capital Statements, 2003]: A Guideline for Intellectual Capital Statements. Copenhagen 2003.

Watrin, C./Strohm, C./Struffert, R. [Unternehmenszusammenschlüsse, 2004]: Aktuelle Entwicklungen der Bilanzierung von Unternehmenszusammenschlüsse nach IFRS, in: WPg 2004, S. 1450–1461.

Winnefeld, R. [Bilanz-Handbuch, 2006]: Bilanz-Handbuch. Handels- und Steuerbilanz. Rechtsformspezifisches Bilanzrecht. Bilanzielle Sonderfragen. Sonderbilanzen. IAS/US-GAAP, 4. Aufl., München 2006.

Wirth, J. [Firmenwertbilanzierung, 2005]: Firmenwertbilanzierung nach IFRS, Stuttgart 2005.

Wulf, I. [Stille Reserven, 2001]: Stille Reserven im Jahresabschluss nach US-GAAP und IAS, Wiesbaden 2001.

Wysocki, K.v. [Kapitalflußrechnung, 1998]: Grundlagen, nationale und internationale Stellungnahmen zur Kapitalflußrechnung, in: Wysocki, K.v. (Hrsg.): Kapitalflußrechnung, Stuttgart, 1998, S. 1–33.

Zimmermann, J. [Emissionsrechte, 2006]: Die Bilanzierung von Emissionsrechten in Informations-, Handels- und Steuerbilanzen – Ein kritischer Vergleich, in: Steuern und Bilanzen 2006, S. 369–375.

Zülch, H./Willms, J. [Explorations- und Evaluierungsausgaben, 2006]: Möglichkeiten der Bilanzierung von Explorations- und Evaluierungsausgaben auf der Grundlage von IFRS 6, in: WPg 2006, S. 1201–1210.

Stichwortverzeichnis

Abschreibung, außerplanmäßig 77
Abschreibung, Beginn der 71
Abschreibung, planmäßig 70
Abschreibung, zeitanteilig 71
Abschreibungsbeträge, Anpassung der 72
Abschreibungsmethode 71
Abschreibungsmethode, Prüfung der 72
Abschreibungsplan 70
Aktivierungsfähigkeit, abstrakte 29–30
Aktivierungsfähigkeit, konkrete 30, 34
Aktivierungsfähigkeit, selbst erstellte immaterielle Werte 35
Alternativ zulässige Methode, Neubewertungs-Modell 72
Anhangangaben 103
Anhangangaben, freiwillige 105
Ansatzkriterien, für im Rahmen von Unternehmenszusammenschlüssen zugegangene immaterielle Werte 44
Ansatzkriterien, selbst erstellte immaterielle Werte 37
Ansatzverbote 40
Ansatzvorschriften, Synopse der 58
Anschaffungskosten 62
Anschaffungskosten-Modell 70
Anschaffungsnebenkosten 62
Aufwandsverrechnung, Ausgaben für immaterielle Potenziale 41
außerplanmäßige Abschreibung, Bilanzpolitik 83
begrenzte Nutzungsdauer 76
beizulegender Zeitwert 66, 73
Betreibermodelle 57

Bewertung, Tauschgeschäfte 64
Bewertung, Zugang durch Zuwendung der öffentlichen Hand 63
Bewertung, Zugang im Rahmen von Unternehmenszusammenschlüssen 66
Bewertungshierarchie, Zugang im Rahmen von Unternehmenszusammenschlüssen 68
Bewertungsmodelle 66
Bewertungsvorschriften, Synopse der 84
Cash generating units 79, 89
Cashflow-Ansatz, Beispiel 81
Cashflow-Ansatz, erwarteter 81
Cashflow-Ansatz, expected 81
Cashflow-Ansatz, traditioneller 81
Cashflows, Schätzung der künftigen 80
Discounted Cashflow-Methode 67, 80
Emissionsrechte 53
Entwicklungsphase 35, 37
erzielbare Betrag 93
erzielbarer Betrag 78
Eventualverpflichtungen 88
Exploration und Evaluierung von mineralischen Ressourcen 54
Folgebewertung 69
Folgebewertung, Bilanzpolitik 75
Forschungs- und Entwicklungsphase, Bilanzpolitik 40
Forschungsphase 35
Fremdkapitalkosten 63
Geschäfts- oder Firmenwert 87
Geschäfts- oder Firmenwert, selbst geschaffen 41
Goodwill 87

Goodwill-Allokation, Vorgehensweise der 90
Goodwill-Ermittlung, Beispiel 90
Goodwill-Wertminderungsbedarf, Erfassung 96
Goodwill, Bedeutung der zahlungsmittelgenerierenden Einheiten 95
Goodwill, Bilanzpolitik 97
Goodwill, Ermittlung des Abschreibungsbedarfs 94
Goodwill, Folgebewertung 92
Goodwill, Zuschreibungsverbot 97
Gründungs- und Anlaufkosten 42
Gruppenbewertung 34, 47, 73
Gruppenbewertung, bei Wertminderungstest 79
Herstellungskosten 65
Identifizierbarkeit 31, 45
Immaterielle Potenziale 23, 115
Immaterielle Potenziale, Value Reporting 117
Immaterielle Werte, Abgrenzung von materiellen Gütern 21
Immaterielle Werte, aktivierungsfähige 47
Immaterielle Werte, Angaben 103
Immaterielle Werte, Ansatzverbot 40
Immaterielle Werte, Ausweis im Jahresabschluss 101
Immaterielle Werte, Definition 19
Immaterielle Werte, Einteilung hinsichtlich Identifizierbarkeit 22
Immaterielle Werte, Entwicklungsphase 36
Immaterielle Werte, faktisches Wahlrecht 40
Immaterielle Werte, Forschungsphase 36
Immaterielle Werte, Kundenstamm 43
Immaterielle Werte, Pflichtangaben 103
Immaterielle Werte, relevante Vorschriften 26
Immaterielle Werte, Synopse der Ansatzvorschriften 58
Immaterielle Werte, Synopse der Bewertungsvorschriften 84
Immaterielle Werte, unbegrenzte Nutzungsdauer 76
Immaterielle Werte, Unterteilung in Forschungs- und Entwicklungsphase 35
Immaterielle Werte, Zugang im Rahmen von Unternehmenszusammenschlüssen 44
Immaterielle Werte, Zugangsarten 34
Impairment-Test 93
Intellectual Capital Berichte 118
Kapitalkostensatz 80
Kaufpreisallokation 44, 89
Kaufpreisallokation, Bilanzpolitik 92
Kundenbeziehungen 46
Kundenbeziehungen, Maßnahmen zur Gewinnung neuer Kunden, 56
Kundenbeziehungen, Vorauszahlungen für die Erwerbskosten 56
Kundentreueprogramme 56
Latente Steuern, Goodwill 91
Latente Steuern, Kaufpreisallokation 91
Latente Steuern, Neubewertungsrücklage 75
Lizenzpreisanalogie 67
Managementqualitäten 43
Mehrgewinnmethode 67
Multiplikatorverfahren 66
Negativer Unterschiedsbetrag 89
Nettoveräußerungswert 79
Neubewertungs-Modell 72
Neubewertungs-Modell, Beispiel 75
Neubewertungsbetrag, Ermittlung 73
Neubewertungsrücklage 74
Neubewertungsrücklage, Auflösung der 75
Nutzenzufluss 32
Nutzenzufluss, Nachweis 38
Nutzungsdauer 70
Nutzungsdauer, Prüfung der 72
Nutzungswert 79, 93

Nutzungswert, Bilanzpolitik 95
Pflichtangaben 103
R&D in Prozess 45
Relevanz und Verlässlichkeit 39
Residualwertmethode 67
Restwert 72
Separierbarkeit 31
Software, selbst geschaffene 51
Spielervermögen, Profisport 51
Tauschgeschäfte 64
Technische Realisierbarkeit 37
Tonträger und Filme 51
unbegrenzte Nutzungsdauer 76
unbestimmbare Nutzungsdauer 76
Value Reporting 116
Verfügungsmacht 31
Vertragliche oder gesetzliche Rechte 31
Verwertungs- und Verkaufsabsicht 38
Verwertungs- und Verkaufsfähigkeit 38
WACC 80
Webseiten 52
Wertaufholung, Indikatoren für eine 82
Werthaltigkeitsprüfung 93

Werthaltigkeitstest, Ausnahme 92
Wertminderung, Indikatoren für eine 78
Wertminderungstest 93
Wertminderungstest, Ausnahme 92
Wertminderungstest, Zeitpunkt 77
Wissensbilanz 119
Zahlungsmittelgenerierende Einheit, Bilanzpolitik 94
Zahlungsmittelgenerierende Einheiten 79, 89
zahlungsmittelgenerierende Einheiten, Bilanzpolitik 96
Zugangsbewertung 61
Zugangsbewertung, Einzelerwerb 62
Zugangsbewertung, selbst erstellte immaterielle Werte 65
Zugangsbewertung, Zugang durch Unternehmenszusammenschlüsse 66
Zuschreibung 83
zuverlässige Bewertung 32, 35, 45
Zuwendung der öffentlichen Hand 63

IFRS Best Practice
Herausgegeben von Prof. Dr. Stefan Müller

Die Reihe „IFRS Best Practice" unterstützt Fachkräfte mit präzisem IFRS-Wissen und Lösungen für die tägliche Anwendung:

aktuell – konkret – facettenreich.

Band 1

Ihre Entscheidungshilfe bei der IFRS-Anwendung!

Immer mehr Unternehmen entscheiden sich für die internationale Rechnungslegung nach IFRS. Den Chancen der Anwendung der IFRS, zum Beispiel verbesserte Außendarstellung und Führungsunterstützung, stehen aber komplexe Regelungen gegenüber.

Dieses Buch von Stefan Müller ermöglicht Ihnen, die Chancen und Risiken der IFRS-Anwendung und den Prozess der Umstellung einzuschätzen. Meistern Sie die Komplexität mit einem fundierten Überblick:

✔ Grundlagen und Rahmen der Rechnungslegung nach IFRS
✔ Gegenüberstellung zum Jahresabschluss nach HGB
✔ IFRS-Umstellung: Auswirkungen, Ablauf, Besonderheiten
✔ Best-Practice-Analyse: bereits durchgeführte Umstellungen bei DAX-Unternehmen.

IFRS: Grundlagen und Erstanwendung

Gestaltung und Auswirkungen der Umstellung

Von Prof. Dr. Stefan Müller

2007, 142 Seiten, mit zahlreichen Abb., Euro (D) 28,–. ISBN 978 3 503 10096 5

Bestellmöglichkeit online unter www.ESV.info/978 3 503 10096 5

Bestellungen bitte an den Buchhandel oder direkt an:
Erich Schmidt Verlag GmbH & Co.
Genthiner Str. 30G, 10785 Berlin
Fax 030/25 00 85-275

ERICH SCHMIDT VERLAG
www.ESV.info
E-Mail: ESV@ESVmedien.de